国家出版基金项目
NATIONAL PUBLICATION FOUNDATION

教 育 强 国 战 略 研 究 系 列 书

区域教育协同发展的政策方案与理论研究

京津冀教育协同发展对策研究

QUYU JIAOYU XIETONG FAZHAN DE ZHENGCE FANGAN YU LILUN YANJIU

JINGJINJI JIAOYU XIETONG FAZHAN DUICE YANJIU

主 编 张 力
副主编 李孔珍

SPM 南方出版传媒
全国优秀出版社 全国百佳图书出版单位 广东教育出版社
·广州·

图书在版编目（CIP）数据

区域教育协同发展的政策方案与理论研究：京津冀教育协同发展对策研究／张力主编．—广州：广东教育出版社，2017.3
（教育强国战略研究系列书）
ISBN 978－7－5548－1585－4

Ⅰ．①区…　Ⅱ．①张…　Ⅲ．①地方教育—发展战略—研究—华北地区　Ⅳ．①G127.2

中国版本图书馆CIP数据核字（2017）第029232号

策　　划：梁耀凤
责任编辑：李杰静
责任技编：涂晓东
装帧设计：陈国梁

广东教育出版社出版发行
（广州市环市东路472号12－15楼）
邮政编码：510075
网址：http：//www.gjs.cn
广东新华发行集团股份有限公司经销
珠海市鹏腾宇印务有限公司印刷
（珠海市拱北桂花北路205号桂花工业村1栋1、3楼）
787毫米×1092毫米　16开本　16.25印张　325 000字
2017年3月第1版　　2017年3月第1次印刷
ISBN 978－7－5548－1585－4
定价：48.00元
质量监督电话：020－87613102　邮箱：gjs－quality@gdpg.com.cn
购书咨询电话：020－87615809

目　录

目　录

目录

目录

绪　论

一、研究的基本背景

京津冀协同发展，与长江经济带和“一带一路”并列为新的三大战略，是党中央在全面建成小康社会战略机遇期作出的重大决策部署，是推进国家治理体系和治理能力现代化的重要举措。教育在京津冀协同发展战略中具有全局性和基础性的意义，2014 年中央成立了京津冀协同发展领导小组和专家咨询委员会，京津冀三省市签订了一揽子合作协议，教育部门签署了《积极推进教育领域合作促进经济社会发展合作协议》。2015 年，随着党中央和国务院《京津冀协同发展规划纲要》（尚未公开）的启动实施，京津冀教育协同发展步入新的阶段，北京将围绕首都核心功能合理定位教育功能，在许多方面都将发挥重要牵引作用，天津和河北在三地教育协同发展过程中也须明晰发挥各自优势的重点，许多理论和政策问题都需要深入研究。

京津冀教育协同发展的研究，应当是问题导向和政策导向的研究。进入新世纪以来，教育部教育发展研究中心一直关注京津冀教育问题。2003 年，教育发展研究中心专题组曾提出关于创建环渤海教育协作区的设想，涉及京津冀和辽、鲁、晋、蒙共七省市区，试图在珠三角、长三角地区之后打造“第三经济增长极”，提交京津两市政府有关部门参考。中心专家曾就京津冀教育发展问题撰写过北京市政府专家顾问团咨询报告，多次参与京津冀教育发展问题专题研讨会，并提交论文报告。2015 年下半年，教育部教育发展研究中心受北京市科学技术委员会委托，牵头成立专题组，特邀首都师范大学、北京大学等高校研究力量，重点研究京津冀教育协同发展现状和相关政策问题，为《积极推进教育领域合作促进经济社会发展合作协议》的顺利实施提供建议。

立项后，本课题组集中力量查阅国内研究论文、调查报告、媒体报道、统计资料、政策法规等相关文献，认真研究京津冀教育协同发展的关键问题，分析京津冀教育协同发展相关的既有政策导向。半年来，课题组共召开研讨会和工作会议十余次，围绕京津冀教育协同发展中各方资源优势、挑战与需求等展开调研，征求来自京津冀和长三角、珠三角地区专家的意见。其中，在北京市、天津市和石家庄市召开研讨会，每次会议邀请15~20位政府部门、学校、科研机构、企业及协会的专家与管理者。会间，课题组对每位参会者进行30分钟半结构式深度访谈，同时还对非参会者单独约请访谈，整理了数百万字发言和访谈记录。部分课题组成员还赴广州、上海等地进行调研，收集有关资料和面访专家，借鉴区域教育发展经验。

本研究的主要思路是，根据《京津冀协同发展规划纲要》战略目标以及党和国家对京津冀协同发展的新部署、新要求，从三地政府、学校、企业、社会各界在落实教育协同发展政策措施过程中的不同作用出发，观察研究京津冀教育协同发展过程中遇到的问题，重点分析北京在京津冀教育协同发展中的功能定位，试图设计关于京津冀教育协同发展的战略思路、管理模式和创新路径的方案选择，提出相应对策建议，进而形成具有一定推广应用价值的区域教育协同发展政策方案与理论研究模式。

本书为北京市科学技术委员会科技创新战略研究及专家咨询专项研究经费资助课题《推进京津冀教育发展一体化对策研究》（课题编号：Z151100003115014）的主要成果，2015年年底已通过委托立项单位组织的专家评审验收。本项研究的基点是以京津冀教育协同发展对策为主要案例，对区域教育协同发展的政策方案与理论研究进行积极探讨。在出版前半年，本课题组根据新形势、新情况，又对研究报告的主要观点和数据进行了修改和更新，仅供有关方面参考。

二、研究的初步成果

1. 系统分析京津冀教育协同发展的基本因素和政策环境

本书第一章从京津冀人口、经济和教育发展现状入手，分析三地教育系统内外部基本关系，研判三地教育发展水平的基本面及其在全国的位置，概括全国和三地2010—2020年中长期教育改革和发展规划纲要的若干要点，重点梳理中央和三地党委政府关于“十三五”时期京津冀协同发展战略及其教育政策举措的要点，加深对京津冀教育协同发展的基本因素和政策环境的理解。

总体上看，京津两地教育普及程度和发展水平居于全国高位，河北虽高于全国平均水平，但与京津两地相比还有明显差距，与历史上形成的人口、产业结构、经济实力、公共财政状况等背景因素直接相关。京津财政教育支出基数大，处于稳定增长阶段，河北明显受到近年经济结构调整期下行压力影响，公共财政教育支出增幅低于京津。观察2005—2014年十年间京津冀生均公共财政预算教育事业费在全国的排位，北京处于全国冠军位置，天津在上海之后基本处于季军位置，河北各项指标多排在全国第20位上下，这一基本格局短期内不易改变。

从京津冀三地的2010—2020年中长期教育规划纲要到国民经济和社会发展“十三五”规划纲要，北京、天津均明确提出率先在全国实现教育现代化的目标，2020年预期教育发展目标任务具有很多相似性；河北从本地实际出发，提出明显带有追赶性质的教育发展目标。然而，三地深化教育领域综合改革呈现较明显的同步推进态势，在人才培养体制改革、考试招生制度改革、现代学校制度建设、办学体制改革、管理体制改革、扩大教育开放等方面，均深入贯彻落实党和国家的总体部署要求，既把宏观层面的规定动作做实，又确定针对本地实际的自选动作进行攻坚。

特别在“十三五”时期全面建成小康社会决胜阶段，京津冀三地党委政府在以习近平同志为核心的党中央确定的“创新、协调、绿色、开放、共享”五大发展理念的统领下，在京津冀协同发展战略的牵引下，所制定和开始实施的有关教育改革发展的政策举措，都在寻求三地共性需求的“最大公约数”，积极探索跨区域开发更大合作空间，许多教育政策措施既呼应了京津冀协同发展的重点，也与创新驱动发展、深度开发人才和人力资源等跨领域任务密切相连。其中，对未来五年京津冀教育协同发展的思路和举措，北京市政府规划文本内容相对更为丰富，许多举措明显具有前瞻性、引领性的特点；

天津市、河北省政府规划文本对中央部署有积极回应，拟定一些跟进配套阐释，但尚未观察到三地规划中展现更多有关教育协同发展的联手行动。这在某种程度上，还是各省市在行政职责范围内确认各自政策基点，而有关跨省市教育政策合作，还要靠政府间专项协议来商定和实施。

2. 探讨京津冀教育协同发展的不同管理模式

本书第二章对京津冀教育协同发展进程中的不同管理模式进行了初步探讨，若以各地政府行为方式及发挥作用为坐标系，管理模式大致可分为集中、契约、自主三种类型，三类模式可以形成相互补充、相互促进的良好态势。

（1）集中模式，是由政府主导、搭建共建共享平台，以促进跨区域跨部门协同发展的模式。主要特点：一是由政府主导目标定位、整体发展规划、布局和资金投入策略，考虑的是全局性、整体性问题和可行性问题。二是充分利用和开发各方优质资源搭建共建共享平台，既把不同地区作为一个整体统筹资源配置，又能照顾各方需求。三是具有强制性，由各方政府协商作出统一规定后，各方相关机构必须遵照执行。集中模式可从教育管理体制、结构布局和支持系统三方面发挥作用。其中，教育管理体制关注决策有效性和可行性，结构布局重在优化各级各类教育体系，支持系统须加强制度建设和打造共建共享平台。

（2）契约模式，是由政府引导，不同组织之间根据各自需求，在一定约束条件下签约协作的模式。主要特点：一是政府引导。政府的作用不是主导，也非不管不问，政府对于合作组织之间不能完全解决的问题，给予帮助和支持，例如在签约合作过程中牵线搭桥。二是签约合作主体可以是地方政府、高校、科研院所、企事业单位、中小学、社会组织等，各方考虑需求、资源、利益分享问题。三是不同组织之间有正式协议约束，确定具体领域、负责人员、任务分工、活动安排，例如共同开展学科建设、学分的互认互通、学生交换听课等。依据签约合作主体，可分为学校与政府合作、校际合作、校企合作、政府间合作、民办教育合作等类型。

（3）自主模式，是在一定法规制度内，政府不直接参与，不同组织之间采用相当于市场机制相互合作的模式。主要特点：一是自主。各方完全靠自发自愿来决定合作方式。二是松散。各方也许签订协议，可以提供粗略框架，不一定像契约模式那样规定权责义务，约束规范较少。三是协商。各方重点通过协商决定合作，寻求互利结合点，不一定有长期规划。进而可分为人际合作自主模式、校际合作自主模式和校企合作自主模式。

集中模式着重于京津冀教育协同发展全局的、宏观的、关键问题的解决；契约模式着重于长期的、强约束的合作，是局部形成的比较紧密的联合力量，这种联合力量不可能遍布所有方面；自主模式则着重于相对微观的、弱约束的合作，可以发生在教育协同发展过程中的某一环节。集中模式适合于设计、统筹层面，契约模式和自主模式主要适合于执行层面。自主模式虽然不如契约模式那样正式，但特点是灵活自由，能够照顾到合作各方需求。契约模式可以建立在自主模式经验基础之上，随着自主模式的延展和彼此获益增多，各方就有可能促使协作由自主模式走向契约模式，以增强协作的确定性、稳定性和长期性。

3. 研究推进京津冀教育协同发展的创新路径

京津冀教育协同发展，既要考虑教育系统外部的多样化需求，也要重视不同领域教育发展规律特点。本书第三章重点围绕基础教育帮扶发展、职业教育产教融合和高等教育产学研相结合三个维度的创新路径进行归纳阐释。

（1）基础教育帮扶发展的创新路径。京津冀区域功能调整和产业迁移必然带来一定规模的人口跨区域迁移，公共服务布局应随之调整。基础教育作为公共服务重要组成部分，关系到能否为迁转人口子女提供基本优质教育资源，直接影响人才流动。目前，三地基础教育发展水平存在明显差异，在此基础上的帮扶发展创新路径，主要有财政帮扶、引入市场机制帮扶、人口流动下的接续教育帮扶、师资帮扶和校际帮扶等五种路径。

财政帮扶路径的基本特征是加强横向转移支付，加强京津冀公共教育服务的社会化，合并小县以增强县域财政投入。引入市场机制帮扶路径的基本特征是松绑民办教育市场准入和政府购买服务。师资帮扶路径的基本特征是成立教师培训联盟，促进优秀师资有序轮岗和流动，引入体制外力量。人口流动下的接续教育帮扶路径的基本特征是协同课程改革和推行教育券制度。校际帮扶路径的基本特征是“一校助一县”“名校办分校”和学校松散联盟。

（2）职业教育产教融合的创新路径。京津冀可以在职业教育财政、产教融合生态系统和职业教育人才培养上探索创新路径。职业教育财政创新路径必须由政府主导；产教融合生态系统创新路径更多涉及的是行业协会、学校、企业等不同的社会组织，学校起着重要作用，需要打破行政区域限制，及时了解市场需求，互通有无，协同发展；职业教育人才培养创新路径则需要在政策的框架下，由政府、学校、行业、企业合作。

职业教育财政支持创新路径的基本特征是中央财政加大投入比例、制定引导性基金政策和减免企业税收。产教融合生态系统创新路径的基本特征是发展行业协会、成立职业教育集团或联盟、区域—行业—学校联动规划、根据功能定位发展优势学科专业。职业教育人才培养创新路径基本特征是统一标准、学分互认促进异地升学、创新招生举措并协同课程改革、协同开展国际合作、校企联合提升师资水平和实现“校企双制互动一体”。

（3）高等教育产学研深度合作的创新路径。京津冀三地产业梯度差异较大，北京早已进入后工业化阶段，形成由知识和技术要素驱动的发展模式，而河北依靠资源和劳动力驱动，天津处于两者之间。高等教育产学研结合中不同主体的地位不同。在高等院校、科研院所、企业、政府研究型产学研合作中，高等院校构成主导推动层，企业构成辅助参与层；在科技开发型产学研合作和生产经营型产学研合作中，企业处于主导推动层地位，高等院校、科研院所则发挥着辅助参与层的作用。

京津冀高等教育产学研深度合作的创新路径主要包括：产学研空间结构创新路径，区际、校际合作创新路径，产学研转化创新路径和共建国际科技合作基地创新路径。空间结构创新路径着重打造京津冀三地教育—产业发展轴、创建“大滨海地区”高等教育研发带、合理迁移北京高校和优化京津冀高校空间布局。区际、校际合作创新路径强调项目管理创新路径、高校与地方合作促进科研成果产业化的创新路径和国际联合成立创新联盟促进产学研深度合作的创新路径。产学研转化创新路径主要是高校成立产学研管理委员会促进校企文化融合、高校成立专门的技术许可机构以有效实现知识的商业化和搭建区域技术与产权交易平台。共建国际科技合作基地创新路径主要是以目前的国际科技合作基地为基础，构建京津冀国际科技合作基地联盟，通过联盟成员间的合作交流和资源共享，提升三地国际科技合作的条件和能力，推进三地科技创新与产业升级。京津冀高等教育协同发展还要以长远目标为导向，围绕打造世界级城市群合理推进。

4. 参考长三角、泛珠三角等国内地区经验

本书第四章借鉴长江三角洲、泛珠三角等国内区域教育协同（协作）发展经验，试图从其他地区政策做法开阔视角、获得启发。

(1) 长三角地区推进教育协同发展的经验。长三角地区抓住了国家编制实施中长期教育规划纲要、国家支持推进区域一体化发展规划两次历史机遇，长三角教育协作上升为国家政策，同时教育行政部门之间的交流与合作加强，签订了多项协议。在长三角地区推进教育协同发展中，政府主导、搭建共建共享平台的集中模式作用明显。同时，政府引导、不同组织之间签约协作的契约模式也发挥了重要作用。

在基础教育方面，建立优质教学资源共享平台，开发长三角地区优质教学资源库；共同探索建立素质教育试验区；相互开放并共同建设长三角地区中小学生校外活动基地，开展中小学对口校际交流；推进区域性师资队伍建设合作。在职业教育方面，促进资源共享，包括信息共享、实训基地共享；探索职业院校异地办学模式；开展长三角地区中职校长和专业负责人交流挂职活动，联合三省市优质学校，组团向中西部地区招生。在高等教育方面，探索建立长三角地区高水平大学、应用技术型高校、师范院校的发展联盟，共建共享三地高等教育专家资源库、共建三地高校教师队伍、共享三地高校教学资源；深化长三角地区高校学生教育管理合作，建立不同层次高校学生交流项目；推进中外合作办学，拓展国际交流，引进优质教育资源。

(2) 泛珠三角地区推进教育协同发展的经验。泛珠三角地区尝试建立了区域教育发展合作基本制度。2004 年首届泛珠三角会议以来，各省区制定并签署了系列教育合作交流协议，包括区域教育交流、教师交流、教育信息平台、基础教育

课程改革与教学研究、大学生就业信息资源共享、粤港澳三地学校缔结姐妹学校等，由省区政府领导人签署的《泛珠三角区域合作框架协议》把“科教文化”作为区域合作的十大领域之一。

泛珠三角地区还加强各地高校和科研院所科技与教育资源的合作共享，加强文化和人才交流；加快基础性科技教育资源的联网共享；加强协调，建立区域科技创新体系；以高新技术及产业化开发为主，逐步建立区域科技项目合作机制和成果转化平台，推进区域产业协作和战略合作联盟。泛珠三角地区各省区建立了区域教育发展合作的基本组织系统，以粤港澳教育合作为牵引逐步辐射泛珠三角整个区域，推动区域基础教育均衡发展协调互助，探索职业教育合作发展，促使跨区域高等教育合作有了良好开端。

5. 对京津冀教育协同发展的若干对策建议

随着我国政府实施权力清单和市场准入负面清单制度，京津冀教育协同发展应充分考虑教育服务属性分化后供需关系显著变化的格局。在基本公共教育服务领域，主要是在义务教育高位均衡发展的框架下，随着师资、信息、管理等资源质量逐渐提升，三地应抓紧形成促进分享的长效机制，拓展三地平等交流与多方合作的空间。在非基本公共教育服务领域，关键是找到各方利益汇合点，可以通过政府创设有利政策条件、学校分类寻求协作伙伴、吸引行业企业各方力量参与等多种方式，从易到难，渐进式推展。在非公共教育服务领域，主体应是部分非营利性机构（如民办学校和教育机构）和多数营利性机构，要摸清三地教育培训态势的底数，整治理顺非学历教育培训市场，注意用好现代信息技术手段，整合学习者个性化和碎片化的学习行为。具体对策建议分为以下三个方面。

（1）京津冀教育协同发展的管理协调机制。根据中央的总体部署，京津冀协同发展将在根治“大城市病”、优化生态环境、缩小公共服务差距、提高资源配置效益等方面迈开新的步伐，在经济持续健康发展、社会建设和治理水平不断提升的进程中，需要更加注重三地优势互补、协调共进，善用政府和市场不同机制，特别用好用足政府宏观调控的各种政策工具，使京津冀地区在全国范围内促进教育治理体系和治理能力现代化方面发挥示范作用，以三地教育协同发展为基础，逐渐进入三地教育协同发展的新阶段。建议三地政府通力合作统筹教育发展规划，重点是更好发挥三地政府运用多种政策手段统筹协调的作用。三地教育系统不断创新发展一体化体制机制，重点是更好发挥三地学校和教育机构寻求双边多边合作的作用，调动一切积极性。

(2) 京津冀教育适应人口流动和产业调整新需求的重点。《京津冀协同发展规划纲要》的核心之一是有序疏解北京非首都功能，首先是人口疏解，其次是产业结构调整及企业搬迁。这些都会涉及劳动力人口变动，加上新产业基地的形成，必然引致劳动力显著流动。输入地原有教育规划目标远不能满足随迁子女就学问题，需要人口疏解地（或流动人口输出地）和输入地的政府和学校共同努力，解决好新的刚性需求。同时，建议把工作重点放在与行业就业直接相关的职业教育、高等教育、继续教育、民办教育等领域，科学谋划和战略调整各方资源布局。建议基础教育的服务供给，从最基本的教育服务供给做起，应对京津冀人口流动压力与挑战。职业教育的结构调整，从教育与谋生就业最紧密的环节入手，破解京津冀人力资源开发瓶颈。高等教育的布局优化，从服务地方经济社会发展着眼，提高高等教育可持续发展能力。其他教育资源配置，从地区发展实际出发，努力用多样化服务满足社会多样化需求。

(3) 京津冀教育协同发展的若干关键性环节。京津冀协同发展的重要出发点是，抓紧破解北京地区“大城市病”，缩小三地公共服务发展差距，实现优势互补和合作共赢，因此必须从战略全局找准关键性环节。本课题组认为，推进基础教育帮扶发展、职业教育产教融合、高等教育产学研深度合作，将是“十三五”时期及未来相当一段时间推进京津冀协同发展和教育协同发展的关键性环节。建议做实基础教育的帮扶发展，旨在巩固区域内基本公共教育服务均等化的基础上，注重缩小公共教育服务区域之间的差距。强化职业教育的产教融合，旨在调动政府、学校、企业行业等各方积极性，共同完善职业教育与高等教育、继续教育有机链接的体系。促进高等教育的产学研深度合作，旨在发挥高等教育在人才培养、科研开发、社会服务、文化传承创新等方面的作用，融入创新驱动发展战略全过程。

6. 关于跨区域教育协同发展的理论思考

（1）从公共政策所界定的服务分类出发看跨区域教育协同发展总体思路。教育和人力资源开发的最大外部影响因素，是社会不同阶层需求多样化，从而势必导致服务供给模式的进一步分化。沿着现代社会中的服务属性分化态势，在我国的宏观政策层面，已明确分为基本公共服务、非基本公共服务、非公共服务。政府、学校、社会诸方面在不同类型服务中呈现差异定位的特征。综观京津冀三地教育与人力资源开发的宏观状况，河北基础条件显得较弱，但也有长项；京津两地基本上呈现各有所长、适度错位竞争的态势。在教育领域中，政府财力和居民支付能力关系远比其他社会事业领域复杂，有时服务界限并不十分清晰。京津冀教育协同发展，应该充分考虑教育服务属性分化后供需关系显著变化的格局。因此，在推进跨区域特别是京津冀教育协同发展的进程中，有必要坚持“两个分推进原则”：一是分阶段推进，就是根据跨区域教育协同发展的总体要求，设置短期、中期、长期的目标任务；二是分类型推进，就是寻求并锁定各方共同利益点，共同设计重点环节，先行推展容易实施的部分，然后再逐步拓展。

（2）着力梳理京津冀教育协同发展需要注意的重点方略。京津冀教育协同发展必然是一系列教育政策不断出台和得到落实的过程，在这个过程中往往会出现政策的延续、废止和调整。而一定时期内教育政策的废止和调整不可过于频繁，所以需要强调政策制定的科学化和政策执行的因地制宜，政策的颁布和落实渐次推进。同时，京津冀教育协同发展过程又是不同主体各自发挥独特作用的过程，在这个过程中，不同的主体需要有明确的功能定位，权力和职责清晰，同时又相互协调，优势互补。因此，京津冀教育协同发展政策的研制、实施、监测，均需要因地制宜和渐次推进，厘清不同主体的权责，并确保分阶段目标的落实。

（3）对跨区域教育协同发展政策执行的综合模式作出分析。京津冀教育协同发展在政策角度看体现三个特点：一是涉及多个区域，有别于仅在某一省域或市域执行的教育政策，是一种跨区域的教育政策；二是体现教育为经济社会发展服务的功能，是一种多方位配套的教育政策；三是需要不同地区之间不断协商，是一种协同发展政策。京津冀教育协同发展政策过程，是一项极其复杂的系统工程，远比在一个区域、仅考虑教育本身的教育政策执行要复杂得多，其执行根本无法用单一的教育政策的特点来分析和描述。因此，无论从执行组织的不同层面分析，还是从推进方式、利益相关者、主要推动者和推进特征等维度分析，不同类型和特征的教育政策有不同的执行模式。从政府行政组织层面分析，有整体推进模式、阶段转换模式；从政府与学校、企业等组织间的关系层面分析，有自主模式和竞争模式；从某个单个的京津冀跨区域教育协同组织层面分析，有集体协作模式和个体绩效模式。而所有这些执行模式，都贯穿在京津冀教育协同发展政策执行过程之中，可以称为教育政策执行的综合模式。

第一章 京津冀教育及背景状况和宏观政策导向

DI YI ZHANG

JINGJINJI JIAOYU JI BEIJING ZHUANGKUANG HE HONGGUAN ZHENGCE DAOXIANG

京津冀地处环渤海地区的核心地带，地区面积21.6万平方千米。根据习近平总书记2014年2月26日在北京主持召开座谈会、专题听取京津冀协同发展工作汇报时的重要讲话精神："京津冀地缘相接、人缘相亲，地域一体、文化一脉，历史渊源深厚、交往半径相宜，完全能够相互融合、协同发展。"京津冀教育协同发展，是党和国家大力推进京津冀协同发展战略的重要组成部分。当前和今后相当一段时期，京津冀的教育发展与人力资源开发，要深度融入经济社会发展、文化传承创新、生态文明建设之中。在新战略格局中实现优势互补、良性互动、共赢发展，就必须把三地人口经济社会状况及其对教育的影响分析清楚，就要重新审视国家层面和三地政府推展的中长期教育改革和发展规划纲要的政策导向。

第一节 京津冀人口经济和教育基本状况

一、京津冀人口经济等基本状况比较

1. 京津冀人口的城乡结构和年龄结构

据2015年常住人口统计数据，京津冀三地共计1.11亿人，北京、天津两市的城镇人口比例分别达到86.5%和82.6%，远高于全国同期56.1%的平均水平；河北城镇人口的比例占51.3%，尚低于全国同期平均水平（表1－1）。

表1－1　2015年全国和京津冀常住人口状况及城镇化率

地区	全国		北京		天津		河北	
	城镇	乡村	城镇	乡村	城镇	乡村	城镇	乡村
常住人口（万人）	137 462		2170.5		1546.95		7424.9	
分城乡（万人）	77 116	60 346	1877.7	292.8	1278.4	268.55	3811.2	3613.7
百分比（%）	56.1	43.9	86.5	13.5	82.6	17.4	51.3	48.7

数据来源：国家统计局，《中华人民共和国2015年国民经济和社会发展统计公报》（http://www.stats.gov.cn/tjsj/zxfb/201602/t20160229_1323991.html），《北京市2015年暨“十二五”时期国民经济和社会发展统计公报》（http://www.bjstats.gov.cn/tjsj/tjgb/ndgb/201603/t20160329_346055.html），《2015年天津市人口主要数据公报》（http://www.stats-tj.gov.cn/Item/26014.aspx），《2015年河北省1%人口抽样调查主要数据公报》（http://www.hetj.gov.cn/hetj/tjgbtg/101460965441172.html）。

从全国31个省（自治区、直辖市）人口背景来看，如表1－2所示2010年第六次人口普查和2015年度数据对比，15～59岁人口作为劳动年龄人口主体部分，首次下降到70%以下，标志我国在生育政策调整前“人口红利”已经减少，而60岁及以上、65岁及以上不同范围老龄人口均已具备老龄化社会特征。2015年，北京、天津两市人口结构具有较高的相似性，河北与全国同期人口结构十分相近，其中0～14岁人口比例明显高于京津，预计应有更长时限的人口红利。

表 1－2　全国和京津冀人口年龄结构比较（单位:%）

年龄	0～14 岁	15～59 岁	60 岁及以上（其中：65 岁及以上）
北京市 2015 年	10. 1	74. 2	15. 7（10. 3）
天津市 2015 年	9. 81	74. 94	15. 25（9. 61）
河北省 2015 年	17. 63	66. 04	16. 33（10. 19）
全国 2015 年	16. 5	67. 3	16. 2（10. 5）
2010 年全国第六次人口普查	16. 6	70. 14	13. 26（8. 87）

数据来源：同表 1－1。

2. 京津冀的经济结构与从业人员构成

2015 年，京津冀地区生产总值合计 6. 93 万亿元，三次产业增加值的比重各有不同，北京第三产业比重最大，天津第二、第三产业相当，河北第二产业比重最大。近年来，天津人均地区生产总值略高于北京，现已大体相当，河北明显落后于京津（表 1－3）。

表 1－3　2015 年地区生产总值及人均生产总值（亿元）

地区	生产总值	第一产业	第二产业	第三产业	人均生产总值（元）
北京	22 968. 6	140. 2	4526. 4	18 302. 0	105 822 *
	100%	0. 6%	19. 7%	79. 7%	
天津	16 538. 19	188. 5	7723. 6	8604. 08	106 908
	100%	1. 3%	46. 7%	52. 0%	
河北	29 806. 1	3439. 4	14 388. 0	11 978. 7	40 143
	100%	11. 5%	48. 3%	40. 2%	

数据来源：《北京市 2015 年暨“十二五”时期国民经济和社会发展统计公报》(http：//www. bjstats. gov. cn/tjsj/tjgb/ndgb/201603/t20160329_ 346055. html)，其中 * 为 106 284 元，《2015 年天津市国民经济和社会发展统计公报》（http：//www. stats－tj. gov. cn/Item/25858. aspx)，《河北省 2015 年国民经济和社会发展统计公报》（http：//www. hetj. gov. cn/res/uploadfile/20160229 145 526889. pdf ）。

从表 1－4 所示就业人员构成看，北京和天津第三产业从业人员占比较高；河北第一、第二产业从业人员的占比超过第三产业，第三产业从业人员占比低于全国水平。三地比较：第一产业从业人员河北占比最高；第二产业从业人员天津占比最高；第三产业从业人员北京占比最高。由此反映三个地区产业特征，河北省是农业大省，务农人口比重尚大；天津市工业比较发达，第一、第二产业从业人口与第三产业大体相当；北京从业人员以第三产业为主，占从业人口的七成以上。

表 1 –4　2015 年全国和京津冀就业人员构成

地区	年末就业人员总数（万人）	第一产业人员（%）	第二产业人员（%）	第三产业人员（%）
全国	77 451	28.3	29.3	42.4
北京	（暂缺）*	4.6	18.2	77.2
天津	896.8	7.4	35.6	57.0
河北	4212.5	33.0	34.1	32.9

数据来源：《2015 年度人力资源和社会保障事业发展统计公报》（人力资源社会保障部网站）；《2015 年北京市政府重点工作情况汇编之社会保障篇》（http：//www.beijing.gov.cn/sy/2016lh/2015zdgzqkhb/t1421946.htm）；*另据北京市统计局《劳动力素质稳步提高　就业结构日趋优化——北京市 2015 年全国 1% 人口抽样调查系列分析之三》（http：//www.bjstats.gov.cn/zt/rkjd/sdjd/201603/t20160322_ 340776.html），北京市 2015 年就业人员的第一、第二、第三产业构成为 4.1%、22.6%、73.3%；《2015 年天津市国民经济和社会发展统计公报》（http：//www.stats-tj.gov.cn/Item/25858.aspx）；《2015 年河北省人力资源和社会保障事业发展统计公报》（http：//www.he.lss.gov.cn/a/tongzhi/2016/0614/3359.html）。

据 2013 年调查资料，京津冀流动人口主要分布在商业、服务业，其次是工业。北京流动人口主要分布在商业、服务业，天津和河北流动人口主要分布在商业、服务业和工业部门。三地与全国同期同类数据相比，存在较大差异（表 1 –5）。

表 1 –5　2013 年全国和京津冀流动人口从业结构状况

地区	全国	北京	天津	河北
商业、服务业人员	67.15%	71.81%	55.89%	57.55%
生产、运输设备操作人员及有关人员	18.41%	11.93%	35.15%	30.68%
农林牧渔水利生产人员	0.54%	0.61%	0.54%	0.22%
其他领域从业人员	13.90%	15.65%	8.42%	11.55%

数据来源：王安培，《全国流动人口动态监测数据集（2013）》，北京：中国人口出版社，2014 年 3 月。

表 1 –6 表明，在人均可支配收入方面，全国城镇居民是农村居民的 3 倍，京津冀三地这一对比分别是 2.6 倍、1.8 倍、2.4 倍。总体上看，北京、天津、河北城乡居民人均可支配收入呈现递减的态势，京津城乡居民、河北农村居民人均可支配收入高于同期全国平均水平，河北城镇居民这一指标尚落后于同期全国平均水平。

表 1-6　2015 年全国和京津冀城乡居民收入状况（单位：元）

地区	全国	北京	天津	河北
城镇居民人均可支配收入 A	31 195	52 859	34 101	26 152
农村居民人均可支配收入 B	10 291	20 569	18 482	11 051
A/B	3.0 倍	2.6 倍	1.8 倍	2.4 倍

数据来源：国家统计局，《中华人民共和国 2015 年国民经济和社会发展统计公报》（http：//www.stats.gov.cn/tjsj/zxfb/201602/t20160229_1323991.html）；《北京市 2015 年暨“十二五”时期国民经济和社会发展统计公报》（http：//www.bjstats.gov.cn/tjsj/tjgb/ndgb/201603/t20160329_346055.html）；《2015 年天津市国民经济和社会发展统计公报》（http：//www.stats-tj.gov.cn/Item/25858.aspx）；《河北省 2015 年国民经济和社会发展统计公报》（http：//www.hetj.gov.cn/res/upload-file/20160229145526889.pdf）。

二、京津冀教育规模和人口受教育程度存量

从表 1-7 看，2015 年京津冀三地的学前教育和学历学校教育的总规模接近 1900 万人，与全国同口径近 2.6 亿在学规模相比，占常住人口比例略低于全国平均水平，其中，河北与全国持平，京津即使加入非本地籍人口就学因素，在学人数总规模占比也低于全国，与人口老龄化状态有关。尽管河北普通高校和成人高校的规模超过京津两市的总和，但研究生规模远低于京津两市，连天津也只有北京的 1/6 左右，主要缘于北京市聚集数量众多的“985”“211”工程大学以及国家级科研院所，在全国 118 所中央部属高校中，位于北京的有 37 所，位于天津的有 3 所，位于河北的有 4 所。

表 1-7　2015 年各级学校在校生和在园儿童情况（单位：万人）

地区	北　京	天　津	河　北	京津冀合计	全国
幼儿园（班）	39.41	25.25	231.72	296.38	4264.83
小学	85.03	60.21	596.2	741.44	9692.18
初中	28.34	26.15	236.13	290.62	4311.95
普通高中	16.94	16.56	115.79	149.29	2374.40
中职学校	13.4	11.91	61.3	86.61	1656.70
普通高校本专科	60.36	51.29	117.92	229.57	2625.30
成人高校本专科	20.94	6.9	36.15	63.99	635.94
高校和科研院所研究生	31.0	5.3	4.0	40.3	191.14
合计	295.42	203.57	1399.21	1898.2	25 752.44
常住人口	2170.5	1546.95	7424.9	11 142.35	137 462
在校人数百分比（%）	13.6	13.2	18.8	17.0	18.7

数据来源：同表 1-8，教育部，《2015 年全国教育事业发展统计公报》，教育部主网站；教育部发展规划司，《中国教育事业发展统计简况》（2015 年）。

从表 1－8 每十万人口各级学校在校生和学前教育在园人数看，全国学前教育和高等教育的占比逐年提高，小学、初中、高中的占比则受生育政策影响有所波动。北京、天津两市每十万人口中高教在校生数值最高，均超过本市高中阶段在校生。当然，这并非意味着京津高中毕业生均可进入高校，主要是京津高校资源集中度高，非京津籍高校在校生比重大。与常住人口关系最为密切的是，京津常住人口中新出生人口比重很小，加上非本地籍流动人口在京津就学，每十万人口义务教育阶段在校生仍然仅为全国平均水平及河北平均水平的一半。河北每十万人口小学在校生占比最高，略高于全国平均水平，每十万人口高等学校在校生尚低于高中阶段在校生。有关上海、江苏、浙江和广东的同期同类数据，可从长三角和珠三角地区角度来对比观察。

表 1－8　2011—2015 年每十万人口各级学校在校生和学前教育在园人数（单位：人）

各级教育	年份	全国	北京	天津	河北	上海	江苏	浙江	广东
学前教育	2011	2554	1587	1740	2550	1929	2764	3436	2948
	2012	2736	1643	1687	2710	2047	2791	3453	3148
	2013	2876	1685	1651	2922	2105	2927	3412	3347
	2014	2977	1726	1629	2957	2082	2948	3379	3564
	2015	3118	1831	1665	3138	2209	3150	3452	3751
小学	2011	7403	3468	3992	7521	3175	5205	6317	7873
	2012	7196	3560	3928	7765	3239	5352	6347	7694
	2013	6913	3815	3907	7495	3330	5497	6383	7626
	2014	6946	3883	3893	7696	3325	5938	6448	7816
	2015	7086	3951	3969	8075	3292	6277	6481	8102
初中阶段	2011	3779	1541	2017	2989	1870	2683	2838	4588
	2012	3535	1513	1893	3002	1843	2494	2733	4212
	2013	3279	1501	1845	2866	1835	2345	2707	3821
	2014	3222	1451	1815	3121	1767	2333	2727	3540
	2015	3152	1317	1724	3198	1700	2346	2686	3313
高中阶段	2011	3489	2104	2441	3427	1430	3312	3134	4384
	2012	3411	2114	2275	3148	1389	3014	3020	4417
	2013	3227	1912	2077	2745	1308	2738	2887	4239
	2014	3100	1639	1931	2611	1197	2551	2721	4040
	2015	2965	1426	1866	2555	1149	2407	2647	3589
高等教育	2011	2253	5613	4329	2006	3556	2824	2218	1978
	2012	2335	5534	4358	2063	3481	2786	2288	2082
	2013	2418	5469	4346	2108	3421	2814	2363	2199
	2014	2488	5429	4283	2098	3348	2858	2408	2356
	2015	2524	5218	4185	2124	3330	2896	2414	2434

数据来源：教育部发展规划司，《中国教育事业发展统计简况》（2011—2015 年）。高等教育包括普通高校和成人高校。高中阶段包括普通高中、成人高中、普通中专、职业高中、技工学校和成人中专。（以下同）

再从表1－9 2013年全国和京津冀人口受教育程度存量指标来看，河北6岁以上人口受教育年限落后北京、天津1～3年，15岁以上人口文盲率比北京、天津高1到1.6个百分点。

表1－9　2013年全国和京津冀人口存量的受教育程度

地区	6岁及以上人口受教育年限（年）	15岁及以上人口的文盲率（%）
全国	9.05	4.60
北京	12.03	1.52
天津	10.54	2.06
河北	8.90	3.12

三、京津冀教育协同发展若干相关专题分析

考虑到京津冀协同发展战略与教育直接相关的重要举措，包括“有序疏解北京非首都功能”和“推动公共服务共建共享”等，有必要观察北京市现有中小学生、在园儿童的户籍特征和借读状况，同时还要分析河北省农村基础教育状况，最后对京津冀三地财政性教育经费水平作一概要研判。

1. 北京市中小学生、在园儿童的户籍特征和借读状况

北京市中小学在校生中有大量非本市户籍生借读，2013年北京在校生数约179万人（包括在园儿童和中职学校在校生），其中非本市户籍借读生有近66.3万人，占北京在校生总数的36.9%。2014年义务教育阶段借读学生占近47万人，占北京义务教育阶段在校生比重42%。以下仅就2007—2014年的数据为基础作一初步分析。

（1）小学非本市户籍学生状况。2007—2014年非本市户籍在校生数逐年增加，非本市户籍小学在校生数达到36.9万人，占在校生比重45%；2007—2013年非本市户籍招生数逐年增加，2013年达到7.5万人，2010年占比重最高达到47.6%。2014年开始，在京借读政策收紧，招生数急剧下降，与2013年比，减少近2万人。非本市户籍小学毕业生数及占比逐年增加，人数由2007年的2.4万人增加到2014年的5.5万人，占北京市毕业生的49%，将近一半。北京市户籍招生数在2007—2009年间逐年减少，2009年招生数仅为5.5万人，从2010年开始招生数逐年增加，2014年达到9.8万人。随着“全面二孩”政策实施，北京市户籍小学生招生人数还会继续增加。

（2）初中非本市户籍生状况。2007—2014年间，北京市初中在校生由2007年的33.3万人下降到2011年的30.2万人，大体保持在30万～31万人左右，发展趋势是逐年减少。但本市户籍与非本市户籍在校生数往相反方向发展，本市户籍初中生逐年减少，非本市户籍初中生逐年增加。

2014年北京市初中非本市户籍在校生有10多万人，占初中在校生总数的33.4%，从2007年起到2013年占比逐年上升，2013年达到38.4%；招生数从2007年的2.4万

人增加到 2013 年的 4. 1 万人，2014 年政策收紧，学生数减少到 3. 7 万人；毕业生数逐年增加，由 2007 年的 0. 9 万人到 2014 年增加到 2. 2 万人，占毕业生的比例由 2007 年的 8. 3% 上升到 24. 9%。

（3）高中阶段借读生状况。北京市非本市户籍普通高中生人数达到 1. 86 万人，占普通高中生总数的 10. 5%，从 2007 年 11 515 人增加到 2013 年 21 365 人，呈逐年增加趋势；从 2014 年开始政策收紧，人数开始减少。值得关注的是，北京普通高中在校生在持续减少，从 2007 年 24 万人减少到 2014 年 17. 8 万人，今后 3 ~5 年还将持续减少。另外，2013 年北京市中职教育非本市户籍生人数达到 7. 26 万人，占中职生的 34. 8%，人数和比重呈逐年增加趋势。

（4）非本市户籍幼儿入园状况。2014 年在北京借入园的幼儿数达到 10. 2 万人，占幼儿数的 27. 84%。2009—2014 年间，在京借入园的幼儿数逐年增加，从 6. 0 万人增加到 10. 2 万人，5 年累计增加 40% 左右。

特别是表 1 – 10 所示全口径生师比与户籍生生师比的三组数据，在一定程度上反映了普通中小学非京籍在校生的影响。例如，2014 年北京市在校小学生 82. 12 万人，教职工 5. 8 万人，生师比为 14∶1。按生师比 19∶1 的国家规定配置小学教职工，北京户籍小学在校生数为 45. 27 万人，需教职工数仅为 2. 38 万人。有分析认为，若没有非本市户籍生，北京市小学特别是远郊区小学会遇到招生的困难，多半小学教师可能面临没有学生可教的局面。因此，从近期来看，即使将所有流动人口随迁子女因素全部考虑进来，北京市普通中小学现有公办学校和师资资源尚有承受空间，但若考虑未来国家生育政策调整、北京市民全面放开一对夫妇可生育两孩的较长期效应，也会逐渐影响到京籍义务教育乃至普通高中的入学人口基数。

表 1 – 10　2007—2014 年北京市小学、初中、普通高中的生师比

年份	小学		初中		普通高中	
	全口径生师比	户籍生生师比	全口径生师比	户籍生生师比	全口径生师比	户籍生生师比
2007	13. 8	9. 1	11. 2	9. 2	12. 0	11. 4
2008	13. 5	8. 6	10. 8	8. 7	11. 0	10. 3
2009	13. 1	8. 0	10. 5	8. 3	10. 3	9. 5
2010	13. 2	7. 8	10. 2	7. 8	10. 1	9. 3
2011	13. 4	7. 7	9. 9	7. 3	9. 6	8. 8
2012	13. 7	7. 5	9. 8	6. 8	9. 4	8. 4
2013	14. 4	7. 6	9. 7	6. 5	9. 0	8. 0
2014	14. 4	8. 0	9. 4	6. 3	8. 4	7. 5

数据来源：根据北京市教委发展规划处，《北京市教育事业统计资料》（2007—2014 年）测算。

2. 河北农村基础教育的基本情况

京津冀三地教育有地区差异，同时还有城乡差距。北京和河北的城镇化率分别是86%和51%，农村教育在河北基础教育中具有举足轻重的作用（图1－1）。

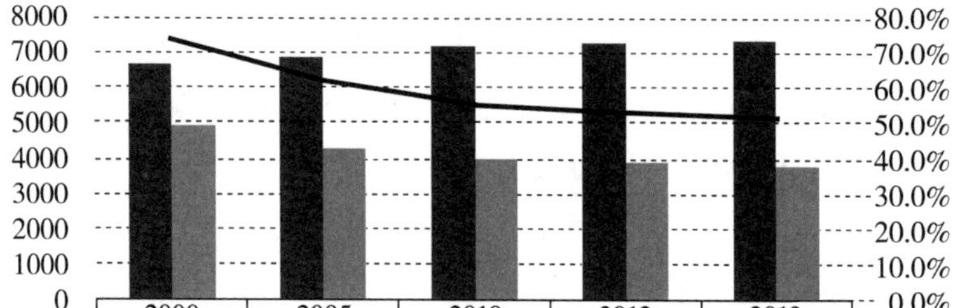

	2000	2005	2010	2012	2013
总人口（万人）	6674	6851	7194	7287.51	7332.61
乡村（万人）	4933	4269	3993	3876.96	3804.16
乡村人口占比重	73.9%	62.3%	55.5%	53.2%	51.9%

图1－1　分年河北省人口数、乡村人口数及占人口比重

数据来源：国家统计局，《2014年中国统计年鉴》；国家统计局，《2014年河北经济年鉴》，均为中国统计出版社出版。本节农村教育在统计数据方面包括乡村和镇区。

（1）小学教育。2014年河北省小学生数近550万人，其中227万学生在农村上学，占小学生总数的41.2%，镇区学生占37.4%，城市学生占21.4%。2005—2014年间农村小学生数从305万人下降到227万人（图1－2）。与此同时，镇区小学生逐年增加，从90.7万人增加到205.4万人；城市学生从72.4万人增加到117.5万人；目前还是农村小学生占多数。农村小学学生减少主要有两方面原因：首先，2005—2014年间农村人口占比重下降10.4%；其次，学校布局结构调整，撤点并校导致农村小学生减少。总体上看，小学生总数逐年增加，2006—2014年间增加了107万人（图1－3）。

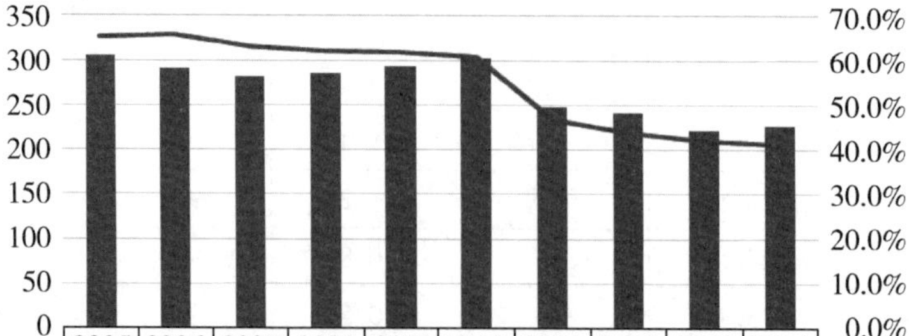

	2005	2006	2007	2008	2009	2010	2011	2012	2013	2014
乡村（万人）	304.8	291.5	281.2	285.2	293.3	302.9	247.2	241.4	222.3	226.8
占在校生比	65.2%	65.9%	63.2%	62.1%	61.7%	60.7%	46.6%	43.7%	42.0%	41.2%

图1－2　2005—2014年河北乡村小学生数及占在校生比重

数据来源：教育部发展规划司，《中国教育统计年鉴2005—2013年》，北京：人民教育出版社；2014年数据由教育部发展规划司提供。（图1－2至图1－9均同）

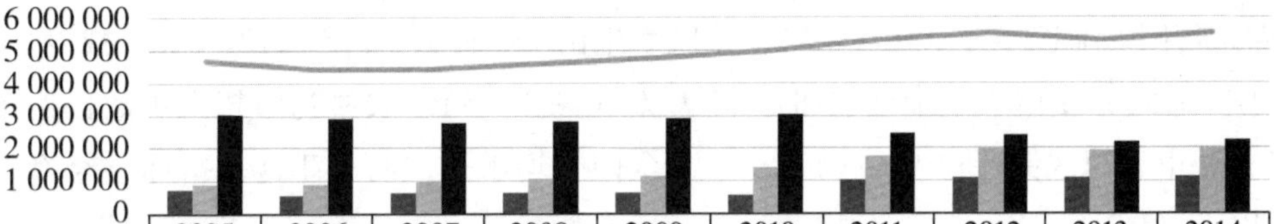

	2005	2006	2007	2008	2009	2010	2011	2012	2013	2014
城乡	722 147	586 861	637 557	673 824	673 802	570 417	1 037 669	1 099 440	1 115 813	1 175 153
镇区	906 961	923 261	997 391	1 065 653	1 145 634	1 391 080	1 798 850	2 010 975	1 956 424	2 054 635
乡村	3 047 612	2 914 899	2 811 521	2 851 510	2 932 576	3 029 203	2 472 302	2 414 290	2 222 677	2 267 623
合计	4 676 720	4 425 021	4 446 469	4 590 987	4 752 012	4 990 700	5 308 821	5 524 705	5 294 914	5 497 411

图 1－3　2005—2014 年河北小学生数及分城乡小学生数（人）

（2）初中教育。与小学教育农村学生占多数不同，河北省初中教育镇区学生人数较多，占初中生 53.6%，农村初中生占初中生总数的 17.5%（图 1－4），城市学生占 28.9%。2005—2014 年间全省初中学生总数由 326.8 万人下降到 207.9 万人，十年减少 118.9 万人（图 1－5）。

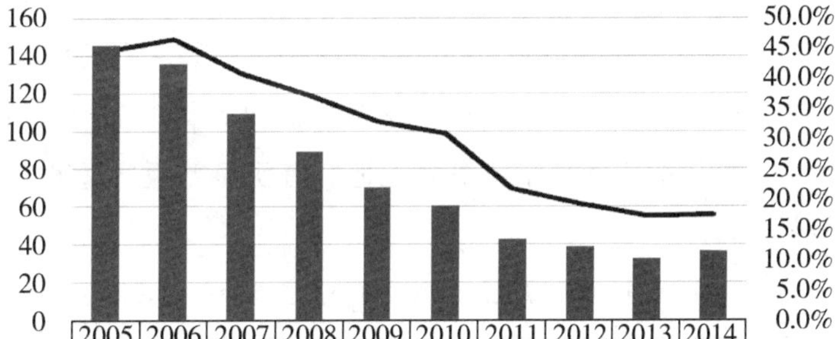

	2005	2006	2007	2008	2009	2010	2011	2012	2013	2014
乡村（万人）	145.4	135.4	109.5	89.4	70.1	60.5	43.0	38.7	32.2	36.4
乡村占比重（%）	44.5	46.5	40.7	37.2	32.8	30.9	21.8	19.3	17.2	17.5

图 1－4　2005—2014 年河北乡村初中生数及占在校生比重

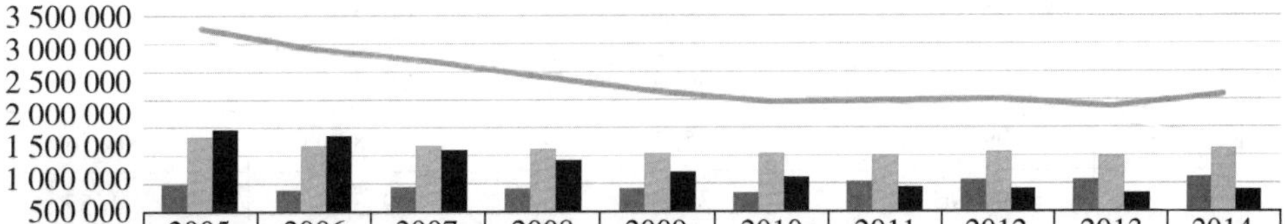

	2005	2006	2007	2008	2009	2010	2011	2012	2013	2014
城乡	479 803	381 624	421 328	410 068	399 571	314 649	531 348	555 371	558 841	600 074
镇区	1 333 437	1 173 762	1 170 364	1 099 478	1 035 053	1 035 259	1 009 702	1 064 327	993 414	1 115 087
乡村	1 454 357	1 354 087	1 094 630	893 625	700 633	604 791	429 753	387 458	322 040	363 574
合计	3 267 597	2 909 473	2 686 322	2 403 171	2 135 257	1 954 699	1 970 803	2 008 156	1 874 295	2 078 735

图 1－5　2005—2014 年河北省初中生数及分城乡初中生数（人）

随着城镇化进程的不断推进、学龄人口减少及学校布局结构调整，乡村初中生数及占初中生比重急剧减小，学生数由 145 万人下降到 36 万人，减少了 109 万人，比重由 44. 5% 下降到 17. 5% （图 1 –4）；镇区学生由 133 万人下降到 112 万人，减少 21 万人（图 1 –5）；城市学生十年增加了 12 万人（图 1 –5）。农村初中超大班数比例逐年下降，城市和镇区保持在 15% 以上，高于全国平均水平，而京津这一指标已经降至千分位以下（图 1 –6）。

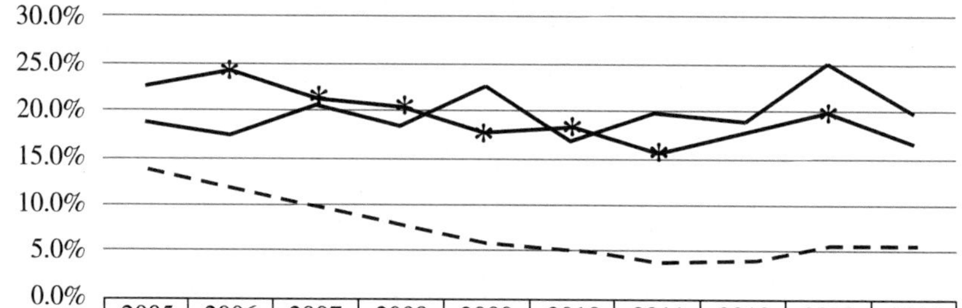

	2005	2006	2007	2008	2009	2010	2011	2012	2013	2014
城乡	18.8%	17.4%	20.6%	18.3%	22.6%	16.8%	20.0%	18.9%	25.0%	19.9%
镇区	22.7%	24.3%	21.3%	20.4%	17.7%	18.2%	15.5%	17.8%	19.7%	16.7%
乡村	13.8%	11.9%	9.8%	8.0%	6.2%	5.3%	4.0%	4.2%	5.8%	5.7%

图 1 –6　历年河北初中超大班额（66 人以上）班级数比例情况

从表 1 – 11 可以看出，河北省义务教育阶段农村教师学历合格率达到 99% 以上，但本科及以上学历的比例与京津等其他地区有明显差距。这里不仅有城乡差距，还存在地区差异。

表 1 – 11　2013 年京津及河北省分城乡义务教育阶段教师基本情况（单位:%）

地区		小学专任教师		初中专任教师	
		学历合格率	本科及以上学历比例	学历合格率	本科及以上学历比例
全国		99. 83	37. 24	99. 28	74. 87
北京		99. 94	85. 21	99. 89	97. 30
天津		99. 88	65. 27	99. 24	91. 27
河北		99. 94	36. 45	99. 45	77. 01
河北	城市	99. 98	55. 18	99. 83	86. 74
	镇区	99. 96	37. 09	99. 39	74. 52
	乡村	99. 92	28. 18	99. 10	70. 91

数据来源：教育部发展规划司。

（3）高中教育。2005 年河北省普通高中人数 139 万人，2014 年降至 110 万人，减少 29 万人。全省普通高中乡村生 3. 9 万人，占高中生的比重仅为 3. 5%，主要是由于多数农村学生进入镇区和城市的普通高中就读（图 1 –7 和图 1 –8）。

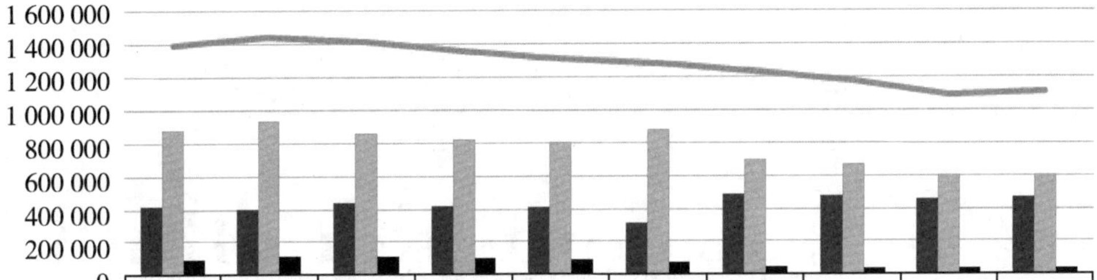

	2005	2006	2007	2008	2009	2010	2011	2012	2013	2014
城乡	423 426	396 126	437 633	421 306	407 673	314 723	488 490	476 403	452 910	463 958
镇区	874 700	932 592	860 110	824 675	802 932	881 230	700 898	665 578	598 612	601 201
乡村	93 012	109 347	110 823	105 216	98 085	79 193	43 835	34 904	41 293	38 917
合计	1 391 138	1 438 065	1 408 566	1 351 197	1 308 690	1 275 146	1233 223	1 176 885	1 092 815	1 104 076

图 1－7　2005—2014 年河北省高中生数及分城乡高中在校生（人）

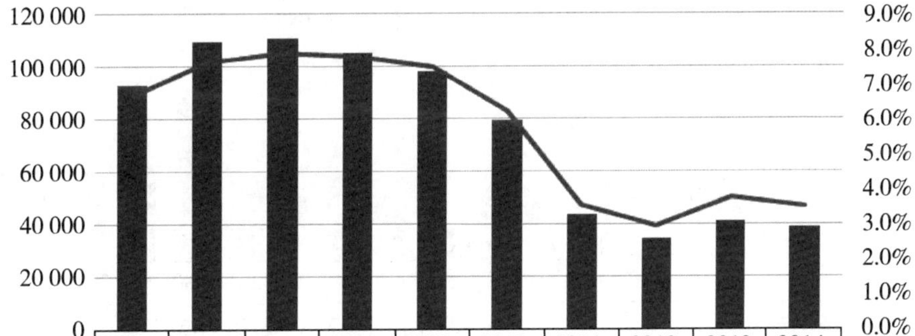

	2005	2006	2007	2008	2009	2010	2011	2012	2013	2014
乡村(人)	93 012	109 347	110 823	105 216	98 085	79 193	43 835	34 904	41 293	38 917
占在校生比	6.7%	7.6%	7.9%	7.8%	7.5%	6.2%	3.6%	3.0%	3.8%	3.5%

图 1－8　普通高中乡村在校生数及占高中生比重

（4）学前教育。2001—2014 年间河北省学前教育发展较快，在园儿童数由 18. 8 万人增至 160. 9 万人。其中，农村在园儿童数由 3. 3 万人增至 58. 5 万人，占在园儿童总数从 17. 7% 增加到 36. 3%，发展更快（图 1－9 和图 1－10）。但农村学前教育依然是农村教育中最薄弱的环节，从农村中小学生均公共财政预算教育事业费支出看，北京一般是河北的 5 倍左右，但是幼儿园生均公共财政预算教育事业费支出，北京是河北的 8. 5 倍。

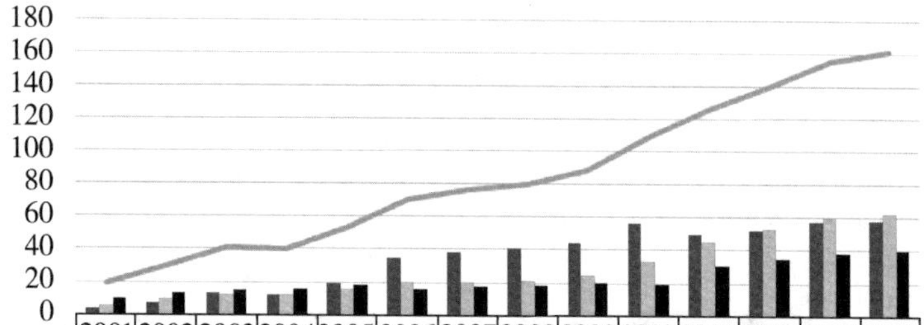

	2001	2002	2003	2004	2005	2006	2007	2008	2009	2010	2011	2012	2013	2014
乡村（万人）	3.34	7.08	12.83	11.90	19.34	34.44	38.56	40.66	44.62	56.67	49.51	52.13	57.47	58.46
镇区（万人）	5.50	9.36	12.62	12.18	15.77	20.04	20.29	21.03	24.23	32.92	45.19	52.62	59.80	62.40
城市（万人）	9.99	12.91	15.22	15.93	18.18	15.60	17.66	18.32	19.94	18.79	30.61	35.07	38.22	40.05
合计（万人）	18.82	29.35	40.67	40.00	53.30	70.07	76.51	80.02	88.78	108.3	125.3	139.8	155.4	160.9

图 1－9　2001—2014 年分城乡在园幼儿数

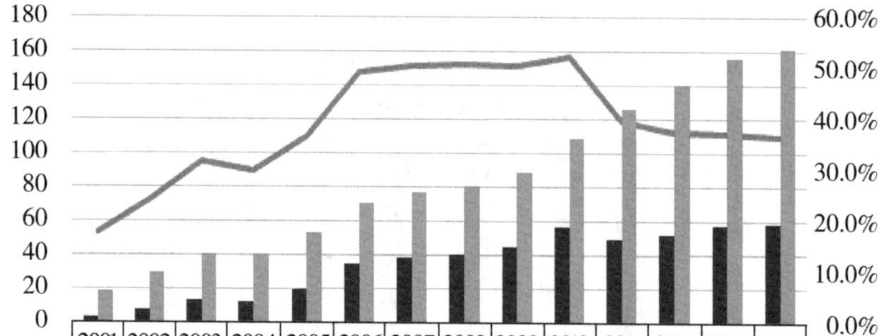

	2001	2002	2003	2004	2005	2006	2007	2008	2009	2010	2011	2012	2013	2014
乡村(万人)	3.34	7.08	12.83	11.90	19.34	34.44	38.56	40.66	44.62	56.67	49.51	52.13	57.47	58.46
合计(万人)	18.82	29.35	40.67	40.00	53.30	70.07	76.51	80.02	88.78	108.3	125.3	139.8	155.4	160.9
在园幼儿比重	17.7%	24.1%	31.5%	29.7%	36.3%	49.1%	50.4%	50.8%	50.3%	52.3%	39.5%	37.5%	37.0%	36.3%

图 1－10　2001—2014 年乡村幼儿在园数及占在园幼儿的比重

3．京津冀公共财政教育经费的结构

从表 1－12 所示 2014 年京津冀公共财政教育经费基本数据看，京津两地财政教育支出基数大，迈进稳定增长阶段。但河北明显受到近年来经济结构调整期下行压力的影响，虽在部分指标上显现出一定的追赶态势，但公共财政教育支出本年比上年增幅低于京津两市，公共财政教育支出与财政经常性收入增幅比较，高于北京市而低于天津市。

表1－12 2014年京津冀公共财政教育支出增长与财政经常性收入增长比较

地区	公共财政教育支出（亿元）	公共财政教育支出占公共财政支出比例（%）	公共财政教育支出本年比上年增长（%）	财政经常性收入本年比上年增长（%）	公共财政教育支出与财政经常性收入增长幅度比较（百分点）
北京	758.49	16.76	8.49	8.26	0.23
天津	517.01	17.92	12.03	9.22	2.81
河北	802.31	17.15	4.29	2.90	1.39

数据来源：教育部、国家统计局、财政部，《关于2014年全国教育经费执行情况统计公告》（2015年10月9日，教育部主网站），表1－13至表1－15均同。

其中，表1－13和表1－14中的河北普通高中、中职学校的生均公共财政预算事业费的增幅高于全国同期平均水平，普通小学、普通初中增幅低于全国平均水平，普通高校则出现负增长。其实，某两个年份之间对比的增幅并不能反映公共财政对教育事业拨款的稳定性，但地区之间同期相比就可以看出一定问题。由于人均公共财政支出的基础不同，北京生均公共财政预算教育事业费往往是同期河北的数倍。即使天津在部分指标方面与北京也有不小差距，而且与生均公共财政预算教育事业费的总体状况相关；三地各级教育生均公共财政预算公用经费更是呈现差别很大的格局，河北政府对教育投入水平方面的落后态势十分明显。

表1－13 2013—2014年各级教育生均公共财政预算教育事业费增长情况（单位：元）

地区	普通小学			普通初中			普通高中		
	2013年	2014年	增长率（%）	2013年	2014年	增长率（%）	2013年	2014年	增长率（%）
全国	6901.8	7681.0	11.3	9258.4	10 359.3	11.9	8448.1	9025.0	6.8
北京	21 727.9	23 441.8	7.9	32 544.4	36 507.2	12.2	36 763.0	40 748.3	10.8
天津	15 447.4	17 233.9	11.6	22 840.6	26 956.4	18.0	21 103.9	30 090.1	42.6
河北	4936.8	5349.1	8.4	7470.8	7749.4	3.7	7105.3	7748.2	9.1
北京/河北	4.4倍	4.4倍		4.4倍	4.7倍		5.2倍	5.3倍	
北京/天津	1.4倍	1.4倍		1.4倍	1.4倍		1.7倍	1.4倍	

地区	中等职业学校			普通高等学校		
	2013年	2014年	增长率（%）	2013年	2014年	增长率（%）
全国	8784.6	9128.8	3.9	15 591.7	16 102.7	3.3
北京	23 635.7	28 765.5	21.7	47 629.1	58 548.4	22.9
天津	19 901.9	22 753.1	14.3	23 046.9	18 668.0	－19.0
河北	6890.1	8031.6	16.6	12 904.4	12 292.6	－4.7
北京/河北	3.4倍	3.6倍		3.7倍	4.8倍	
北京/天津	1.2倍	1.3倍		2.1倍	3.1倍	

表 1－14　各级教育生均公共财政预算公用经费增长情况（单位：元）

地区	普通小学			普通初中			普通高中		
	2013 年	2014 年	增长率（%）	2013 年	2014 年	增长率（%）	2013 年	2014 年	增长率（%）
全国	2068.5	2241.8	8.4	2983.8	3120.8	4.6	2742.0	2699.6	－1.6
北京	9939.0	9951.0	0.1	13747.0	14 127.6	2.8	16 644.3	16 716.1	0.4
天津	3788.9	3968.9	4.8	5379.9	6134.4	14.0	5562.9	10 411.5	87.2
河北	1390.8	1439.3	3.5	2083.7	2121.1	1.8	2075.0	2207.9	6.4
北京/河北	7.1 倍	6.9 倍		6.6 倍	6.7 倍		8.0 倍	7.6 倍	
北京/天津	2.6 倍	2.5 倍		2.6 倍	2.3 倍		3.0 倍	1.6 倍	

地区	中等职业学校			普通高等学校		
	2013 年	2014 年	增长率（%）	2013 年	2014 年	增长率（%）
全国	3578.3	3680.8	2.9	7899.1	7638.0	－3.3
北京	11 108.7	13 473.1	21.3	27 058.7	34 711.0	28.3
天津	5797.4	5918.0	2.1	15 135.7	10 224.7	－32.5
河北	2047.4	2435.1	18.9	7431.3	6520.7	－12.3
北京/河北	5.4 倍	5.5 倍		3.6 倍	5.3 倍	
北京/天津	1.9 倍	2.3 倍		1.8 倍	3.4 倍	

从表 1－15 来观察 2005—2014 年间京津冀普通高校、职业中学、普通高中、普通初中、普通小学的生均公共财政预算教育事业费的全国排位变化状况，尽管京津冀三地各自纵向相比，在经费总量上均有很大增加，但是，历史上形成的公共财政经费基本格局在短期内将不易改变。在多数指标上，北京处于全国冠亚军位置，中间有上海穿插；天津紧随其后，基本稳定在季军位置（特别是普通中小学），但天津普通高校往往在 4～5 位上下浮动；河北各项指标多排在全国第 20 位上下。其中，河北 2012 年个别项指标出现大的跳动，高校经费从 2011 年全国倒数第 2 跃至 2012 年的正数第 10（有分析表明，在此年份前后，部分省市政府曾为高校基本建设历史债务进行程度不同的化解，导致全国排位变化出现异常波动），又回落到 2013 年的第 17，但基础教育和中等职业教育均有下滑，小学跌至全国倒数第 2，初中和中职排名倒数第 5。

表 1－15　2005—2014 年京津冀各级教育生均公共财政预算教育事业费及排位（单位：元）

各级教育	年份	2005	2009	2010	2011	2012	2013	2014
普通高校	全国	5375.94	8542.3	9589.73	13 877.53	16 367.21	15 591.7	16 102.7
	北京	17 036.5	29 772.87	34 546.43	44 073.8	47 623.53	47 629.1	58 548.4
	全国排位	1	1	1	1	1	1	1
	天津	9134.45	10 858.31	12 395.91	19 142.8	21 873.01	23 046.9	18 668.0
	全国排位	4	5	5	6	5	4	4
	河北	2757.33	5148.06	5238.5	8676.09	16 374.54	12 904.4	12 292.6
	全国排位	27	25	28	30	10	17	23
中等职业学校	全国	1980.54	4262.52	4842.45	6148.28	7563.95	8784.6	9128.8
	北京	5338.43	13 123.39	15 583.79	18 673.53	21 700.9	23 635.7	28 765.5
	全国排位	2	1	1	1	1	1	1
	天津	3532.19	7422.35	10 322.84	12 953.81	17 175.2	19 901.9	22 753.1
	全国排位	3	3	3	3	3	3	3
	河北	1474.09	3589.56	4195.75	4898.12	5942.47	6890.1	8031.6
	全国排位	22	23	23	27	25	27	20
普通高中	全国	1959.24	3757.6	4509.54	5999.6	7775.94	8448.1	9025.0
	北京	6587.17	16 312.03	20 619.66	28 533.85	31 883.79	36 763.0	40 748.3
	全国排位	2	2	1	1	1	1	1
	天津	5600.2	10 222.49	13 233.87	15 941.8	17 666.55	21 103.9	30 090.1
	全国排位	3	3	3	3	3	3	3
	河北	1667.84	3385.12	3997.89	4961.13	7040.76	7105.3	7748.2
	全国排位	19	21	21	23	21	23	22
普通初中	全国	1498.25	4331.62	5213.91	6541.86	8137	9258.4	10 359.3
	北京	5515.76	15 581.06	20 023.04	25 828.16	28 822.01	32 544.4	36 507.2
	全国排位	2	2	1	1	1	1	1
	天津	3525.42	11 083.16	14 819.48	17 716.32	20 796.76	22 840.6	26 956.4
	全国排位	3	3	3	3	3	3	2
	河北	1371.84	4257.98	5227.19	6217	7252.09	7470.8	7749.4
	全国排位	20	19	18	18	22	27	27
普通小学	全国	1327.24	3357.92	4012.51	4966.04	6128.99	6901.8	7681.0
	北京	4619.52	11 662.02	14 482.39	18 494.11	20 407.62	21 727.9	23 441.8
	全国排位	2	2	2	1	1	1	1
	天津	3518.92	9131.43	11 505.42	13 398.02	14 718.04	15 447.4	17 233.9
	全国排位	3	3	3	3	3	3	4
	河北	1440.57	3343.17	3783.13	4233.89	4785.98	4936.8	5349.1
	全国排位	14	17	19	21	30	30	30

第二节　京津冀三省市2020年教育规划纲要比较

2010年7月，党中央和国务院发布《国家中长期教育改革和发展规划纲要（2010—2020年）》（以下简称《教育规划纲要》），截至2011年5月，全国31个省（自治区、直辖市）和新疆生产建设兵团的本地教育规划纲要相继出台。本章拟参照国家级《教育规划纲要》，就京津冀三地教育规划纲要确定的2020年事业发展目标任务和改革重点进行比较。由于京津冀三省市教育规划纲要是在国家确定京津冀协同发展战略大局之前研制实施的，基本上以行政区划为基础，三地各自谋划教育事业发展目标任务、确定教育改革举措，未能涉及跨区域的教育改革发展政策行动，因此，不能简单平移为京津冀协同发展战略的教育改革发展目标任务，但对分析三地教育改革发展的现实起点与未来预期，依然具有很强的导向意义。

同时，还有一个背景需要注意，教育部《2015年全国教育事业统计公报》公布了若干主要指标，其中有从学前三年教育、高中阶段、高等教育的毛入学率和九年义务教育巩固率的实际值，2015年3月全国人大通过的《国民经济和社会发展“十三五”规划纲要》又给出其中部分教育指标到2020年的调整值，但京津冀三地的2015年实际值以及2020年的调整值不全。因此，本章仅就能够掌握的数据资料作一初步分析。

一、京津冀中长期教育发展目标任务

1. 学前教育

（1）事业发展目标：京津两地显著高于河北。京津冀三地均高于全国平均水平，北京、天津学前教育发展目标远远高于河北。天津还提出分阶段推进学前教育发展，到2012年基本解决入园难问题，学前三年教育入园率达到95%以上；实施学前教育质量提升计划，到2015年基本形成城乡一体化的学前教育体系；实施学前教育现代化建设计划，到2020年高水平普及学前三年教育，满足人民群众对优质学前教育的需求。《北京市“十三五”时期教育改革和发展规划（2016—2020年）》对2020年学前三年教育毛入园率回调到95%（表1－16）。

表 1－16　京津冀三省市教育规划纲要确定的学前教育发展目标

学前三年教育毛入园率（%）	2009 年	2015 年		2020 年	
		预计值	实际值	预计值	调整值
全国	50.9	60.0	75.0	70.0	85.0
北京	90.3	95.0		99.0	95 *
天津	93.0	96.0		98.0	
河北	65.0	70.0	78.0	75.0	

数据来源：《国家中长期教育改革和发展规划纲要（2010—2020 年）》《北京市中长期教育改革和发展规划纲要（2010—2020 年）》《天津市中长期教育改革和发展规划纲要（2010—2020 年）》《河北省中长期教育改革和发展规划纲要（2010—2020 年）》《中华人民共和国国民经济和社会发展第十三个五年规划纲要》（新华社北京 2016 年 3 月 17 日电）；教育部，《2015 年全国教育事业发展统计公报》，教育部主网站；北京市教育委员会，《2015 年北京市政府重点工作情况汇编之深化教育改革篇》，首都之窗 2016 年 1 月 25 日（http://www.beijing.gov.cn/sy/2016lh/2015zdgzqkhb/t1421874.htm）；《河北省教育厅关于印发刘教民厅长在 2016 年全省教育工作会议上讲话的通知》，2016 年 4 月 5 日。其中，* 数据引自北京市教委，《北京市"十三五"时期教育改革和发展规划（2016—2020 年）》，2016 年 9 月 28 日。

（2）覆盖范围：北京覆盖 0 至 6 岁，津冀两地积极发展学前教育和重视 0 至 3 岁婴幼儿教育。北京提出构建覆盖 0 至 6 岁幼儿的学前教育体系。进一步增加城镇地区公办幼儿园数量，加强农村地区乡镇中心幼儿园建设，利用农村中小学布局调整后富余教育资源新建幼儿园（或附设幼儿园、幼儿班）。建立覆盖城乡的 0 至 3 岁幼儿早教基地服务网络，保教结合，促进科学育儿。

天津提出构建政府主导、多元并举、优质协调、充满活力的学前教育公共服务体系。高水平普及学前三年教育。积极发展 0 至 3 岁婴幼儿教育，实现社区早期教育全覆盖。为婴幼儿家长提供学前教育指导服务。

河北提出把发展学前教育纳入经济社会发展总体规划，建立覆盖城乡、布局合理的学前教育公共服务体系，保障适龄儿童接受基本的、有质量的学前教育。大力实施学前教育普及提高工程，提高学前三年教育普及程度，重视 0 至 3 岁婴幼儿教育。

（3）办园体制：三地公办民办并举，公办过半，津冀构建更多乡镇村民办幼儿园。北京提出加大政府对学前教育的投入，大力发展公办幼儿园，积极扶持民办幼儿园，形成政府主导、公办民办并举的学前教育服务体系。到 2020 年，公办幼儿园数量达到总数的 50% 以上。采取政府购买服务等方式支持民办幼儿园提供优质平价服务。

天津提出积极构建政府主导、社会参与、公办民办并举的办园体制，形成多元化发展格局。加快发展公办幼儿园，通过新建、改扩建和加强住宅小区配套幼儿园建设等多种途径，提高公办幼儿园比例。扶持规范民办幼儿园，采取购买服务、减免税费、以奖代补等政策措施，鼓励社会力量举办优质学前教育机构。有针对性地帮助集体办、民办幼儿园等全面提升办园水平。深化农村学前教育办园体制和管理体制改革，提高农村学前教育普及程度。多渠道扩大农村学前教育资源，构建以乡镇中心幼儿园为示范、村办幼儿园为基础、公办民办并举的农村学前教育发展格局。加大对农村学前教育的帮扶力度，促进城乡学前教育协调发展。

河北提出按照公益性和普惠性的原则，完善政府主导、社会参与、公办民办并举的办园体制。大力发展公办幼儿园，支持街道、农村集体和有条件的行政事业单位、企业办幼儿园。制定优惠政策，鼓励社会力量办园，引导和支持民办幼儿园提供面向大众、收费较低的普惠性服务。

2. 九年义务教育

（1）事业发展目标：京关注毛入学率，津冀关注巩固率，三地侧重点不同。北京重视义务教育毛入学率的目标，而津冀两地则着重关注义务教育巩固率目标，没有提出具体入学率方面的目标。这也是由三地的学生特点决定的，北京流动人口子女就学人数多，在中考制度限定下，很多随迁子女在初二、初三就回转到户籍所在地就学。因此，单纯从北京在校生看，就会显示巩固率下降或者较低的特点（表1－17）。

表1－17　京津冀三省市教育规划纲要确定的九年义务教育发展目标

九年义务教育巩固率（%）	2009年	2015年		2020年	
		预计值	实际值	预计值	调整值
全国	90.8	93.0	93.0	95.0	未调整
北京*	（105）	（100以上）	（100以上）	（100以上）	≥100*
天津	98.0	99.0		>99.0	
河北	92.6	94.0	95.9	96.0	

*北京市公布的指标未用九年义务教育巩固率，而用义务教育毛入学率。（下同）

（2）义务教育均衡发展：三地均着重关注区域内均衡。三地都把义务教育均衡发展作为义务教育巩固提高的重要内容。北京提出建立健全义务教育均衡发展保障机制。各级政府要依法落实推进义务教育均衡发展的职责，均衡配置教师、设备、图书、校舍等资源，推进义务教育公共服务均等化。建立和落实义务教育学校教师和校长流动机制。城镇中小学教师评聘高级职务（职称），原则上要有一年以上在农村学校或薄弱学校任教经历。

天津提出分阶段推进义务教育学校现代化建设。实施义务教育学校现代化标准建设，落实校舍加固和功能提升、图书配送、教学仪器设备配置等各项任务，到2012年全市城乡义务教育学校实现较高水平均衡发展。以内涵发展为重点，实施义务教育学校现代化建设标准提升工程，进一步优化资源配置，提高办学水平，到2020年全市城乡义务教育学校实现更高水平均衡发展。

河北提出把均衡发展作为义务教育的重中之重，实施分阶段的义务教育均衡发展目标，力争在2012年实现区域内义务教育初步均衡，到2020年基本实现区域内义务教育均衡，区域内办学条件、教师素质、教育质量、管理水平显著改善和提高，义务教育公平度、满意度大幅提升。积极推进标准化学校建设，到2015年全省义务教育标准化学校比例达到70%以上，2020年达到85%以上。

（3）义务教育均衡发展保障机制：三地均提出向农村地区倾斜。北京提出全面落实本市中小学办学条件标准，实施现代化中小学建设项目。建立城乡义务教育一体化发展机制，在财政拨款、学校建设、教师配置等方面向农村倾斜，保障农村教育发展需求。积极推进学区化管理、学校联盟、名校办分校、学校托管、优质管理输出、教师特派等办学形式和管理机制的创新试点，扩大优质教育资源覆盖面，促进区域教育协调发展。

天津提出完善城乡义务教育一体化发展机制，在财政拨款、学校建设、教师配置等方面向农村倾斜，加快缩小城乡间差距。制定优惠政策，积极创造条件，鼓励优秀教师到边远农村学校支教。加快缩小校际间差距，着力解决择校问题。实行区县内教师、校长交流和对口支援制度。实行优质普通高中招生名额合理分配到区域内初中的办法。义务教育阶段不得设置重点校、重点班。

河北提出促进城乡义务教育一体化发展，在财政拨款、教师配置、学校建设等方面向农村倾斜。加大对革命老区、民族地区、贫困地区义务教育的转移支付力度。鼓励发达地区支援欠发达地区。建立区域内教师、校长交流机制和教师补充机制。通过联合校模式，建立优质学校与薄弱学校结对协作机制，全面提升薄弱学校的办学水平；通过兼并校、建分校、新建校等模式，彻底转化、改造薄弱学校，扩大优质教育资源覆盖面。切实缩小城乡、校际差距。

（4）进城务工人员子女就学：京津关注随迁子女，河北关注随迁子女和留守儿童。北京提出要以公办学校接收为主，完善来京务工人员随迁子女接受义务教育的保障体制。

天津特别提出要保障外来务工人员子女平等接受义务教育。把外来务工人员子女教育纳入教育发展规划，坚持以流入地政府管理为主、以全日制公办中小学为主，建立保障机制，进行统筹安排，确保外来务工人员子女平等接受义务教育。研究制定外来务工人员子女义务教育后参加升学考试的办法，探索解决后续升学问题。

河北提出坚持以输入地政府管理为主、以全日制公办中小学为主，确保进城务工人员子女与流入地学生平等接受义务教育。建立健全政府主导、社会参与的农村留守儿童关爱服务体系和动态监测机制。

3. 高中阶段教育

（1）事业发展目标：三地高中教育发展目标在高位水平存在差异。《教育规划纲要》提出要加快普及高中阶段教育（包括普通高中和中等职业教育），2009年全国高中阶段教育毛入学率79.2%，力争2020年达到90%，普通高中和中等职业教育规模大体相当。各地纲要均呼应了这一目标，即在2020年高中阶段教育毛入学率达到或超过90%。京津冀三地发展目标均高于全国平均水平，但三地仍然存在差异，北京、天津高于98%，河北为92%（表1－18）。

表1－18　京津冀三省市教育规划纲要确定的高中阶段教育发展目标

高中阶段教育毛入学率（%）	2009年	2015年		2020年	
		预计值	实际值	预计值	调整值
全国	79.2	87.0	87.0	90.0	>90.0
北京	98.0	99.0	99.0	99.0	>99＊
天津	94.0	97.0		98.0	
河北	85.0	90.0	90.5	92.0	

（2）高中教育发展方式/路径：京关注特色高中，津关注综合高中，冀关注示范高中。《教育规划纲要》提出要推动普通高中多样化发展，鼓励普通高中办出特色。各地纲要均对此予以呼应，而关于如何推动普通高中多样化发展、办出特色，高中教育该依托何种发展方式、选择何种发展路径，各地做法有同有异。

北京提出要重视发挥优质高中在特色办学中的示范和带动作用；探索高中和大学的合作途径，开展创新人才培养基地建设试点，为学有余力的学生开展拓展性学习提供资源支持。河北提出，要建设一批高质量、高水平、示范性普通高中，扩大优质普通高中教育资源，到2020年，省级示范性普通高中增加到300所，70%以上的高中生在省级示范性高中就读。

北京、河北提出要通过合作办学的形式来探索普通高中发展的新机制、新模式。北京倡导积极引进海外优质资源合作办学。北京、天津明确提出要开展试点工作，如北京开展新型综合高中和特色高中建设试点和普通高中特色发展试验；天津鼓励和支持有条件的高中学校进行综合高中实验，达到毕业标准的学生可同时取得普通高中毕业证和职业资格证。

（3）普通高中课程改革：京关注教材改革及综合评价，冀关注实验室建设及教学管理制度。北京在普通高中课程设置和教学改革方面有所突破，提出要深化高中课程教材改革；河北提出重点建设省级示范性高中新课程配套实验室。

北京、河北强调在普通高中课程建设、教学管理、综合评价、质量评估过程中要进行制度建设，以保障人才培养真正持续、有效地深入进行。例如，河北强调建立和完善分层教学、走班制、学分制、导师制等教学管理制度。

（4）高中阶段教育发展结构：津冀关注规模与班额，冀关注普通高中与中职规模相当。北京、天津提出要进一步明确市、区（县）两级政府教育管理权责，河北提出明确市、县政府及教育行政部门对普通高中管理的职责。天津、河北均提出要正确处理高中学校的发展规模和班额问题。河北提出普通高中与中等职业学校协调发展，规模相当，北京、天津没有明确提出规模大体相当的目标要求。

（5）普通高中教育质量：津提出内涵建设，冀关注硬件及示范高中建设。天津市内六区以提升内涵、发展特色为重点，涉农区县以扩大优质普通高中学校建设为重点，全面提高普通高中办学水平。河北提出支持普通高中新建和改（扩）建教学楼、实验楼和图书馆等教学设施，为全省普通高中配备必需的仪器设备、图书、多媒体教室和通用技术试验室设备、音体美器材等，进一步改善普通高中办学条件。河北提出每个县（市）重点改造 1 至 2 所高中，公办省级示范性高中公助生招生名额每年按照不低于 80% 的比例，均衡分配到市区或县域内每所初中。

（6）普通高中财政投入机制：三地均提高普通高中生均公用经费标准。三地都提出要加大投入和财政保障力度，研究逐步提高普通高中生均公用经费标准。北京提出在高中学生国家资助制度的基础上进一步提高和完善高中生奖学金制度。

4. 职业教育

（1）职业教育定位：京构建现代职业教育体系，津建设职业教育示范校区，冀加强职业教育基础办学条件。北京提出要服务于首都优化经济结构的需求，按照集约型、精品化、内涵式的发展思路，构建灵活开放的现代职业教育体系，培养适应首都现代化建设需求的高素质劳动者和高技能人才。适应首都高新技术产业、生产性服务业、现代制造业、文化创意产业、都市型现代农业等高端产业发展需求，建设一批为首都重点产业发展服务的骨干特色专业。推动普通教育与职业教育相互融通，支持职业学校与普通学校相互开放课程和教学资源。

天津提出实施以建设国家职业教育改革创新示范区为主要内容的现代化建设，到 2020 年所有高职院校都达到国家级示范校骨干校水平，所有中职学校都达到行业领先水平。高标准建设海河教育园区。按照国内领先、世界一流的标准，建设海河教育园区，加强教育资源整合，建成一批综合实力强、教育质量优、管理水平高、办学效益好，与企业对接紧密的高水平职业院校和示范性实训基地，建成国家职业教育发展博物馆等 6 个国家级职业教育公共服务设施。

河北提出各级政府要把发展职业教育摆在更加突出的位置，建立市、县（市、区）政府推进职业教育发展责任制，纳入目标管理。大力改善办学条件，提升职业教育基础能力。2020 年，累计培养高素质技能型人才 500 万人。城乡新增劳动力普遍得到培训，年均规模超过 600 万人次。加强对职业教育评估与督导，健全职业教育质量保障体系。

（2）职业教育集团化办学模式：京重点推进园区、集团及综合改革试验，津探索职业院校集团化办学试验，冀组建专业型职业教育集团。《教育规划纲要》在组织开展职业教育办学模式改革试点部分明确提出，以推进政府统筹、校企合作、集团化办学为重点，探索部门、行业、企业参与办学的机制。在国家中长期教育规划纲要精神的指引下，三地结合地方教育的发展实际，制定、规划了本地区改革与发展的相应内容。

北京提出重点推进职业教育园区、职业教育集团和高等职业教育综合改革试验区建设。天津提出探索职业院校集团化办学试验；积极发展职业教育集团化办学，促进职业院校与行业、企业紧密合作，推动院校间联合办学，开展股份制办学探索，深化校企合作和院校间合作，促进优势互补、联动发展。河北提出推进职业教育集团化办学，组建更多的集约化、规模化、跨区域、与产业需求紧密对接的专业型职业教育集团。

(3) 职业教育经费与管理：三地均提出逐步实行中职教育免费制度，完善学生资助体系。根据《教育规划纲要》提出的健全多渠道投入机制，加大职业教育投入的政策，各地都提出了相应的实施策略。北京提出健全国家资助政策体系，完善高等职业学校和中等职业学校家庭经济困难学生资助政策体系；逐步实行中等职业教育免费制度，完善家庭经济困难学生资助政策；逐步降低高等职业教育学费，加大对优秀学生的奖励力度。天津提出逐步实行中等职业教育免费制度，完善家庭经济困难学生资助政策。河北提出健全多渠道投入机制，加大职业教育投入；健全国家资助政策体系；完善高等职业学校和中等职业学校家庭经济困难学生资助政策体系；逐步实行中等职业教育免费制度，完善家庭经济困难学生资助政策；各级政府要把发展职业教育摆在更加突出的位置，建立市、县（市、区）政府推进职业教育发展责任制，纳入目标管理。

(4) 重大项目和改革试点：京重视建设国家示范性职业学校，津关注优化职业教育结构，冀重点建设示范性中职学校。北京提出积极建设中等职业教育改革示范学校、优质特色学校和高等职业教育示范校、骨干校。实施职业教育品牌学校建设工程，建设大概 20 所国家示范性职业学校，30 所市级示范性职业学校。实施职业教育品牌专业建设工程，重点建设 20 个与现代制造业、高新技术产业、现代服务业相适应的专业领域，打造 50 个职业教育名牌专业。建设一批职业教育校企合作示范项目。

天津提出中等职业学校布局结构调整项目。优化教育资源配置，调整职业学校布局，提高办学质量和效益。以海河教育园区建设为契机，适应经济社会发展需要，通过重组、合并和提升改造等方式，将现有中职学校调整到 50 所以内，提升服务能力，增强办学实力，提高质量水平。

河北提出重点建设 150 所示范性中等职业学校。加强示范性高等职业院校建设，新建成国家示范性高职院校 4 所。

5. 高等教育

(1) 事业发展目标：本来国家教育统计指标体系规范并未要求把高等教育毛入学率分解到省域，但部分省市区依然在各自教育规划纲要中列出本地高等教育毛入学率指标，仅供参考。天津提出的高等教育毛入学率目标高于 65%，河北为 42%，一定程度上反映了两地的现实差距。北京在十年中长期教育规划纲要中没有提出毛入学率指标，与天津一样提出每十万人口高校在校生的目标，原期望逐年提高或者相对稳定。与2009年起始值相比，2015年实际值均未达到预计值，再从表1－8即可得知，京津两市这一指标2011年以来呈逐年递减趋势。因此，这一指标的政策意图并不明显，可能会淡化乃至不用。但是，北京市“十三五”教育规划纲要又提出高等教育毛入学率的指标（表1－19）。

表1－19 京津冀三省市教育规划纲要确定的高等教育发展目标

地区	年份	2009年	2015年		2020年	
			预计值	实际值	预计值	调整值
全国	高等教育毛入学率（%）	24.2	36.0	40.0	40.0	50.0
北京	高等教育毛入学率（%）			60＊		>60＊
	每十万人口高校在校生数（人）	6369	6700	5218	6700	
天津	高等教育毛入学率（%）	55.0	60.0		>65.0	
	每十万人口高校在校生数（人）	4400	4700	4185	5000	
河北	高等教育毛入学率（%）	24.0	37.0		42.0	

（2）建设一流大学：京津发展世界一流大学，冀建设国内高水平大学。三地根据《教育规划纲要》和自身情况及特色，细化了发展目标。北京提出要支持和加快世界一流大学、一流学科和高水平大学建设。以多种形式为部属在京高校建设世界一流大学、一流学科和高水平大学提供支持和保障。加强重点学科、交叉学科和首都高校学科群建设，以专业和学科发展推动更多首都高校建设成为国内一流、具有一定国际影响力的高水平大学。建立首都高等教育发展协调机制，采取多种方式，加强中央院校和市属高校的沟通与合作，破除体制局限，促进优质高等教育资源整合共享，联合开展学科专业建设、高层次人才培养和高水平科学研究，合力创造首都高等教育优势品牌。发挥政策指导和资源配置的作用，加强对市属高校发展定位、空间布局、学科专业的统筹规划，分类指导市属高校合理定位、整合资源，在不同层次、不同领域办出特色，办出水平，建设一批国内一流、国际知名、有特色、高水平的地方大学及学科。

天津提出到2015年，进一步形成层次定位清晰、办学特色鲜明、与天津城市定位和国家产业发展相适应的高等教育体系，建成2所国际知名的高水平大学、一批高质量有特色的大学、一批在全国同类院校中具有领先地位和示范作用的院校，形成一批跻身国内和世界一流行列的高水平学科，科技成果转化率和国家科技奖获奖数量显著提高。到2020年，力争有2所大学达到或接近世界一流大学水平，一批院校达到国内一流、国际知名，一批院校达到国内同类院校领先、国际先进水平，科学研究和社会服务能力进入全国先进行列，人才培养质量达到全国领先水平，高等教育综合竞争力显著增强。

河北提出到2020年，全省高等教育整体实力和办学水平显著提高，人才培养、科学研究和社会服务能力全面提升，建成2至3所国内知名的高水平大学，向高等教育强省迈进。抓好“211工程”建设和省部共建高校工作，加强其他省属重点骨干大学建设，加强国家、省示范性高等职业院校建设，新建成国家示范性高职院校4所。实施重点学科建设对标升级行动计划，强势特色学科达到全国一流水平，重点学科和重点发展学科达到国内同类院校一流水平，引领和带动高校整体发展。加强对重点学科建设项目的监管，引入竞争机制，实行绩效评估，进行动态管理。

（3）优化高等教育结构：津冀关注研究生教育和高等职业教育。天津、河北提出，在优化高等教育结构方面，稳步扩大本科生教育，加快发展研究生教育，大力发展高等职业教育。但北京在这一方面没有提出明确要求。

天津提出要适应城市空间发展战略和经济社会发展的需要，进一步优化高校布局结构，加快南开大学、天津大学新校区建设和以医科大学、中医药大学、体育学院为主体的健康产业园区建设，完善师范大学、工业大学、理工大学等新校区功能。进一步优化学科专业结构，大力扶持优势特色学科，加快培育交叉和新兴学科，着力强化与全市支柱产业、战略性新兴产业和现代服务业对接紧密的学科专业群，积极争创国家重点学科。优化发展高等职业教育，大力提升本科生教育质量，积极发展研究生教育，加大专业学位研究生培养比例。

河北提出支持经济欠发达地区发展高等教育，加快沿海地区高等教育发展。发挥省属重点骨干大学的示范、辐射和带动作用，对口支援薄弱高校。优化学科专业结构，建立与人才需求相适应的学科专业动态调整机制。优化类型层次结构，积极发展高等职业教育，稳步发展本科教育，适度扩大研究生教育规模。促进高校办出特色，建立高校分类体系，引导高校科学定位，在不同层次、不同类型争创一流。

（4）提高人才培养质量：均尝试构建联合培养人才机制，推行学分制和学分银行。三地从不同角度都提出高校要坚持以人才培养为中心，把育人作为学校和教师的首要职责，把教学作为教师考核的主要内容，把培养创新人才和高技能人才作为学校评价的重要因素，推动教学资源向教学一线倾斜；更加注重教学的创新性、综合性、实践性、开放性和选择性，倡导启发式、探究式、讨论式、参与式教学。

北京提出继续推进“北京高校本科教学质量与教学改革工程”。优化学科专业布局结构，加大全市重点学科和特色专业建设，鼓励新兴学科和交叉学科的发展。加强实验室、校外实习基地和课程教材等基本建设。逐步完善学分制和弹性学制，鼓励高校建立学分互认机制，试点跨专业、跨学科、跨学校的选课制度。鼓励高校建设教学联盟。继续推进“北京高校科学技术与研究生教育创新工程”。建立产学研联合培养和国内外联合培养研究生的机制。加快发展专业学位研究生教育。建立用人单位、教师、学生共同参与的教学质量评价机制。建设北京高等学校教学质量状态数据系统，形成教学质量监测制度。

天津提出完善学分制和弹性学制，推进跨院校、跨学科的资源共享、教师互聘、课程互选、学分互认。强化实践教学，加强创业教育，完善就业服务。建立高校与科研院所、行业企业和科技园区联合培养人才的新机制，推行产学研联合培养研究生的“双导师制”，建立以科学与工程技术研究为主导的导师责任制和导师项目资助制。

河北提出推行按专业大类招生、模块化培养和自主选择专业的培养模式。建立高校与科研院所、行业企业、高新技术开发区等联合培养人才的机制。全面推行学分制和弹性学制。探索建立高校合作育人机制，促进高校之间资源共享、教师互聘、课程互选、学分互认。建立高校教学基本状态数据公示和质量发展报告发布制度。

（5）提升社会贡献力：三地均鼓励学校与企业合作，推进产学研结合。北京提出高校要紧密围绕北京经济社会发展面临的重大问题开展科研攻关，服务首都发展。促进科技成果产业化，孵化一批经济效益高、社会效益大的科技成果。

天津提出实施“服务经济社会发展能力提升工程”，引导高校结合自身优势和特点，积极融入滨海新区开发开放和经济社会发展。实施“高校教师产学研用践行计划”，深化“科技特派员计划”，积极参与科技“小巨人”成长计划，着力提高教师服务经济社会发展的能力。鼓励高校与区县、行业企业开展多层次多形式的合作，融入区域、企业技术创新体系。推动高校紧紧围绕高端产业、自主创新、生态宜居城市建设，组织开展科研攻关，提供强有力智力支持。紧紧围绕滨海新区开发开放、结构调整优化升级、体制机制改革创新、文化大发展大繁荣和社会和谐稳定，积极参与决策咨询，主动开展前瞻性、战略性和对策性研究。

河北提出紧密结合经济社会发展需要，确定若干个重点领域，开展重大项目研究。增强高校主动服务意识，全面开展社会服务。推进产学研合作，加快科技成果转化。支持高校与地方政府、行业企业、科研院所建立产学研合作平台。

二、京津冀中长期教育改革举措

1. 人才培养体制改革

三地均提出构建体系开放、机构灵活、渠道互通、选择多样的人才培养体制。北京提出要更新人才培养观念，遵循教育规律和人才成长规律，推进大中小学教育有机衔接，普通教育和职业教育互相沟通，教学、科研、实践紧密结合，学校、家庭、社会密切配合，形成体系开放、机制灵活、渠道互通、选择多样的人才培养体制。深化教育教学改革，建立更加灵活开放的学习制度，探索建立高等学校学生校际转学制度。适应经济社会发展需要，建立学科专业结构的动态优化机制，提高人才培养针对性。构建合作培养、实践育人的资源平台，推进各级各类学校之间、学校与科研机构和用人单位之间以及中外教育机构之间联合培养人才。建立全市统一的中小学教育教学质量标准，建立各个学段的学业水平考试制度、质量监控评价体系及教学反馈系统。建立社会参与的人才培养质量评价机制。改进人才评价及选用制度，为人才培养创造良好环境。

天津提出要适应社会发展需要，树立全面发展观念、人人成才观念、多样化人才观念、终身学习观念、系统培养观念，积极推进人才培养体制改革，形成符合人才成长规律、体系开放、机制灵活、渠道互通、选择多样的人才培养体制。推进人才培养体制改革。强化学生科学实验、生产实习和技能实训。充分利用社会资源，加强校外活动场所建设，加强学生社团组织指导，鼓励学生积极参与志愿服务和公益事业。建立人才系统培养体制机制，推进小学、中学、大学有机衔接，推进教学、研究、实践紧密结合，学校、家庭、社会密切配合，加强学校之间、校企之间、学校与科研机构之间合作，为人才成长搭建纵向衔接、横向贯通的教育渠道。改进教育教学评价，建立科学、多样的评价标准。改进人才评价及选用制度，强化人才选拔使用中对实践能力的考查，克服单纯追求学历倾向。形成有利于人才培养体制改革的社会合力。改革人才培养体制是全社会的共同职责，政府、学校、家庭、社会要共同努力，形成合力。

河北提出树立全面发展、人人成才、多样化人才、终身学习和系统培养观念，遵循教育规律和人才成长规律，明确人才培养目标，创新人才培养模式，构建开放、灵活、互通、多样的人才培养体系。基础教育以优化学生学习方式为重点，实施启发式、探究式、讨论式、参与式等教学方式，注重实践教学，构建高效开放的教学体系，培养学生独立思考、自由探索、勇于创新的能力。职业教育以提高学生综合职业能力为目标，推行工学结合的培养模式，实行以学分制、选修制为基础的半工半读、工学交替、弹性学制等培养方式，建立完善适合不同教育对象和教育层次、灵活多样的培养体系。高等教育以培养高素质专门人才和拔尖创新人才为重点，强化通识教育，增强人文和科学素养，推行厚基础、多方向、弹性学制等教学改革，努力培养学生的实践和创新能力。改革教育质量评价和人才评价制度。开展由政府、学校、家长及社会各方面参与的教育质量评价活动，完善对学生的综合素质评价，探索促进学生发展的多种评价方式。

2. 考试招生制度改革

三地均提出初中入学免试，北京继续深入高考招生自主命题，津冀倾向全国统考，且中等职业学校实行自主招生或注册入学。三地都提出了要深化完善考试招生制度改革，都对小升初、中考和高考及招生制度提出了改革方向和措施。但三地由于社会经济发展及人口结构特征，仍然存在差异性。

北京提出完善义务教育阶段入学办法，确保适龄儿童少年平等接受义务教育。各区县根据区域内适龄儿童的数量和分布状况，合理确定并向社会公布本区域每所学校的就近招生范围和招生人数，确保辖区内符合规定的适龄学生学有其位。深入推进高级中等学校考试招生制度改革，把综合素质评价和学业水平考试作为招生录取的重要依据。推进高等学校考试招生制度改革，继续加强高考招生及北京市自主命题，以考试内容改革为重点，探索考试方式的改革。探索开展市属高校本科自主招生试点，招收有特殊才能、特殊贡献及拔尖创新的人才。继续推进高等职业教育招生制度改革，以会考成绩和职业素养测评结果作为主要录取依据。扩大中等职业学校毕业生升入高等职业学校的比例，建立优秀毕业生免试入学制度。成人高等教育探索实行标准化考试和社会化考试相结合、文化考试和岗位业绩评价相结合、统一录取和自主招生相结合的入学方式。探索实行部分科目一年多次考试的办法，推进高考报名社会化试点。

天津提出以有利于素质教育实施和创新人才培养为原则，推进考试招生制度改革，克服"一考定终身"的弊端。研究和试行招生与考试相对分离的办法，政府宏观管理，专业机构组织实施，学校依法自主招生，学生多次选择，逐步形成分类考试、综合评价、多元录取的考试招生制度。完善初中就近免试入学的办法。完善初中学业水平考试和综合素质评价制度，为高中阶段学校招生录取提供科学的依据。改进高中阶段学校考试招生方式，发挥优质普通高中招生名额合理分配的导向作用。中等职业学校实行自主招生或注册入学。完善高等学校考试招生制度。深化考试内容与形式改革，着重考查综合素质和能力，增强考试的科学性、导向性和规范性。探索实施部分科目一年多次考试的办法，试行社会化考试。深化研究生入学考试制度改革，加强创新能力考查，发挥和规范导师在选拔录取中的作用。积极推进高水平大学自主选拔录取改革试点工作。普通本科高等学校招生以统一入学考试为基本方式，结合学业水平考试和综合素质评价，择优录取。高等职业院校完善以学业考试成绩和综合素质评价信息为基础的自主选拔机制。对高中阶段全面发展、表现优异的学生，由中学推荐、高等学校考查录取。符合条件、自愿到国家需要的重点发展行业、单位就业的，实行定向招生录取的办法。对在实践岗位上做出突出贡献或具有特殊才能的人才，建立专门程序，破格录取。

河北提出推进考试招生制度改革。按照有利于科学选拔人才、促进学生健康发展、维护社会公平的原则，积极稳妥地探索招生与考试相对分离的办法，政府宏观管理，专业机构组织实施，学校依法自主招生，学生多次选择，逐步建立和完善分类考试、综合评价、多元录取的考试招生制度。坚持初中就近免试入学，严禁举行招生考试。完善初中毕业与升学考试和初中学生综合素质评价机制，为高中阶段学校招生录取提供更加科学的依据。公办省级示范性高中公助生招生名额每年按照不低于80%的比例，均衡分配到市区或县域内每所初中。中等职业学校实行自主招生、注册入学。深化考试内容和形式改革，着重考查综合素质和能力，逐步实施高等学校分类入学考试。普通高等学校本科入学考试由全国统一组织；高等职业教育入学考试由省统一组织；积极推进成人高等教育入学考试制度改革。建立健全有利于促进入学机会公平、有利于优秀人才选拔的多元录取机制，实行以统一录取为基本方式，自主录取、推荐录取、定向录取、破格录取、注册录取等相结合的多种招生录取方式。深入推进研究生入学考试制度改革，严格录取程序，加强创新能力考查，发挥和规范导师在选拔录取中的作用。

3. 现代学校制度建设

三地均提出落实和扩大学校自主权，京津明确行业专家、行业协会及企业对职业教育的积极参与。北京提出探索建立中国特色现代大学制度。落实高等学校办学自主权，保障高等学校依法自主开展教学活动、科学研究、技术开发和社会服务。公办高等学校要坚持和完善党委领导下的校长负责制，健全议事规则与决策程序，落实党委、校长职权，完善大学校长选拔任用办法。加强高等学校章程建设，探索建立高等学校理事会或董事会，健全社会支持和监督学校发展的长效机制。推进高校后勤改革。完善中小学学校管理制度，完善普通中小学和中等职业学校校长负责制。依法制定学校章程，实行校务会议等管理制度，完善党组织发挥政治核心作用、教职工代表大会进行民主管理和民主监督的体制机制，不断提升学校管理的科学化、民主化和规范化水平。完善教职工岗位聘任制，维护教职工合法权益。积极支持和吸引行业、企业参与职业学校建设管理和人才培养，建立由行业专家和企业管理者参加的职业学校办学指导委员会。

天津提出建设依法办学、自主管理、民主监督、社会参与的现代学校制度，明确政府管理的权限和职责，明确各级各类学校办学的权利和责任。探索不同类型学校的管理体制和办学模式。落实和扩大学校办学自主权。落实高等学校依法自主开展教学活动、科学研究、技术开发和社会服务，自主设置和调整学科、专业，自主制定学校规划并组织实施，自主设置教学、科研、行政管理机构，自主确定内部收入分配，自主管理和使用人才，自主管理和使用学校财产和经费。扩大普通高中及中等职业学校在办学模式、育人方式、资源配置、人事管理、合作办学、社区服务等方面的自主权。开展高等学校建立理事会或董事会试验探索，健全社会支持和监督学校发展的长效机制。完善中国特色现代大学制度。建立健全章程，完善治理结构，逐步建立和完善党委领导、校长负责、教授治学、民主管理的现代大学治理结构。完善职业院校管理制度。完善行业职教集团董事会制度。发挥行业、企业参与职业院校管理的作用，完善职业院校与行业企业合作的机制。完善职业院校校长选拔任用办法。完善中小学学校管理制度。完善校长任职条件和任用办法。探索校长职级制、遴选制和交流制。建立健全教职工代表大会制度，不断完善科学民主决策机制。建立和完善中小学家长委员会。引导社区和有关专业人士参与学校管理和监督。

河北提出建设现代学校制度。推进政校分开、管办分离，建设依法办学、自主管理、民主监督、社会参与的现代学校制度，构建政府、学校、社会之间新型关系。明确各级各类学校办学权利和责任。加强高校章程建设，各类高校应依法制定章程，依照章程规定管理学校。全面实施聘任制度，按需设岗、按岗聘任、合同管理。探索建立高校理事会（董事会）制度，吸收社会各界知名人士参与学校重大决策和管理。推进专门机构和社会中介机构对高等学校的评价工作。完善普通中小学和中等职业学校校长负责制，建立校务会议等管理制度，健全民主决策机制。推行校长公开招聘、竞争上岗任用制度。吸收教师、学生、社区、家长等方面的代表参加校务委员会，参与学校重大决策和管理。

4. **办学体制改革**

三地均提出深化办学体制，京津注重公办学校之间联合办学与试验，津关注职业院校集团化办学试验，冀重点发展民办非义务教育和多种形式的职业技能培训。北京提出深化公办学校办学体制改革，开展公办学校之间联合办学、委托管理等试验，探索公办教育多种实现途径。改进非义务教育公共服务提供方式，鼓励社会力量独立、共同捐资、出资兴办多种形式的教育培训。完善独立学院的管理和运行机制。整体规划民办教育事业发展，健全公共财政对民办教育的扶持政策，市、区（县）两级政府要采取专项资助、给予奖励等措施支持民办学校创新体制机制和育人模式，促进民办教育有特色、高水平发展。依法落实民办学校、学生、教师与公办学校、学生、教师平等的法律地位。依法明确各类民办学校变更和退出机制，完善民办学校法人治理结构。加强对民办学校的管理和监督。

天津提出促进公办和民办教育共同发展。完善政府办学为主体，全社会积极参与，公办教育和民办教育相互促进、共同发展的办学格局，进一步激发办学活力，满足人民群众多层次、多样化教育需求。深化公办学校办学体制改革。改进非义务教育公共服务提供方式，完善优惠政策，鼓励公平竞争，引导社会资金以多种方式进入教育领域。探索公办学校联合办学、委托管理等试验。积极鼓励行业、企业、社会专业机构、专家团队等参与公办学校办学，探索建立灵活高效的办学机制，提高办学效率和活力。探索职业院校集团化办学试验。积极发展职业教育集团，促进职业院校与行业、企业紧密合作，推动院校间联合办学，开展股份制办学探索，深化校企合作和院校间合作，促进优势互补、联动发展。大力促进民办教育发展，促进社会力量以多种形式兴办教育。支持民办学校创新体制机制和育人模式，提高质量，形成特色，创立品牌，办出一批高水平的现代民办名校，依法管理民办教育。

河北提出坚持教育公益性原则，健全政府主导、社会参与、办学主体多元、办学形式多样、充满生机活力的办学体制，形成以政府办学为主体、全社会积极参与、公办教育和民办教育共同发展的格局，满足人民群众多层次、多样化的教育需求。深化公办学校办学体制改革。鼓励行业、企业等社会力量参与公办学校办学，扩大优质教育资源。鼓励和支持有条件的公办学校探索联合办学、委托管理等多种形式改革。选择部分公办学校探索集团化办学，改造薄弱学校，扶持新校发展。改进非义务教育公共服务提供方式，完善优惠政策，鼓励公平竞争。健全公共财政对民办教育的扶持政策。政府委托民办学校承担有关教育和培训任务，按照“谁委托、谁负担”的原则拨付相应教育经费。鼓励社会力量依法举办或参与举办各级各类教育。支持民办学校创新体制机制和育人模式，提高质量，办出特色。办好一批高水平民办学校。重点发展民办非义务教育和多种形式的职业技能培训。依法管理民办教育。健全民办学校审批、变更、退出机制，建立民办学校办学风险防范机制和信用登记、信息公开制度。加强对民办教育的评估，实施对民办学校办学过程监督。

5. 管理体制改革

三地均提出建立权责明确的教育管理体制，建立各自的教育决策咨询委员会，重视中介组织功能，北京更为重视家长委员会功能。北京提出建立统筹有力、权责明确的教育管理体制。建立健全教育优先发展的体制机制，不断加大首都教育发展保障力度。建立首都基本公共教育服务标准，实现基本公共教育服务均等化，维护教育公平和教育秩序。改进政府管理方式，更多地运用法规、政策、标准、公共财政等手段引导和支持教育发展，减少和规范对学校的行政审批和直接干预，落实和扩大学校办学自主权。完善教育行政决策制度，规范决策程序，建立首都教育决策咨询委员会。完善社会参与机制，充分发挥中小学学校家长委员会和家长教师协会的作用，引导社区、家长参与监督学校管理。积极发挥行业协会、专业学会及其他中介机构在教育决策咨询、高等学校专业建设、职业学校发展等方面的作用。

天津提出明确政府责任，规范学校办学行为，促进管办评分离，形成政事分开、权责明确、统筹协调、规范有序的教育管理体制。健全分级管理体制机制。按照国家政策和法规要求，加大市政府对全市各级各类教育的统筹，推进教育综合改革，开展教育改革试点，全面实施素质教育，推动教育区域协作，合理确定办学条件、教师编制等实施标准。落实市级统筹、区县负责、分级管理、有关部门分工协作的学前教育管理体制。健全政府统筹、行业企业为主、社会参与的职业教育管理体制。落实政府统筹、部门行业分工负责、分类指导、协调合作的继续教育管理体制。要切实履行政府统筹规划、政策引导、监督管理和提供公共教育服务的职责，建立健全公共教育服务体系，努力促进基本公共教育服务均等化，维护教育公平和教育秩序。成立教育咨询委员会，对教育决策和政策的制定进行论证和咨询，提高科学性。对市民普遍关注的热点难点问题的决策，要通过媒体征询意见，建立面向公众的公示听证制度。加强教育监督检查，完善教育问责机制。完善教育中介组织准入、资助、监管和自律制度。积极发挥行业协会、专业学会等各类社会组织在教育公共治理中的作用。建好教育发展与办学水平评估中心和基础教育学业水平评估中心。

河北提出明确各级政府管理职责。以转变政府职能和简政放权为重点，进一步明确各级政府责任，促进管办评分离，探索政府、学校、社会共同参与的教育管理体制，形成政事分开、权责明确、统筹协调、规范有序的公共教育服务体系。高等教育坚持和完善省级管理为主的管理体制，开展省、市共建高等学校改革试点，加大设区市政府对所属高等学校的管理权限。职业教育实行市县为主、政府统筹、行业指导、企业参与、社会支持的管理体制，完善职业教育联席会议制度。继续教育实行由各级政府统筹指导和协调，行业部门负责规划实施，全社会广泛参与的管理体制。基础教育实行在市级政府领导下，以县级政府为主组织实施的管理体制。转变政府教育管理职能。

各级政府切实履行统筹规划、政策引导、监督管理、提供服务的职责，综合运用立法、规划、拨款、信息服务、政策指导和必要的行政措施对学校进行管理。完善政府重大教育决策调研论证、社会听证、信息公开等制度。成立教育咨询委员会，为教育改革与发展提供咨询论证。进一步明确教育科研、考试机构职责，建立科学的管办评分离的运行机制。培育和规范专业教育服务机构，发挥各类中介机构、行业协会、专业学会、基金会等各类社会组织在教育公共治理中的作用。

6. 扩大教育开放

三地均提出要加强教育交流与合作，京冀提出要推进京津冀区域教育合作，天津则提出环渤海区域教育合作。三地均提出鼓励各级各类学校开展多种形式的国内外交流与合作，加强与重要国际教育组织、外国知名教育机构和外国驻华机构教育部门的合作与交流，吸引重要国际教育组织在津设立办事机构，培养国际化人才。建立各级各类学校对外交流平台，积极开展全方位、多层次、宽领域的教育交流与合作。

北京提出深入推进京津冀区域教育合作和京港澳台地区教育合作，形成教育区域化与地区间协调发展机制。充分利用首都丰富的教育资源，探索多种形式，加强教育对口支援。

天津提出加强与港澳台地区的教育交流与合作，为港澳台学生来津学习提供更加便利的条件。加强与环渤海区域教育合作，积极创建环渤海教育合作平台，增强环渤海地区教育竞争力。

河北提出提高交流合作水平。加强省际教育交流与合作，不断提高与华北其他省区市的教育合作水平，重点围绕推进京津冀区域经济一体化，深化与京津地区的教育合作。加强与港澳台地区的教育交流与合作，扩展交流内容，创新合作模式，促进教育事业共同发展。

第三节 “十三五”时期京津冀协同发展战略及其教育政策举措

一、《京津冀协同发展规划纲要》战略目标概况

2014 年，京津冀协同发展上升为重大国家战略。2015 年 4 月，中共中央政治局审议通过的《京津冀协同发展规划纲要》（内部文件）明确提出：“推动京津冀协同发展是一个重大国家战略。战略的核心是有序疏解北京非首都功能，调整经济结构和空间结构，走出一条内涵集约发展的新路子，探索出一种人口经济密集地区优化开发的模

式，促进区域协调发展，形成新增长极。”①

仅从现已公开的规划纲要内容来看，京津冀协同发展的中期目标是到2020年，在交通、产业、生态、城镇、公共服务等领域都要有所突破或重大进展，而且京津冀协同发展、互利共赢的新格局初步形成。特别是到2020年，北京市人口要控制在2300万以内，通过疏解存量、严控增量，把人口规模有效地控制住。长期目标是到2030年，首都核心功能更加优化，京津冀区域一体化格局基本形成。最重要的是到2030年，京津冀要成为引领和支撑全国经济发展的重要增长点，成为具有国际竞争力和影响力的重要区域。

可以看出，人口和产业结构的变动和升级是京津冀协同发展纲要的核心概念。从三地来看，未来北京的主要目标是转型，天津是转型、发展并重，河北主要任务还是发展。对河北来说，主要依托两个关节点，一是顺利地承接北京疏解的非首都功能，二是实现产业转型升级。

1．人口控制与非首都功能疏解下人口流动产生的新的教育刚性需求

《京津冀协同发展规划纲要》提出，核心是有序疏解北京非首都功能，要“严控增量、疏解存量、疏堵结合”来调控北京市人口规模。据测算，按照北京水资源利用效率和人民生活水平，到2020年北京水资源的最大承载能力人口规模为2300万。数据显示，2014年末，全市常住人口为2151.6万人，全市常住外来人口为818.7万人。常住人口规模的控制是北京市解决大城市病一个重要瓶颈。根据2010年第六次人口普查数据显示，河北来京人口占北京市常住外来人口的22.1%，远高于其他地区。因此，北京人口疏解已经成为解决北京大城市病一个重要内容。比如，为了控制北京市常住人口规模，除了严格的人口调控政策之外，北京市已将大红门、动物园服装批发市场等区域性商品批发交易市场迁往市中心50千米以外地区。这必然会在河北等地产生新的人口流动，可能形成对搬迁地流动人口包括教育在内的新的刚性需求。

2．产业结构升级将形成新的劳动力需求结构（人才专业结构和空间结构）

产业的升级转移是京津冀协同发展的另一个重点。一直以来，京津冀许多产业同质化竞争严重，尤其是工业与制造业企业，在京郊、天津和河北都广泛分布，缺乏有效协调。通过相关模型计算，京津和京冀的产业结构相似度远低于津冀，表明目前京津和津冀间优势产业重合度较高，存在严重的产业趋同的竞争倾向。统计数据显示，目前在京津冀三地的产业结构中，北京70%到80%为第三产业，高度聚集了科技和金融产业；天津则是第二产业和服务业均接近50%；而河北则仍有将近12%的农业，近50%的第二产业。

《京津冀协同发展规划纲要》确定北京为政治、文化、国际交往、科技四大中心；天津市是“一个基地三个区”，即全国先进制造研发基地、国际航运核心区、金融创新

① 京津冀协同发展规划纲要获通过．人民网，2015-05-01．

示范区、改革开放先行区；河北也是“一个基地三个区”，即全国现代商贸物流重要基地、全国产业转型升级试验区、全国新型城镇化和城乡统筹示范区、京津冀生态环境支撑区。

可以看出，在新的定位模式下，河北面临着远远高于其他两个地区的环境治理和产业升级压力。从2014年开始的一系列京冀区域协作协议及备忘录中已经看到两地产业结构调整的迹象。如，2014年7月，北京与河北省签署的7份合作协议及备忘录，分别为《共同打造曹妃甸协同发展示范区框架协议》《共建北京新机场临空经济合作区协议》《共同加快张承地区生态环境建设协议》《共同加快推进市场一体化进程协议》《共同推进物流业协同发展合作协议》《交通一体化合作备忘录》等文件，涉及商贸物流、生态等产业。2015年以来，三地政府就科技创新协作、交通一体化网络布局、生态环境支撑区建设、产业发展规划统筹衔接、环京县市区落户等相继出台一系列政策和专项规划。因此，转换三地产业竞争优势、加快产业结构升级，都与教育结构尤其与职业教育、高等教育专业结构调整有着密切关联，这需要三地政府、产业行业、教育系统共同努力。[①]

二、党和国家关于京津冀协同发展战略的最新部署

1. 党的十八届五中全会文件关于京津冀协同发展的总体要求

2015年10月，党的十八届五中全会发布的《中共中央关于制定国民经济和社会发展第十三个五年规划的建议》要求以创新、协调、绿色、开放、共享的五大发展理念为统领，在以下三个方面对京津冀协同发展提出总体要求。[②]

（1）在“坚持创新发展，着力提高发展质量和效益”部分提出，“拓展区域发展空间。以区域发展总体战略为基础，以‘一带一路’建设、京津冀协同发展、长江经济带建设为引领，形成沿海沿江沿线经济带为主的纵向横向经济轴带。发挥城市群辐射带动作用，优化发展京津冀、长三角、珠三角三大城市群，形成东北地区、中原地区、长江中游、成渝地区、关中平原等城市群。发展一批中心城市，强化区域服务功能。支持绿色城市、智慧城市、森林城市建设和城际基础设施互联互通。推进重点地区一体发展，培育壮大若干重点经济区。推进城乡发展一体化，开辟农村广阔发展空间”。

（2）在“坚持协调发展，着力形成平衡发展结构”部分强调，“培育若干带动区域协同发展的增长极。推动京津冀协同发展，优化城市空间布局和产业结构，有序疏解北京非首都功能，推进交通一体化，扩大环境容量和生态空间，探索人口经济密集

---

① 专家解读京津冀协同发展规划：北京定位不变　天津有调整. 经济网－中国经济周刊，2015－05－11.

② 《中共中央关于制定国民经济和社会发展第十三个五年规划的建议》（2015年10月29日中国共产党第十八届中央委员会第五次全体会议通过），新华社北京2015年11月3日电. 有关教育和人力资源开发方面的内容暂略.

地区优化开发新模式”。

（3）在“坚持绿色发展，着力改善生态环境”部分要求，“推动京津冀、长三角、珠三角等优化开发区域产业结构向高端高效发展，防治‘城市病’，逐年减少建设用地增量。推动重点开发区域提高产业和人口集聚度”。

2. 国民经济和社会发展“十三五”规划纲要有关京津冀协同发展的要点

根据党的十八届五中全会的建议，2016 年 3 月，全国人大第十二届四次会议通过《中华人民共和国国民经济和社会发展第十三个五年规划纲要》，对京津冀协同发展战略作出全面系统的部署。[①] 现将国家级“十三五”规划纲要的第三十八章“推动京津冀协同发展”内容摘引如下：

坚持优势互补、互利共赢、区域一体，调整优化经济结构和空间结构，探索人口经济密集地区优化开发新模式，建设以首都为核心的世界级城市群，辐射带动环渤海地区和北方腹地发展。

（1）有序疏解北京非首都功能。积极稳妥推进北京非首都功能疏解，降低主城区人口密度。重点疏解高耗能高耗水企业、区域性物流基地和专业市场、部分教育医疗和培训机构、部分行政事业性服务机构和企业总部等。高水平建设北京市行政副中心。规划建设集中承载地和“微中心”。

（2）优化空间格局和功能定位。构建“一核双城三轴四区多节点”的空间格局。优化产业布局，推进建设京津冀协同创新共同体。北京重点发展知识经济、服务经济、绿色经济，加快构建高精尖产业结构。天津优化发展先进制造业、战略性新兴产业和现代服务业，建设全国先进制造研发基地和金融创新运营示范区。河北积极承接北京非首都功能转移和京津科技成果转化，重点建设全国现代商贸物流重要基地、新型工业化基地和产业转型升级试验区。

（3）构建一体化现代交通网络。建设高效密集轨道交通网，强化干线铁路建设，加快建设城际铁路、市域（郊）铁路并逐步成网，充分利用现有能力开行城际、市域（郊）列车，客运专线覆盖所有地级及以上城市。完善高速公路网络，提升国省干线技术等级。构建分工协作的港口群，完善港口集疏运体系，建立海事统筹监管新模式。打造国际一流航空枢纽，构建航空运输协作机制。

（4）扩大环境容量和生态空间。构建区域生态环境监测网络、预警体系和协调联动机制，削减区域污染物排放总量。加强大气污染联防联控，实施大气污染防治重点地区气化工程，细颗粒物浓度下降 25% 以上。加强饮用水源地保护，联合开展河流、湖泊、海域污染治理。划定生态保护红线，实施分区管理，建设永定河等生态廊道。加大京津保护地区营造林和白洋淀、衡水湖等湖泊湿地恢复力度，共建坝上高原生态

① 《中华人民共和国国民经济和社会发展第十三个五年规划纲要》（2016 年 3 月 16 日第十二届全国人民代表大会第四次会议通过），新华社北京 2016 年 3 月 17 日电．有关教育和人力资源开发方面的内容暂略．

防护区、燕山—太行山生态涵养区。

（5）推动公共服务共建共享。建设区域人力资源信息共享与服务平台，衔接区域间劳动用工和人才政策。优化教育资源布局，鼓励高等学校学科共建、资源共享，推动职业教育统筹发展。建立健全区域内双向转诊和检查结果互认制度，支持开展合作办医试点。实现养老保险关系在三省市间的顺利衔接，推动社会保险协同发展。

综上所述，党的十八届五中全会文件和国家级“十三五”规划纲要，勾画了今后五年全面建成小康社会决胜阶段和改革攻坚期京津冀协同发展的蓝图，与尚未公开的《京津冀协同发展规划纲要》相互协调，也为今后京津冀教育协同发展指明了方向。

三、京津冀三地“十三五”规划纲要有关政策举措概况

（一）北京市“十三五”时期京津冀协同发展及其教育改革发展的新部署

1. 北京市国民经济和社会发展“十三五”规划纲要摘要

2016年3月，中共北京市十一届八次全会通过了《北京市国民经济和社会发展第十三个五年规划纲要》[①]（以下简称北京“十三五”规划纲要），在开篇部分说明，本规划纲要依据《中共中央关于制定国民经济和社会发展第十三个五年规划的建议》《京津冀协同发展规划纲要》《中共北京市委关于制定北京市国民经济和社会发展第十三个五年规划的建议》《中共北京市委北京市人民政府关于贯彻〈京津冀协同发展规划纲要〉的意见》编制。北京“十三五”规划纲要在深入实施京津冀协同发展战略、推进教育发展与人力资源开发等方面作出许多新的重要部署，大致可以分为以下三个部分。

第一，关于京津冀协同发展战略直接相关的规划设想。

北京“十三五”规划纲要在2020年前国民经济和社会发展的指导思想中明确提出，“牢牢把握首都城市战略定位，深入实施京津冀协同发展战略，以有序疏解非首都功能、治理‘大城市病’为重点任务，以提升发展的质量和效益为中心，加快形成引领经济发展新常态、实现城市可持续发展的体制机制和发展方式，统筹推进经济建设、政治建设、文化建设、社会建设、生态文明建设和党的建设，率先全面建成小康社会，在建设国际一流的和谐宜居之都上取得重大进展，奋力谱写中华民族伟大复兴中国梦北京篇章”。

北京“十三五”规划纲要专门就“推动京津冀协同创新与产业协作”作出立足北京地区的规划思路，提出：在区域一体化格局下谋划北京的产业布局，加快推动区域协同创新与产业升级转移，着力推进协同创新共同体建设，贯通产业上下游链条，构建科技功能分工明确、产业链与创新链高效衔接、创新要素有序流动与共享的区域创新驱动发展格局。

（1）推进京津冀协同创新共同体建设，以促进创新资源合理配置、开放共享、高

① 《北京市国民经济和社会发展第十三个五年规划纲要》，北京市人民政府办公厅2016年3月28日.

效利用为主线，以深化科技体制改革为动力，推进区域协同创新，打造引领全国、辐射周边的创新发展战略高地。① 强化协同创新支撑。积极推进京津冀区域全面创新改革试验，全面打造协同创新共同体，探索一批可在全国复制、推广的改革措施和创新性政策。推进区域创新资源统筹合理配置、创新链条梯度衔接、创新体制机制协调联动，形成具有区域特色的创新制度安排和政策体系。按照三省市科技创新分工协作安排，重点提升原始创新和技术服务能力。② 完善协同创新体系。积极推动京津冀三地创新主体市场化合作，协同实施一批技术创新工程，联合建立一批产业技术创新战略联盟，联合组建一批高端实验室、技术中心、工程（技术）研究中心，共建一批科技园区和创新社区，构建企业、高校院所、产业投资机构、科技咨询机构等多主体参与的创新合作体系。围绕传统产业升级改造、新兴产业培育、大气污染治理、城市综合运行等方面，加强关键技术联合攻关和集成应用。③ 推动区域创新资源共享。发挥首都科技条件平台作用，建设首都科技大数据平台，为京津冀三地企业、科研机构提供联合研发、测试检测、技术转移等多种服务。促进大型科学仪器设备、重大科技基础设施、重大科学工程和科技信息资源等的共享共用。建立跨区域创新协作服务平台，引导北京创新创业服务机构在津冀设立分支机构。与津冀共同建立区域人力资源开发孵化基地，加强创新人才和科技人才的联合培养，加强区域科技人才制度衔接。

（2）推动产业对接协作，在京津冀区域范围内理顺产业发展链条，优化产业结构，依托重点企业搭建对接协作平台，促进区域间、产业间循环式布局。① 推进产业转移协作。建立健全产业有序转移的需求发现和对接服务机制，支持企业跨行业、跨区域开展合作。不断提升首都科技、信息、金融、商务等服务业的辐射带动能力，合作搭建京津冀服务业融合创新和展示交易平台，推动形成覆盖区域的生产性服务业辐射圈。加快旅游服务网络一体化，推动建立京津冀大旅游格局。积极构建京津都市现代农业区和环首都现代农业科技示范带，推进区域农产品研发、产销、服务一体化建设，推动环京津 1 小时鲜活农产品物流圈建设，建立区域性农产品监测结果互认和质量可追溯制度体系，保障农副产品质量安全。② 促进优势产业链条发展。在联动发展基础较好、产业链条较长、发展空间较大的重点领域，加强产业链条与价值链条对接协作，引导合理分工，重点促进航空航天、新能源装备制造、智能终端、大数据、生物医药产业、汽车等跨区域优势产业链发展，推动产业加快转型升级。

（3）优化区域产业合作格局，充分发挥“六高四新”高端产业功能区作用，推动京津走廊、京广线、京九线三条产业带协同发展，共同建设“4 + N”战略合作功能区。①优化提升高端产业功能区。加快推动高端要素资源向“六高四新”集聚，完善高端产业功能区配套服务体系，增强产业承载能力，培育各具特色的优势产业集群。严格资源、环保、人口等准入标准，完善投入产出评价体系，强化效益考核，提高园区产出效益，提升高端化、集约化发展水平，增强对全市经济发展的支撑能力和带动京津冀产业协同发展的能力。② 推动三条产业带协同发展。沿京津走廊，强化京津冀地区科技研发和成果产业化功能，推进北京经济技术开发区建设，以电子信息、高端装备、航空航天、生物医药、新能源汽车等产业为重点，建设高新技术产业带。沿京广线，统筹利用永定河绿色生态廊道的良好生态环境，以丰台园区、石景山园区、门头沟园区、中关村南部（房山）科技创新城等为节点，强化科技创新资源向南辐射，带动周边区域创新发展。沿京九线，推动沿线地区转型升级发展。③构建“4 + N”产业合作格局。发挥首都创新优势，聚焦曹妃甸协同发展示范区、北京新机场临空经济区、天津滨海—中关村科技园、张承生态功能区等四大战略合作区，通过资本输出、技术输出、管理输出、人才输出、品牌输出、服务输出等协作方式，引导一批企业向合作功能区转移，形成京津冀区域产业对接协作的集聚效应和示范作用。

北京“十三五”规划纲要专门就“推动京津冀公共服务一体化”提出具体政策措施为：提高区域整体就业水平，促进人力资源在区域内顺畅流动，协同发展教育、卫生、养老等社会事业，推动区域基本公共服务均等化，区域公共服务发展差距进一步缩小，促进公共服务共建共享取得积极成果，让发展成果惠及更大区域、更多的人民群众。

（1）推动人力资源顺畅流动。健全一体化的就业服务机制，落实好国家社会保障转移接续政策，促进人力资源合理流动和有效配置，在更大的空间内实现就业。① 加强区域劳动就业服务。推动建立开放、有序的公共就业服务体系，推动区域人力资源信息共享，建立区域内统一的公共就业服务平台和劳务协作会商机制。完善人力资源流动政策，建立区域相互衔接的劳动用工政策和人才政策，推进资质互认。建立区域内转移就业协作机制。建立职业技能培训协作机制，共建共享公共就业实训基地。② 推动区域社会保障有序衔接。以养老、医疗、失业保险为重点，推动实现三地社会保险关系转移接续。推进建设京津冀社会保障一卡通。进一步完善基本医疗保险管理措施，推动京津冀医疗保险定点机构互认，按照国家统一部署，推进跨省异地安置退休人员住院医疗费用直接结算。

（2）促进公共服务协作发展。建立区域社会公共服务一体化发展机制，发挥好北京优质公共服务资源的辐射带动作用，推动区域共建共享社会公共服务。① 推动区域教育合作发展。完善区域教育合作机制，发挥优质教育资源辐射带动作用，共同提高区域教育服务能力和水平。推进中心城优质基础教育资源向远郊区和周边地区辐射，推动一体化学校、集团学校、联盟学校在课程教学、文化建设、师资队伍等方面共建共享。推动京津冀职业教育协同发展，支持有条件的职业院校通过搬迁、办分校、联合办学等方式向外疏解，探索建立京津冀职业教育集团。鼓励扶持在京高校通过合作办学、学科共建等多种模式，开展区域教育合作。支持组建“京津冀高等学校联盟”，促进高教科研资源共享。② 深化医疗卫生协作联动。协同建设区域分级诊疗体系，引导在京医院通过异地开办分院、合作办医、专科协作、组建医疗联合体或医院集团、开展远程医疗、派驻专家、交流进修等多种方式，共同提升区域医疗卫生服务能力和水平，方便群众就近就医。支持在北京周边地区合作共建一批高水平的护理院和康复医院。推动建设区域卫生信息平台，建立区域内双向转诊和检查结果互认制度。推进区域内执业医师一体化注册管理和多点执业，促进医疗人才流动。协同推动采供血、疾控和卫生应急合作，完善重大公共卫生事件联防联控机制。③ 推进区域养老服务合作发展。建立健全医疗卫生机构与养老基地合作机制，促进医养结合。鼓励健康养老服务机构通过托管、合作等方式输出服务品牌和管理经验，提升区域健康养老服务水平。

北京“十三五”规划纲要还在“全力推动京津冀协同发展”方面提出：“紧紧把握北京在京津冀协同发展中的核心地位，发挥比较优势，发挥示范带动作用，创新合作模式与利益分享机制，加快推动错位发展与融合发展，实现区域良性互动……疏解非首都功能取得明显成效……部分教育医疗等公共服务机构、行政企事业单位有序疏解迁出。”并在“全面做好冬奥会筹备工作”方面要求：“把筹办冬奥会与推动京津冀协同发展紧密结合起来，积极推动体制、机制、管理和政策创新，着力推进交通、环境、产业等领域协同发展率先突破，在推动京津冀协同发展中起引领、示范作用。包括：① 交通设施相连相通。加快推进已规划的交通基础设施建设，进一步便利京张两地间互联互通，大幅提升京西北地区对外联络能力，充分满足三个赛区赛时和赛后交通需求。② 生态环境联防联建。综合治理，持续提升京张地区空气质量，加快改善京张地区生态环境，推动延庆建设国际一流生态文明示范区取得重大进展，保护好首都重要的水源地和生态屏障。③ 产业发展互补互促。立足北京和张家口的城市功能定位，积极推动产业梯度转移与协作。依托冬奥会场馆及配套设施等优质资源，大力发展体育文化、旅游休闲、会议展览等产业，努力打造京张冰雪体育休闲旅游带。积极推动与张家口部分区县在特色农业、林业、旅游会展、绿色能源等领域的合作。④ 公共服务共建共享。充分发挥首都资源优势，加强医疗、教育等领域合作，推动张家口公共服务能力提升。完善北京综合大型医院与张家口医疗机构合作机制，开展多种形式的医护人员联合培养培训。加强京张两地教育合作，培养冬奥会相关专业人才，为办赛和赛后发展打下良好的人才基础。”

第二，关于教育发展和人才制度建设方面的谋划。

北京“十三五”规划纲要所确定的2020年“人民生活水平和质量普遍提高”的目标，明确了北京市率先在全国达到“教育实现现代化”水平，并在“推进教育优质均衡发展”方面提出，“教育成就未来。要把教育始终摆在优先发展的战略位置，构建公平、优质、创新、开放的现代教育体系，为所有人提供适宜的教育”。主要从以下三个方面具体落实。

“一是增强教育服务供给能力。适应首都城市空间布局、人口分布和学龄人口变化趋势，在重点区域、重点阶段有步骤地扩大基础教育办学规模，切实满足适龄学生接受教育的需要。多种形式扩大学前教育资源，实施第二期学前教育三年行动计划，大力发展公办幼儿园，扩大普惠性幼儿园覆盖面，支持社会力量以多种形式创办幼儿园。根据学生数量增长趋势和不同阶段结构变化，重点加强小学、初中教育设施建设，适当增加普通高中教育资源。完善资助方式，实现家庭经济困难学生资助全覆盖。鼓励优质高中寄宿部、国际部在郊区新城、北京周边地区办学。加强教师队伍建设，重视教师的专业发展和培训，重视农村教师的培养发展，完善教师配置标准及动态调整机制，优化教师资源结构。二是提高教育均衡发展水平。以发展的方式，不断缩小区域、校际教育水平差距，努力为学生成长提供公平、优质的教育。加强基础教育资源全市统筹规划，重点加大对农村等薄弱地区的义务教育支持力度。加强基础教育设施标准化建设，持续提高基础教育现代化水平。发挥优质教育资源带动作用，以名校办分校、集团化办学、一体化办学、学区制管理等多种形式以强带弱、以城带乡，促进教育资源均衡配置。引导义务教育学校校长教师在城乡间、校际间合理流动，并逐步实现制度化和常态化。开发丰富优质数字化课程教学资源，加大各级各类教育信息平台整合力度，加强北京数字学校建设，推动优质课程等资源在更大范围内共享。三是全面提升教育质量。树立科学的教育质量观，落实立德树人根本任务，全面实施素质教育，把德育贯穿于学校教育、家庭教育和社会教育，把增强学生社会责任感、创新精神、实践能力作为重点任务，培养德智体美全面发展的社会主义建设者和接班人。完善课程体系，改进教学方式，把发展学生兴趣特长、创造思维和自主学习、独立思考、合作沟通能力贯穿到课程教学全过程，更好地培养创新型人才。全面实施‘阳光体育’，增强学生体魄，加强艺术教育，培养学生健康的审美情趣。完善教育质量综合评价体系，形成实施素质教育的导向机制。进一步丰富教育资源供给，充分利用博物馆、美术馆、档案馆、方志馆等公共机构、公共设施开展中小学社会实践。创新学习制度，构建灵活开放的终身教育体系，建立个人学习账号和学分累计制度。完善教育督导。进一步扩大教育开放，提高教育国际化水平。”

北京“十三五”规划纲要在“强化人才支撑”方面提出，“落实人才强国战略和首都人才优先发展战略，推进人才发展体制改革和政策创新，形成具有国际影响力的人才制度优势。加快培育创新型人才，引进和集聚更多高端领军人才，建设世界高端人才聚集之都”。未来五年的重点举措：“一是让高校持续涌现创新活力。支持在京高校开展世界一流大学、一流学科建设，优化学科专业布局结构，提高重点领域研究的国际影响力，向研究型大学发展。整体提升北京市属高校能力，强化市属高校与国际知名高校、科研院所合作交流，提升人才培养水平、科研能力、高等教育国际竞争力，提高优势学科专业院校的发展水平。推动部分具备条件的市属普通本科高校向应用型大学转变。实施高校科技创新能力提升计划，支持高校开展基础科学研究，围绕领先学科打造高精尖创新中心。加快构建首都特色的现代职业教育体系。二是强化创新型人才培养。优化体制机制，构建符合创新型人才成长规律的生态圈。鼓励在京高校与中小学试点协同创新，实现创新课程、创新资源和创新项目的共享和互动，实现创新人才的阶梯化培养。进一步发挥好高校创新人才培养的枢纽作用，完善市属高校与在京高校、境外名校、科研机构和知名企业的高水平人才交叉培养机制试点。通过加大‘双师型’教师队伍培养，加强对管理型、职业技能型人才的培养。积极构建创新人才终身学习和成长体系。三是集聚全球高端人才。继续实施‘海聚工程’‘高创计划’，加快高端人才引进。采取直接引进或‘柔性’开发等方式，加快汇聚以外籍专家、高级经营管理人才、高级专业技术人才、创业者为代表的国际人才资源。完善签证、外国人就业许可等办理机制，为海外高端人才在京工作提供全方位的支持和服务。四是优化科技人才流动与配置机制。建立灵活多样的创新型人才聘用与流动方式。建立科研人员在事业单位和企业间流动通道，在高校和科研机构设立固定的科技成果转化岗，允许教师兼职或专职从事科技成果转化工作，支持科技人员开展成果转化、创新创业。”

北京“十三五”规划纲要在“健全社会福利网络”方面提出，“大力推进残疾人融合教育，使残疾适龄青少年接受高质量的教育”。在“大力开展全民体育健身活动”方面提出，“让健身运动成为更多人的日常习惯。加强青少年体育活动，推广普及校园足球、篮球、排球等体育项目，让更多的学生掌握基本体育技能和 1～2 项适合自己的运动项目。加强全民健身设施建设……加快推进企事业单位和学校体育场馆向社会开放”。

第三，关于教育和人力资源开发相关的内容。

北京“十三五”规划纲要在“建设社会主义核心价值观精神高地”方面强调，“把核心价值观融入国民教育、市民公约、行业规范，成为全社会共同的行为准则。……开展首都爱国主义教育、法治教育、诚信教育、学雷锋志愿服务等教育实践活动，增强市民国家意识、尊法守法意识、诚信意识和互助友爱精神”。在“建设资源节约型环境友好型社会”方面要求，“坚持不懈加强生态文明教育，引导公众不断增强生态文明意识和责任意识，形成‘生态文明建设人人有责、生态文明规定人人遵守’的良好社会风尚。……弘扬生态文化。加强资源环境市情教育，大力普及生态文明法律法规、科学知识，积极培育生态文化、生态道德社会主流价值观。把生态文明作为中小学素质教育的重要内容，纳入国民教育体系”。

北京“十三五”规划纲要在“加快建设功能差异的新城”方面提出，“按照首都功能区域优化的整体要求，依据新城资源条件和发展基础，差异化定位新城功能，培育优势特色产业，建设功能清晰、分工合理、特色鲜明、协调发展的新城体系，打造首都功能新载体。……合理配置教育医疗文化等基本公共服务，推动部分高校、医院等疏解项目落地”。在“促进城乡一体化发展”方面提出，“打造功能性特色小城镇。……引导功能性项目、特色文化活动、品牌企业落户小城镇，促进教育、医疗、旅游休闲和农村服务业聚集发展，建设有特色的健康休闲镇、旅游度假镇、大学镇、基金镇、高端产业镇等功能性现代化小城镇”。在“加快推进城市管理智能化”方面提出，“加快教育、医疗、养老、交通、消防、旅游、文化、气象等领域智能化应用，推进智慧服务进楼宇、进社区、进校园，让智慧服务触手可及”。

北京“十三五”规划纲要还在“加强创新成果转化应用”方面提出，“支持新兴社区经济、互动体验式购物、新型在线混合型教育、在线健康医疗服务等基于互联网的模式创新”。在“提升产业智能化水平”方面提出，“推进‘互联网+’在教育、医疗、养老等领域的服务创新，优化公共服务供给和资源配置”。在“完善基层公共文化服务体系”方面提出，“着力推进集文化休闲、教育培训、体育健身于一体的街道（乡镇）综合服务设施建设”。

2. 北京市“十三五”时期教育改革和发展规划（2016—2020年）摘要[①]

2016年9月北京市教委发布《北京市“十三五”时期教育改革和发展规划（2016—2020年）》（以下简称北京“十三五”教育规划纲要），对京津冀协同发展框架下的教育改革发展提出许多新的具体思路和政策举措。在明确形势要求方面认为，“北京作为全国科技创新中心、京津冀协同发展核心、高等学校聚集地，教育需要发挥更加积极的作用。要加强资源统筹和政策协调，稳步推进部分教育功能疏解，优化调整教育结构布局，大力创新高等学校发展机制，成为区域教育协同发展的领头羊、国家战略发展的助推器、国际教育竞争的主力军，为全面建成小康社会、实现中华民族伟大复兴做出新贡献”。

北京“十三五”教育规划纲要在主要目标中，明确提出，“到2020年，建成公平、优质、创新、开放的首都教育和先进的学习型城市，全面完成《北京市中长期教育改革和发展规划纲要（2010—2020年）》确定的各项任务，实现教育现代化。……教育辐射影响力持续提高。部分教育功能疏解取得明显成效，京津冀区域教育协同发展机制逐步完善，首都教育的辐射带动作用明显提升”。

北京“十三五”教育规划纲要在主要任务部分提出，“引导职业学校按照首都功能定位进行转型，结合京津冀产业布局调整相关专业”。“优化教育空间布局，提高资源配置效益。……高等教育优化配置。形成与京津冀区域空间布局相协调，与产业结构相适应，与首都城市发展需求相结合的首都高等教育资源空间布局”。

北京“十三五”教育规划纲要在专设“有序疏解部分教育功能，促进区域协同发展”一小节中进一步要求：一是落实京津冀协同发展战略，服务首都城市战略定位，以控制总量、限制增量、优化存量为原则，完善教育协同发展工作机制，形成目标同向、政策协调、优势互补、合作共赢的教育格局，引导教育资源布局不断优化，整体提升区域教育发展水平。二是有序疏解部分教育功能。控制在京高等学校办学规模，逐步压缩中等职业教育和成人教育规模。推动在京部分普通高等学校本科教育有序迁出，老校区向研究生培养基地、研发创新基地和重要智库转型。支持有条件的北京普

① 北京市教委，《北京市“十三五”时期教育改革和发展规划（2016—2020年）》，2016年9月28日.

通高等学校、中等职业学校通过部分院系搬迁、办分校、联合办学等方式由中心城区向外疏解。引导东城区、西城区中等职业学校向郊区疏解。三是服务保障首都核心功能。适应城市内部功能重组和城乡区域协调发展的需要，推动城六区教育布局优化提升，加大平原地区新城和山区新城的公共教育保障力度。服务北京城市副中心建设，通过重点扶持、联合办学、加强培训等方式，增加优质教育资源供给，提升教育配套保障水平。四是推动教育合作发展。完善区域教育合作机制，积极发挥优质教育资源辐射带动作用。支持在京高等学校在京津冀区域内合作办学、学科共建，成立学校联盟，促进优质教学科研资源共建共享。支持职业学校合作办学、组建联盟等，实现京津冀职业教育统筹发展。推进优质基础教育资源向郊区和周边地区辐射，实现一体化学校、集团学校、联盟学校在课程教学、文化建设、师资队伍等方面共建共享。加强教育对口支援新疆、西藏、青海和南水北调水源区等地工作，建好北京教育对口支援与合作网，落实教育精准扶贫。

北京“十三五”教育规划纲要结合首都教育改革和发展中的重大问题，实施一系列重大项目，包括京津冀教育协同发展项目。有序疏解部分教育功能，加快向外疏解的市属高等学校新校区建设。完善区域教育合作机制，推动高等学校联盟建设、职业教育集团发展、基础教育优质资源共享共建。

（二）天津市“十三五”时期京津冀协同发展及其教育改革发展的新部署

1. 天津市国民经济和社会发展“十三五”规划纲要摘要

2016 年 2 月，天津市政府发布的《天津市国民经济和社会发展第十三个五年规划纲要》（以下简称天津“十三五”规划纲要）提出，“从本市看，中央对天津进一步加快发展寄予厚望，明确了‘一基地三区’的定位。京津冀协同发展、自由贸易试验区建设、国家自主创新示范区建设、‘一带一路’建设、滨海新区开发开放五大国家战略叠加，机遇千载难逢，发展潜力巨大”。天津“十三五”规划纲要依据《中共天津市委关于制定天津市国民经济和社会发展第十三个五年规划的建议》编制，在深入实施京津冀协同发展战略、推进教育发展与人力资源开发等方面作出许多新的重要部署，大致可以分为两个部分。①

（1）关于京津冀协同发展战略直接相关的规划设想。

天津“十三五”规划纲要在“构筑现代产业新体系”方面提出，“推动京津冀产业对接协作，积极对接北京创新资源和优质产业，主动向河北省延伸产业链条，实现产业一体、联动发展。制造业，围绕高端装备、航空航天、汽车、电子信息、生物医药等产业，贯通产业上下游，完善产业配套。服务业，承接北京金融、教育、研发、医疗等优质服务功能，促进区域公共服务的协同共建。农业，共建‘菜篮子’产品生产基地、农业高新技术产业示范基地和环京津 1 小时鲜活农产品物流圈。积极争取在

① 《天津市国民经济和社会发展第十三个五年规划纲要》，天津市人民政府，2016 年 2 月 27 日.

自由贸易试验区设立京津冀协同发展基金、产业结构调整基金。落实京津冀协同发展产业转移对接企业税收收入分享政策。与北京共建武清京津产业新城、未来科技城京津合作示范区、宝坻京津中关村科技城、京津州河科技产业园、团泊健康产业园，与河北省共建涉县天铁循环经济产业示范区、津冀芦台协同发展示范区。共建京东休闲旅游示范区、京杭大运河旅游观光带、滨海旅游观光带”。

天津“十三五”规划纲要在“深入实施创新驱动发展战略”方面提出，“打造协同创新共同体，构建协同创新体系。建立创新资源和平台开放共享机制，共建科技成果库，推动大型科研仪器设备、重大科技基础设施、重大科学工程和科技信息资源等共享共用。推进京津冀国家级大学创新基地建设。支持企业和科研院所合作建设跨区域产业技术联盟。与北京共建武清、东丽和北辰等创新社区。探索建立京津冀人才一体化发展机制，与京冀联合建立人力资源开发孵化基地，推动科技人才联合培养和自由流动”。在“建设管理高品质的现代都市”方面提出，“融入区域空间格局。推动沿京津发展轴的武清区、中心城区、环城四区、滨海新区加快发展，打造京津冀区域高端产业发展带、城镇聚集轴和核心功能区。推动宝坻区融入京唐秦发展轴，建设产业升级发展带。促进天津平原地区与北京、廊坊及保定平原地区深度融合，打造要素资源集聚、产业层次高、创新能力强的核心区域。推动滨海新区成为东部滨海发展区的核心区，携手河北省沿海地区形成与生态保护相协调的滨海型产业聚集和城镇发展区。推动蓟县山区与北京山区、河北省张承地区共同建设支撑京津冀协同发展的生态涵养区。规划建设‘微中心’，有序承接北京非首都功能”。在“全面深化改革扩大开放”方面提出，“打造京津冀对外开放新平台。完善京津冀通关通检一体化机制，支持京冀在自由贸易试验区建设专属物流园区。在京冀推广进口商品保税展示交易模式。支持京津冀金融机构在自由贸易试验区开展跨区域金融协同创新与合作。建立制度创新评估推广机制，试点经验率先在京津冀地区复制推广”。

天津“十三五”规划纲要在“不断增强城市文化软实力”方面要求，“全面提升市民文明素质，培育践行社会主义核心价值观。加强理想信念教育和思想道德建设。深入开展中国特色社会主义和中国梦宣传教育。广泛开展爱国主义教育，弘扬‘爱国诚信、务实创新、开放包容’的天津精神，凝聚正能量、弘扬主旋律。繁荣发展哲学社会科学，打造新型智库。加强互联网思想文化阵地建设。实施市民素质提升行动。加强社会公德、职业道德、家庭美德、个人品德教育，推动落实市民文明公约和行为守则，发挥先进模范人物典型示范作用，提升公民道德水平。净化社会文化环境，促进青少年健康成长。……推进京津冀文化协同发展。落实京津冀文化发展战略合作框架协议，统筹规划区域文化发展布局。建立跨区域文化合作会商机制，打造京津冀文化产品综合展示交易平台、文化服务平台，实现资源共享、优势互补、协作发展”。

(2) 关于教育发展和人才制度建设方面的谋划。

天津“十三五”规划纲要在“共建共享美好生活”方面提出，“率先实现教育现代化。① 大力推进素质教育。落实立德树人根本任务，把增强学生社会责任感、创新精神、实践能力贯穿国民教育全过程。加强教师队伍建设，树立良好师德师风。推进考试招生制度改革，建立分类考试、综合评价、多元录取的考试招生模式。深化办学体制改革，扩大学校办学自主权。鼓励社会力量兴办教育，推进教育领域有序开放。② 强化基础教育的普惠性和公平性。实施学前教育五年行动计划，支持普惠性幼儿园发展。促进城乡义务教育一体化均衡发展，统筹优化中小学教育资源配置，实施义务教育学校现代化标准建设，完善学区管理模式。高水平普及高中阶段教育，促进普通高中多样化特色发展，分类推进中等职业教育免除学杂费。实施特殊教育提升计划。妥善解决居住证持有人随迁子女义务教育问题。到 2020 年，学前三年毛入园率超过 96%，义务教育巩固率超过 99%，高中阶段毛入学率达到 98%。③ 紧密结合产业需求发展职业教育。与教育部共建国家现代职业教育改革创新示范区。构建‘中高本硕’贯通的现代职业教育体系，建设天津中德应用技术大学。实施职业院校现代化建设工程，加强信息化基础设施建设。推进海河教育园区资源共享。创新工学结合、校企合作的职业教育模式，推行企业新型学徒制。④ 促进高等教育高质量内涵发展。提升高校创新能力和学科专业水平，支持南开大学、天津大学建设世界一流大学，推进特色高水平大学建设，推动若干高校和一批学科达到或接近一流水平。提高高校人才培养质量，优化学科专业布局，鼓励具备条件的普通本科高校向应用型转变。加强基础研究，注重知识创新，创建一批协同创新中心和高校智库，加强高校科技创新成果转化中心建设。加快医科大学、中医药大学、体育学院、音乐学院、科技大学新校区建设，整合美术学院校区布局。⑤ 建设学习型社会。促进继续教育多层次、多类型协调发展。加强社区教育、农村教育和老年教育设施建设，完善惠及全民的终身教育体系。发展远程教育，推进天津开放大学建设。推动各类学习资源开放共享，形成人人皆学、处处能学、时时可学的环境和氛围”。

天津“十三五”规划纲要在“强化人才支撑体系”方面提出，“① 改革人才培养模式。着力培养一批科技领军人才、企业家人才、高素质专业技术人才和高技能人才队伍。深化实施‘131’创新型人才培养工程和博士后创新人才培养计划，发展一批院士专家工作站。大力开展专业技术人才继续教育，促进专业技术人才知识更新。实施百万技能人才培训福利计划，开展以‘职业培训包’为主要模式的职业技能培训，实现‘一包方式管培训’。② 创新人才引进机制。坚持用好国际国内两种人才资源，制定实施更加开放的人才政策，加快引进海内外高层次人才和各类专业人才。突出‘高、精、尖、缺’导向，进一步实施‘千人计划’、长江学者、‘千企万人’等人才计划，集聚高端人才和创新型人才。面向全球招人聚才，实施引智引才重大工程，构建海外人才发现、发布、对接、评价机制。鼓励‘双创特区’建设人才改革试验区。③ 健全人才使用机制。完善人才激励机制，实行以增加知识价值为导向的分配政策。完善专业技术人才评价体系，形成以能力、业绩、贡献为主要标准的人才评价导向。到 2020

年，全市人才总量达到345万人，新增劳动力平均受教育年限达到15.5年。④完善人才服务机制。全面实施‘人才绿卡’制度，实现‘一张绿卡管引才’。建立多元化、多功能、多层次的人力资源服务体系和全国人力资源服务产业创新基地。构建京津冀人力资源信息共享与服务对接平台，建立高级人才双向聘任制度，推动资质互认”。

2. **天津市教育综合改革方案**（2016—2020年）①

2016年9月天津市教委发布《天津市教育综合改革方案（2016—2020年）》（以下简称天津市“十三五”教改方案），围绕推进京津冀教育协同发展作出新的具体部署，在建立京津冀教育协同发展工作推进机制方面提出，一要建立京津冀教育协同发展组织协调机制。建立京津冀教育协同发展联席会议制度，定期组织三地教育行政管理部门共商教育协同发展重大问题，共同制定相关政策措施。二要建立首都教育资源疏解对接机制。发挥海河教育园区、健康产业园、高校科技创新成果转化中心及高校聚集区的资源优势，积极承接首都优质教育资源增量向天津转移。在滨海新区、武清、静海、宁河、宝坻、蓟州6个区分别规划2平方公里的预留用地，用于承接首都教育资源转移。积极推动国家大学创新园区建设。积极争取国家重大科技攻关项目、国家重点实验室、工程中心和人文社科基地建设向天津倾斜。三要建立京津冀教育基本公共服务均等化促进机制。优化各区首都功能承接平台教育资源配置，吸引首都名校在津办分校，允许首都转移企事业单位人员子女享受原户籍地就学政策。采取定向援助、对口支援和对口帮扶等多种方式，支持河北省加快提升教育基本公共服务水平。四要建立京津冀教育协同发展重大决策支持服务机制。针对京津冀教育协同发展重大战略问题、政策问题和路径问题开展协同研究，对京津冀教育协同发展的重大项目、重大政策和重大决策进行咨询论证，提供支持服务。

天津市“十三五”教改方案在创新京津冀教育协同发展合作机制方面要求，一是建立京津冀高校协同创新机制。鼓励三地高水平大学、应用技术型大学建立创新发展联盟，支持相关高校间的学分互认、跨校选课，探索合作培养、交叉培养学生的有效路径。支持三地高校联合设立重大研究课题，在绿色交通、清洁能源、资源高效利用、水环境治理、战略性新兴产业等领域开展联合攻关。支持三地高校联合开展科技创新成果推广应用和转化。二是建立京津冀教育资源开放共享机制。建立三地相对统一的学校、教师、学生评价标准及综合素质评价办法。建立三地高校图书馆联盟，实现教材、数据、图书文献资源共享。建立三地高校重点实验室和大型仪器设备开放共享机制。建立三地各类素质教育基地、大学生实习实践基地、职业教育实训基地等教育资源共建共享机制。实施三地教师、校长异地挂职交流计划，建立师资合作培养培训新机制。三是建立京津冀技术技能人才联合培养机制。依托海河教育园区，牵头组建京津冀先进制造业职教集团，深化产教融合，联合培养高端技术技能人才。建立三地职

① 天津市教委，《天津市教育综合改革方案（2016—2020年）》，2016年9月7日.

业教育学习成果互通互认制度。探索三地中职、高职、应用型本科及专业学位研究生培养衔接机制，重点推进三地中职、高职衔接。建立三地职业院校招生计划联合会商制度，消除跨区域高职招生计划壁垒。

（三）河北省“十三五”时期京津冀协同发展及其教育改革发展的新部署

2016 年 1 月，河北省人大通过的《河北省国民经济和社会发展第十三个五年规划纲要》（以下简称河北“十三五”规划纲要）提出，“‘十三五’时期，是我省深入贯彻习近平总书记系列重要讲话精神，建设经济强省、美丽河北的关键阶段，是全面建成小康社会的决胜阶段，是全面深化改革的攻坚期，也是深入推进京津冀协同发展的加速期。……从省内看，‘十三五’时期是我省重大战略机遇叠加期，特别是习近平总书记亲自谋划和推动的京津冀协同发展，第一次把河北全域纳入国家战略，为我们提供了难得的历史机遇。中央关于京津冀协同发展的战略部署，使京津冀城市群成为带动全国发展的主要空间载体，吸引了全国乃至世界的目光，为我省加快转型、加快发展注入了前所未有的动力和活力，为我省扩大对外开放、聚集国内外先进要素搭建了更高更大的平台，为我省闯过改革深水区、解决深层次矛盾问题提供了强有力的政策支持，必将在缩小我省与京津发展落差、优化经济结构、改善生态环境、改变城乡面貌、提升人民生活水平等方面，带来全方位历史性的变化，使我们有信心有条件扭转东部区位、中部水平的发展状态，实现跨越赶超”。①河北“十三五”规划纲要依据《中共河北省委关于制定国民经济和社会发展第十三个五年规划的建议》和《京津冀国民经济和社会发展第十三个五年规划纲要》编制，在深入实施京津冀协同发展战略、推进教育发展与人力资源开发等方面作出许多新的重要部署，总体上可分为两个部分。

1. 关于京津冀协同发展战略直接相关的规划设想

河北“十三五”规划纲要在“指导原则”上提出，“必须坚持协同发展。把京津冀协同发展贯穿到各个领域各项工作，立足功能定位，统筹谋划布局，落实重点任务，在主动服务京津、接轨京津中促进河北加快发展”。在“发展目标”上提出，“协同发展取得新进展。承接非首都功能疏解取得重大成效，区域一体化交通网络基本形成，生态环境质量得到有效改善，产业联动发展实现重要突破，公共服务共建共享取得积极成效，与京津发展差距缩小，建设全国现代商贸物流重要基地、产业转型升级试验区、新型城镇化与城乡统筹示范区、京津冀生态环境支撑区取得重大进展”。

第一，精准推进京津冀协同发展任务落实。

河北“十三五”规划纲要提出，“立足京津冀区域整体功能定位和河北省‘三区一基地’定位，精准确定功能分区，精准承接北京非首都功能疏解和产业转移，精准打造发展平台和载体，以交通、生态环保、产业三个重点领域率先突破为着力点，聚

① 《河北省国民经济和社会发展第十三个五年规划纲要》（2016 年 1 月 13 日河北省第十二届人民代表大会第四次会议批准），《河北日报》，2016 年 4 月 18 日.

焦承接疏解、补齐短板，推动京津冀协同发展战略在我省全面落实”。

（1）积极承接北京非首都功能疏解。坚持政府引导与市场主导相结合，集中承接与分散承接相结合，根据需要疏解的非首都功能特点和我省发展条件，明确承接重点、次序、方式和区域，实施分类指导，搭建承接载体，创新承接方式，优化承接环境，确保非首都功能转得来、稳得住、能发展。①明确承接对象及重点。重点承接各类产业转移，特别是对严禁进入北京的京外中央企业总部、科技创新成果转化型企业、制造业零部件配套加工企业，引导其向省级以上经济开发区、高新技术产业园区、交通沿线重点产业园区和沿海重化工业基地转移。积极承接教育、医疗、健康养老和培训机构等社会公共服务功能疏解，特别是对严禁在北京审批或升格的高等教育单位、综合性医疗机构，重点向教育医疗资源相对集中、基础雄厚、生态环境良好的地区布局。有序承接区域性物流基地、专业市场等部分第三产业，特别是对严禁在北京设立的信息中心、后台呼叫中心、数据中心等金融后台机构，重点由商贸物流业发展势头较好、具有比较优势的地区承接，并通过发展电子商务、连锁经营、品牌营销等方式，促进产业转型升级。主动承接行政性、事业性服务机构及社会组织和企业总部疏解，特别是对严格控制成立或迁入北京的事业性服务单位、社会团体以及行政性、事业性服务机构，重点由位于首都“半小时通勤圈”内的生态环境优、商务成本低、生活品质高的重点城镇承接。②加快推进“微中心”建设。按照“突出重点、统筹兼顾”的原则，综合考虑区位、交通、土地、水资源和能源保障、环境承载、人口及经济社会发展状况等，依托中小城市，沿京广、京九、京沪、京哈、京沈、京张等铁路和高速公路通道，布局建设一批定位明确、特色鲜明、职住合一、规模适度、专业化发展的“微中心”，发挥比较优势，科学合理有序地承接北京非首都功能疏解，以及聚集发展要求较高的产业或生产环节转移。

（2）推动重点领域率先突破。围绕京津冀协同发展的主要目标任务，着力推动交通一体化、生态环境保护和产业升级转移等重点领域率先突破，为协同发展起到支撑、示范和带动作用。①推进交通一体化发展。坚持协同发展交通先行，着眼京津冀城市群整体空间布局，适应疏解北京非首都功能和产业升级转移需要，加快重大交通一体化项目建设，构建“四纵四横一环”网络化格局。优先完善北京与沿海、北京与周边、设区市与京津之间的路网布局。加快建设“轨道上的京津冀”，重点推进京唐、京张、京沈、京衡等铁路建设，形成便捷的快速客运通道；推进北京新机场“五纵两横”配套交通项目建设，完善临空经济区交通网络以及与北京之间的快速轨道交通；推进北京城市轨道交通延伸项目，积极谋划亦庄至廊坊、房山至涿州、大兴至固安、通州至燕郊轻轨项目建设，加快北京与周边轨道通勤交通发展。加快“对接路”建设，全部打通河北省境内与京津交界的“断头路”、拓宽“瓶颈路”，推进京津冀交通环线通道建设，完善设区市通达京津的多通道高速公路网络。构建统一开放的运输市场，提升一体化运输服务管理水平。到2020年，区域一体化现代综合交通网络基本形成。②加强生态环境共建共享。按照“统筹谋划、严格标准、重点突破、联防联控”的原则，划定和严守生态保护红线，建立区域环境监测预警、信息共享和协调联动机制，对区域内排污企业实行一体化台账式管理，推进跨区环境联合监察、跨界交叉执法、环评会商、区域污染联防联控。与京津联合开展污染防治技术攻关，持续推进科学治霾、精准治污。探索开展跨区域排污权交易，建立水权交易平台，深入推进碳排放权交易。加快区域生态屏障建设，实施山水林田湖生态修复工程，构建京津保生态过渡带、坝上高原生态防护区、燕山—太行山水源涵养区、低平原生态修复区和沿海生态防护区“一带四区”的生态安全格局。携手京津建立区域生态环境保护基金和横向生态补偿机制，重点支持生态建设和环境保护领域的重大工程。到2020年实现区域生态环境质量明显好转。③推进产业对接协作。积极推进京津冀区域产业布局调整和产业链重构，把承接京津产业转移与加快自身转型升级有机结合起来，借力京津在更高层次上参与区域产业分工协作，实现与京津的错位发展，打造产业发展新优势。④打造跨区域优势产业链。围绕汽车、新能源装备、智能终端、大数据、现代农业、生物医药等产业链条长、协同发展基础较好的重点领域，着力增强配套生产能力，提升加工制造水平，加快科技成果转化，拓展研发营销服务，与京津共同构建从研发设计到孵化转化、从总部经济到生产基地、从整机组装到零部件制造等多种形式的产业链条，逐步形成协作共赢的产业发展模式。⑤搭建产业合作平台。积极探索与京津共建共管共享园区新模式，重点推进北京新机场临空经济区、曹妃甸协同发展示范区、冀南新区产城融合发展示范区、亦庄永清高新技术产业开发区、渤海新区北京生物医药产业园、冀津涉县天铁循环经济产业示范区、芦台汉沽协同发展示范区、中关村海淀园秦皇岛分园等合作园区建设，进一步完善园区基础设施和配套公共服务，利用京津品牌优势开展联合招商，争取央企和国内行业领军企业率先入驻，吸引相关产业和协作企业聚集发展，打造新的产业发展增长点。到2020年，与京津优势互补、分工协作、创新驱动、协同发展的产业格局基本形成。

第二，打造协同创新共同体。

河北“十三五”规划纲要提出，“立足京津冀三地创新功能定位，以推动科技创新为核心，强化协同创新支撑，完善区域创新体系，吸引京津创新资源，积极推动科技园区、创新基地、技术市场、转化基金、创新联盟共建共享，为建设创新型河北提供有力支撑。① 强化协同创新支撑。协作共建科技创新园区，吸引和利用京津高端创新资源，鼓励各地加强与京津知名产业园区、企业总部、科研院校的合作，采取一区多园、总部—孵化基地、整体托管、创新链合作等模式，合作共建产业园区和科技成果孵化基地。联合打造区域创新联盟，围绕全省产业发展需求，鼓励我省优势企业联合京津企业、行业协会、高等院校、科研院所等，共同组建若干产业技术创新战略联盟。推动建立京津冀知识产权保护合作联盟，共建区域知识产权保护协作网、专利信息平台和知识产权专家库，交叉许可和共享知识产权。协同突破关键共性技术，围绕产业升级、污染防治、节能减排、水资源等领域，与京津开展关键共性技术协同攻关和应用研究，共同承担国家重大科研项目，共建科技研发中心，形成一批具有国际国内领先水平的标志性成果。② 完善区域创新体系。培育技术创新主体，依托我省高新技术产业开发区，积极引进京津科技企业和研发机构，设立成果转化企业和分支机构；加强与京津企业总部和研发机构合作，组建集研发与产业化为一体、企业化运作的科技创新平台。完善科技成果转化服务体系，按照‘共建共享、互联互通’的原则，推进京津冀技术市场一体化建设，加快构建‘线上线下结合、标准统一、服务规范’的技术交易市场网络，加快京津冀技术转移协同创新联盟、京津冀技术交易河北中心、石家庄科技大市场、承德河北大数据交易中心和唐山科技中心等建设，做强一批专业化、社会化、市场化的技术转移机构，培育壮大技术经纪人队伍，为科技成果转化提供集成服务。③ 用足用好京津创新资源。推进创新平台合作，围绕我省科技创新与产业发展需求，采取企业主导、院校协作、多元投资等模式，与京津联合建立一批高水平重点实验室、工程技术研究中心、企业技术中心、科技企业孵化器和检验检测机构。加强与北京交通大学合作，打造‘轨道交通综合试验基地’和‘北京交通大学轨道交通海滨综合研发实验基地’。引进用好京津人才智力，加强区域专业技术人才制度衔接，搭建专业技术人才信息共享平台，健全跨区域人才流动机制，实施科技英才‘双百双千’推进工程，开展京津冀创业导师河北行动计划，支持京津高校在我省建立高技能人才实训基地，吸引京津高端人才和团队到河北创新创业。促进科技资源共享，建立京津冀科技创新资源共享网络，推动京津重点实验室、大型科研仪器设备、重大科技基础设施、重大科学工程等向我省开放，推动三地科技文献、科技成果和专利信息、科技专家等基础性信息资源联网共享”。

第三，推进大众创业万众创新。

河北“十三五”规划纲要提出，“壮大创新创业平台，高标准规划建设创客新城。综合考虑区位、交通、产业、资源环境承载力等基础条件，选择一个具备条件的区域，高起点、高标准规划集技术转移交易、成果孵化转化、产城融合、生态宜居的新城。强化人才、产业、投融资等政策支持，集中打造一批高水平的创新创业载体，积极吸纳和集聚京津及全国创新创业人才，推动科技成果转移转化，着力构建创业—孵化—加速发展—上市的全创业链条，带动河北科技创新能力和产业素质整体提升，打造北京非首都功能疏解重要承载地和京津冀重要的创新创业高地……建立健全创业辅导制度，组建京津冀创业导师团，培育一批专业创业导师，开展创业导师河北行、创业大讲堂、创业嘉年华、创业训练营等活动”。在“全面增强创新能力”方面提出，“加强高等院校和科研院所工程研究机构建设，积极争取国家大型基础设施落地，大幅提升产业技术创新能力。推进新型产业（技术）研究院、产业技术创新联盟等协同创新组织建设，提升省属科研院所创新服务能力，支持社会力量创办科技研发服务机构。加强军民融合创新，探索军民共建共管创新基地，推动军民创新要素双向流动、渗透兼容，形成军民融合深度发展格局”。

第四，创新协同发展体制机制。

河北“十三五”规划纲要提出，“推进与京津改革同步，加快破除制约协同发展和要素流动的体制机制障碍，建立优势互补、互利共赢的区域一体化发展制度体系。①推进要素市场一体化。推进金融市场一体化改革，加强与京津各类资本市场的分工协作，开展金融及金融服务机构的业务合作与资源共享，推进异地存储、支付清算、保险理赔、信用担保、融资租赁等业务同城化。推进信息市场一体化改革，加快建设区域一体化网络基础设施，与京津统筹规划部署新一代宽带无线移动通信网，实质性推进三网融合，整合区域信息资源，打破信息壁垒，强化互联互通。推进人力资源市场一体化改革，加快与京津建立劳务对接、就业协作机制，推动建立人力资源合理配置信息交流渠道，加快建立高层次人才信息库，制定实施京津冀人才帮扶计划，共享高端人才资源。②推进公共服务一体化。推进京津冀高等教育考试招生制度改革，扩大部属高校在冀招生规模，开展同城化试点，推动逐步实现联考联招。支持京津医疗机构通过合作办医、设立分院、整体搬迁等形式向河北布局，完善医疗保险转移接续和异地就医服务政策措施，加快建立完善分级诊疗和远程医疗体系，深化与京津公共卫生联防联控。积极促进社会保险服务一体化，实现与京津社会保险关系转移接续。与京津共同探索公共文化服务投入、建设、运行、管理的新路径、新机制，构建辐射毗邻地区的公共文化服务体系。③深入开展试点示范。在曹妃甸协同发展示范区等共建园区，开展统一规划、统一建设、统一招商、统一管理试点，建立责任分担、利益共享机制。在张承地区开展碳排放权交易、生态资源资产化、生态共建投融资机制试点，在环京津周边地区先行开展高等教育、社会保障、医疗卫生等方面的同城化试点。开展跨地区购买养老服务试点，与京津联合开展跨区域基础设施项目政府与社会资本合作（PPP）试点”。

2. 关于教育发展和人才制度建设方面的谋划

河北“十三五”规划纲要在“培育和践行社会主义核心价值观”方面强调，“加强先进思想文化引领，用习近平总书记系列重要讲话精神武装头脑、指导实践，深化中国特色社会主义和中国梦宣传教育，培育和践行社会主义核心价值观，增强国家意识、法治意识、社会责任意识，巩固马克思主义在意识形态领域的指导地位，巩固全省人民团结奋斗的共同思想基础……加强和改进中小学校德育教学，开展文明校园创建和‘美德少年’评选活动”。

（1）实施教育提质惠民工程。河北“十三五”规划纲要提出，“全面贯彻党的教育方针，坚持立德树人，加强社会主义核心价值观教育，培养德智体美全面发展的社会主义建设者和接班人，优先发展教育事业，深化教育综合改革，把增强学生社会责任感、创新精神、实践能力作为重点任务贯穿国民教育全过程，推动各级各类教育协调发展，提高教育教学质量和办学水平，基本实现教育现代化。①全面普及提升学前教育。坚持公益性和普惠性，发展公办幼儿园，积极扶持普惠性民办幼儿园，鼓励社会力量捐资助园。加大学前教育投入，依法落实幼儿教师地位和待遇。加快发展农村学前教育，鼓励利用富余校舍、教师兴办幼儿园（班）和捐资助园。到2020年学前三年毛入园率达到75%以上。②促进义务教育均衡发展。加快城乡义务教育公办学校标准化建设，统筹城乡义务教育资源均衡配置，增加市区、县城中小学数量，初中向重点镇集中，加快新建居民小区及旧城改造配套学校建设。实施义务教育均衡发展示范县建设，实现县域义务教育基本均衡发展。探索建立城乡教育一体化管理模式，推动城乡学校共建共进，实行城市、县镇教师到农村学校定期任教制度。完善特殊教育体系，全面提高残疾儿童义务教育普及水平。九年义务教育巩固率达到96%。③加快高中和中等职业教育发展。加强示范性普通高中建设，推动农村高中教育向县城集中，促进普通高中特色化、多样化发展，推进普通高中课程改革，提升普通高中教育整体水平。普及高中阶段教育，高中阶段毛入学率达到92%。加快发展现代职业教育，推进产教融合、校企合作，推动职业教育向县城、产业园区集中，推广'产业园区+标准厂房+职业教育'发展模式，建设现代化职业教育中心，推动职业教育集团式发展，重点打造120所具有典型示范作用的中等职业学校。支持民办高中和职业学校建设发展。逐步分类推进中等职业教育免除学杂费，率先对建档立卡的家庭经济困难学生实施普通高中免除学杂费，实现家庭经济困难学生资助全覆盖。④推进高等教育内涵式发展。加强一流大学和一流学科建设，实施高等学校教学质量与教学改革工程，加快河北工程大学等高等院校迁建，继续推进二级学院综合改革试点和专业综合改革试点，鼓励开展创业教育和创业实践，深入实施高等学校创新能力提升计划和哲学社会科学繁荣计划，全面提高高校教学水平、创新能力和社会服务能力，高等教育毛入学率达到42%。鼓励具备条件的普通高校向应用型转变。深化研究生教育改革，加大高校建设力度，使博士、硕士、学士学位授权单位结构比例逐步达到全国平均水平，支持京津高等院校、职业院校通过建立分校、分院和合作共建等方式，在办学增量或整体存量向河北布局，支持省属高校省部共建。⑤落实并深化考试招生制度改革和教育教学制度改革。支持和规范民办教育发展。推进教育信息化，发展远程教育。推进教育对外交流与合作。积极发展继续教育，完善终身教育体系。完善教师培养培训体系，加强师德师风建设"。

（2）大力培养和聚集创新创业人才。河北"十三五"规划纲要提出，"实施重点人才工程，①完善重点人才项目支撑体系，围绕我省发展的战略需求，创新人才培养方法和模式。深入实施'巨人计划''科技英才双百双千推进工程''燕赵学者计划'和'三三三人才工程'等高层次人才培养计划，培养造就一批创新创业团队。实施青年拔尖人才开发计划、杰出青年科学基金计划，培育一批科技领军人才后备力量，加快建立服务创新驱动发展的科技智库。实施'百人计划'等省高端人才引进计划，重点引进产业升级和学科发展急需的海外高层次人才和工作团队，放宽在冀工作的外国专家取得永久居留证的条件。②完善吸引国内外高层次人才和急需紧缺人才到我省工作的激励机制，对带技术、带成果、带项目在我省实施科技成果转化的国内外高层次领军人才及其创新创业团队，符合条件的优先纳入我省重点人才工程，给予项目资金支持。发挥企业引才引智主体作用，企业引进高层次人才的购房补贴、安家费和科研启动经费，允许在缴纳企业所得税前扣除。③建立职业经理人制度，加强管理人才培养，造就一支高素质的企业家队伍。培养高技能人才，造就一批知识型、技术型、创新型的高素质职工，全面提高劳动者素质，加快人口红利向人力资本红利的转变。推进人才管理体制改革，建立与经济社会发展相适应的人才需求预测和调整机制，推行紧缺专门人才动态目录制度，完善人才分类评价机制，破除人才流动的体制机制障碍，完善创新人才薪酬、岗位管理制度和社保关系转移接续政策，健全创新人才信息发布制度，鼓励党政机关、企事业单位和社会各方面之间人才合理流动，激发各类人才创新创业活力”。

第二章 京津冀教育协同发展的管理模式

DI ER ZHANG

JINGJINJI JIAOYU XIETONG FAZHAN DE GUANLI MOSHI

北京的首都核心功能建设面临人口疏解、产业转移问题，京津冀协同发展的核心问题是人口、产业在三地重新科学布局的问题。教育作为一项基本公共服务，必须配合人口疏解和产业转移，承载着服务人口合理流动，为产业布局可持续发展提供人力资源保障的重任，这已经成为各界共识。那么厘清中央和京津冀三地各层面、各类组织在京津冀区域教育协同发展中的责任、作用，构建政府、学校、企业和公民个人共同参与的协作机制，对于三地教育成功地协同发展将具有重要作用。2016 年两会期间，有全国人大代表也认为，三地科教资源要紧密围绕国家发展的重大战略目标和需求，打破以往“各做各的事”的局面，真正地把科教资源动员起来、集中起来。在协同创新的过程中，要积极探索新的体制机制，突破行政壁垒，让协同更通畅，让创新更有力。此外，通过科教资源的协同创新，还可以更加有效地带动其他领域和行业的协同发展。①

因此，京津冀教育协同发展需要分析三地教育管理模式，而在三地教育管理模式中，政府的作用最为关键。依据政府在管理模式中的作用可以把三地教育管理模式分为集中模式、契约模式和自主模式三种类型。其中，集中模式强调政府主导。在集中模式中，政府在三地教育协同发展中起着决定性作用，其决策须得到全面执行。契约模式强调政府引导。在契约模式中，政府对于三地的教育协同发展起着牵线搭桥的作用，给予协同的各方支持

① 京津冀三地整合教育资源“齐步走”促协同发展［EB/OL］. http：//www.china.com.cn/lianghui/news/2016－03/11/content_ 37995795. htm.

和帮助，既不强制，也不放任不管。而自主模式则无须政府参与，不同组织或者个人在政策允许和鼓励下，完全依赖自主、自愿、自发而协同发展。这三种模式在现实中均已经存在，在不同层面、不同层级解决不同的问题。在一些领域，完全依靠政府行政命令，会有很大的成本而且难以完全奏效；在另一些领域，仅仅凭借自发自愿，没有政府的主导或者引领，也难以有效协同。因此，三者必须相互补充，共同发挥作用。

集中模式考虑的是全局性、整体性和可行性问题，往往牵涉资源分配，必须依靠政府行政主导和顶层设计；契约模式考虑的是需求、利益互补和履约问题，而且是合作组织之间不能完全解决的问题。例如两所高校之间要合作建立研究院，需要解决投资、土地这样的问题，就需要政府支持和帮助；自主模式考虑的是志趣问题，合作组织或者个人之间在政策允许下，自己在力所能及的范围内展开合作。例如京津冀不同高校之间的教师合作科研项目，两地不同的小学之间自愿不定时的资源共享、合作开展活动等，是完全出于兴趣和自愿的合作。

集中模式适合于设计、统筹层面，契约模式和自主模式主要适合于执行层面。自主模式虽然不如契约模式那样正式和效果卓著，但是它的特点是灵活、自由，能够照顾到合作双方的兴趣和需求；自主模式也不需要政府的参与、引导，合作者只是在现有政策的框架下，依据自身实际情况，以自己特有的方式执行着政策。很多契约模式的协同发展建立在自主模式的经验基础之上，随着自主模式协作时间的延长、协作方式的越来越固定化、彼此获益越来越多、协同意愿越来越强，协作的各方就有可能促使协作由自主走向契约模式，以增强协作的确定性、稳定性和长期性。

契约模式、自主模式均需要考虑责权利统一问题。首先，责任问题。例如清华大学跟某个机构合作，如果出了问题责任由谁承担，例如产权纠缠不清。其次，利益问题。如在政府购买服务过程中，政府付费给培训机构，培训机构会在获得资金的情况下提供公共服务，而培训机构以营利为目的，若政府资金投入不足，培训机构的积极性就不高。再如，三地优质学校和薄弱学校之间持续有效的合作需要双方均能从中获益，强校给予弱校帮助，弱校获益较多，强校也需要得到一定的回报。如果仅有付出没有回报，积极性就会减弱，所以对于强校优惠政策的支持也很重要。最后，权力范围和制度矛盾的问题。例如学校能请校外培训机构的教师来给学生做培训，却不能请校内的教师，因为制度规定教师不能做课外辅导。

在京津冀三地教育协同发展的实践中，集中模式、契约模式和自主模式都有不同的存在方式，专家和实践者对于三种模式也有不同的看法。本章将分别探讨与京津冀教育协同发展对策相关的集中模式、契约模式、自主模式三种管理模式。

第一节　集中模式

集中模式是指由政府主导，搭建教育的共建共享平台，以促进京津冀教育协同发展的一种管理模式。其特点有四：一是政府主导。表现为由政府主导京津冀三地教育的目标定位、整体发展规划、布局和资金投入策略。二是既把京津冀三地作为一个整体统一考虑，又能照顾到三地各自的需求。三是政府主导充分利用和开发三地的优质资源搭建教育的共建共享平台。四是具有强制性。由政府领导机构作出统一规定后，三地政府必须遵照执行。

政府主导是集中模式的重要特征，很多专家认为协同发展必须有政府主导，因此专家对于集中模式的认同度较高。主要原因有四：一是国家必须把三地统筹考虑。三地是相互关联的整体，一荣俱荣一损俱损。有河北专家称，“京津冀协同发展，国家一定要有一个强有力的领导集体。比如如果北京考虑北京的利益，把一些制造环节转移出去，转移到河北，把科研环节放在北京，环保一些无可厚非。但是河北污染了，北京也难以环保。所以这个时候，就需要国家来统筹考虑”。“如果没有统一的意志，没有一个硬性的规划，协同就难以进行。”二是需要政府出面做好三地利益权衡和利益分配。有专家称，“在京津冀的协同发展中，如果河北得不到利益，河北不干。北京的高科技不给天津，只把一些不好的、落后的给天津，天津也不会干；要是北京把一些好的东西给其他地方，它空巢了，它也不干了。这些都是利益的权衡。当然在没有特别大损失的前提下，小的利益是可以让出的。但是最重要的就是看国家怎么样下决心，有一些必须要有硬性的规定，要是靠自己内部协调，是永远协调不了的。比如说污染，河北也知道水泥厂什么的污染，但是为了满足一定的就业人数，所以说也是没有办法的”。三是在一些领域，例如资源配置方面，必须采用集中模式。来自河北的某职业学院院长认为，资源的配置问题要依靠行政主导，由中央政府顶层设计，来分配资源。比如河北现在面临的情况是资源太少，这靠市场是很难解决的。比如土地问题、税收问题，以及整个建设和发展过程中学校遇到的各种各样的无法逾越的鸿沟和难题，最终要依靠行政主导来解决。四是集中模式起主要作用，其他模式只是配合。有研究院所领导谈到，“我觉得一定是国家主导，也可以有其他的方式做配合。如果是后两种（契约模式和自主模式）的话，我觉得会形式上很热闹，实质上推动不了”。由此可见，在专家们看来，集中模式运用得好坏决定着京津冀教育协同发展的成败。

在三地的调研和梳理已有研究文献发现，政府主导的集中模式主要可以从教育管理体制、结构布局和支持系统三个方面着手发挥作用。教育管理体制主要涉及谁来决策更为有效和可行的问题；结构布局包括优化基础教育、职业教育和高等教育布局；

支持系统包括制度建设和共建共享平台。

一、管理体制

京津冀区域有三个省级行政区划，其中一个既是直辖市又是国家首都，一个是直辖市，一个是省。由于三省市行政隶属关系比较复杂，造成了许多方面政策不统一，利益不统一，各自为政，各行其是，使得京津冀三地之间的协调难度变大。条块分割，导致了京津冀产业一体化布局、区域性交通基础设施、环境治理工程等重要工作进展缓慢。这为三省市教育协同发展的管理体制、协同发展环境带来了问题。有学者认为，如何突破行政区划利益固化的藩篱，实现十八届三中全会提出的建立和完善跨区域城市发展协调机制的目标，落实国家区域发展总体战略布局，是摆在我们面前的重大任务。[①] 很多专家也谈到，京津冀教育协同发展的首要问题是体制问题。三个独立的行政主体之间如何能统一到京津冀协同发展的国家战略高度，跨越各自权力和利益的门槛，是一个严峻的考验。因此，加大京津冀教育协同发展区域协调机制建设也是当务之急。

三地教育协同发展管理体制的重要性不言而喻。通过调研和梳理相关文献总结发现，关于三地教育管理体制改革可以采取以下几种方案：

1. 两市一省行政部门联手形成协调机制

在促进区域教育协同发展方面，区域教育行政部门之间已有很多共识，并且已经形成了一些协调机制。例如在实践中，在2011年华北五省（市、自治区）高等教育合作发展论坛上，各地教育行政部门就曾达成了共建“教育圈”的协议，确定了“五省互相开放省级重点实验室；启动五省学生访学计划；建立华北五省大学生学科竞赛机制；五省教师、干部互相交流、进修；五省高校将结对合作，携手发展”等合作计划。[②]《北京市教委2015年工作要点》提出，要推进与天津、河北两地实现高等教育教学科研资源共享，建立学生课程互选、学分互认协商机制，推进基础教育优质数字化教学资源共享。此外，北京市教委还将支持北京市属高校在河北省适当扩大本科招生规模。

两市一省行政部门联手形成的协调机制虽然还有限，但是已经在蓬勃发展。2015年，在行政部门联手下，河北共吸纳京津两地高校18所，科研院所26个，全省中职与京津两地签订了协同发展协议133项。不过，全国人大代表、精英教育集团董事长翟志海认为，“由于多种原因，北京在资金、人才、设施等优质要素上对河北的虹吸效应远大于溢出效应，河北教育发展水平与北京的差距在逐渐拉大”[③]。可以认为这样的机制对于三地教育协调发展具有重要作用，但是它只是一种途径，仅凭这一种途径对于

---

① 连玉明．试论京津冀协同发展的顶层设计［J］．中国特色社会主义研究，2014（4）：107－112.

② 桑锦龙．京津冀教育发展一体化的新内涵新任务［J］．天津市教科院学报，2015（3）：11－13.

③ 郭少雅．京冀代表建议：京津冀一体化教育要先行［EB/OL］．http：//www.farmer.com.cn/kjpd/jypx/201603/t20160309_ 1187561.htm.

更为有效地协同发展还远远不够。

2. **教育部统筹三地教育协同发展**

京津冀教育协同发展不仅需要政府主导，而且要有高于京津冀这三个省市的组织统筹考虑，即需要教育部统筹。教育部统筹的优势在于，可以行政命令的方式推动协同发展，具有一定的强制性，而且便于照顾到三地的整体利益。有专家说："在一个省域内，你不来，我可以行政命令，但是跨省的，谁给行政命令？万一命令了，以后回不来了呢？还有你得解决户籍问题啊。""河北省的同志提出能不能统一高考、统一试卷、统一录取，北京说不行，这里有一个权衡利弊的问题，所以需要统筹。"行政命令不可能解决所有问题，但是在利益竞争激烈的情况下，行政命令能起到其他方式都不能起到的独特的强制作用，教育部统筹和整体规划对于三地协同发展十分重要。关于教育部如何统筹，专家就管理方式和机构设立提到了如下观点：

（1）成立领导小组。京津冀教育协同发展涉及北京、天津和河北三地，需要各地打破"一亩三分地"的思维方式，建立科学有效的协同发展机制。这就需要加强教育协同发展的顶层设计，从全局性的高度对京津冀教育协同发展进行科学规划。这样的任务不是某一个地方性的教育组织所能完成的，因此需要建立高层级的"京津冀教育协同发展领导小组"协调机构。有学者建议在此机构领导下，在天津市或北京市教育委员会设立领导小组办公室，抽调三地教育管理人员联合办公，并建立三地教育管理部门定期例会制度，协调教育合作发展事宜。同时，建立京津冀教育协同发展联席会议制度，定期召开会议，研究京津冀教育协同发展中的重大问题。①

（2）形成教育协同发展纲要。教育部统筹考虑，构建京津冀协同发展的大系统，牵头形成教育协同发展的纲要或者政策性建议以后，提交中央小组决策。同时要建立相应的执行机构，在合作协议框架下对接落实各项工作，对合作效果进行科学评估，提升合作的执行力。

（3）成立协调委员会。教育部成立"京津冀教育合作协调委员会"，负责协调、规划、管理。在这个委员会下面成立工作委员会和专家咨询委员会，工作委员会负责执行，专家咨询委员会负责政策咨询。有专家举例说，"邯郸在河北最南部，和河南、山东、陕西接壤，那个地方我们叫作中原经济区，历史上我们在那儿成立过协作区，专门成立了一个协作办公室，这个事我很清楚。那时候是起到了一定作用，这是历史的经验，给我们一个很大的启示：河北、天津、北京的教育必须在教育部的统筹领导下成立这样一个协调委员会"。组建"京津冀教育合作协调委员会"的建议获得了不少专家的赞同。

（4）成立高等教育联盟。建立在教育部领导下的三地高等教育联盟，在联盟下设博士研究生、硕士研究生、本科生三个专门委员会，分别就三地人才培养展开合作研

① 袁振国．构建京津冀教育发展一体化的大格局［J］．天津市教科院学报，2015（3）：7.

究，包括培养方案、培养策略、教育教学、科研探索、项目申报等，实现一卡通。

（5）组成专家咨询委员会。组建教育部领导下的由三地高校专家组成的“京津冀教育协同发展专家咨询委员会”。咨询委员会研究制定教育协调发展战略、发展模式和工作机制。定期举行京津冀高等教育合作高端论坛；聘请国内外知名专家学者、大学校长、教育行政干部等人士，共商教育协同发展战略；推进“京津冀高等教育综合改革实验区”的建设。

（6）高校由教育部直管。教育不同于行政系统，教育系统可以独立出来，所有高校应由教育部直管，不应仅仅与地方合作。这样既便于教育部统筹高等教育，又便于三地高等教育资源的合理分配，提高一般高校的地位，促进其优化师资队伍，吸引优秀生源。

（7）河北省部分高校归教育部直管。考虑把河北一部分高校归入部属学校或者纳入一个特殊的渠道，以便能够和北京的部属高校有机会以平等的地位交流合作。这样把部分河北的高校和部属高校放在一个圈子里，有利于增加提高的机会。全国政协委员、燕山大学副校长张福成提出，“在河北省地域内遴选 1～2 所优势明显、特色鲜明、发展潜力较大的高校，由教育部和国务院有关部委直接给予大力度资金与政策扶持，集中资源重点建设，加快其进入世界一流大学和一流学科行列，带动河北省高等教育发展，真正实现京津冀三地高校‘齐步走’”。[①] 这一观点得到了不少河北省专家和学者的呼应。

3. 教育部牵头各部委参加

即由教育部牵头，由有关部委参与的超越京津冀三方利益的国家层面领导小组。教育资源分布需要教育部、建筑部以及国土资源部共同协调，构建一种多部门之间协调的机制。这是一种三地教育的会商机制。在这个小组的框架下，再设立多个专业机构，像规划委员会、高教委员会、职教委员会等，制定政策，进行顶层设计。三地按照这个设计出台相应的具体政策，不折不扣地贯彻执行国家政策。在 2016 年两会期间，全国人大代表、北京教育科学研究院特级教师吴正宪代表也认为，教育协同发展的统筹推进还需要相应体制机制加以保障，应建立由教育部牵头抓总、相关部委和京津冀省级政府共同参与的工作和协调机制。[②]

有专家谈到其必要性和可行性，“我想中央不会只考虑成立京津冀三地教育委员会。因为如果不和别的结合起来就做不成。京津冀发展规划前三个是产业、交通、生态，教育是为它服务的。北京的高校迁出，是从城市生态、城市功能和城市定位的角度，不是从教育自身发展的规律来定的，所以需要会商机制”。

---

① 京津冀三地整合教育资源“齐步走”促协同发展［EB/OL］．http：//www.china.com.cn/lianghui/news/2016－03/11/content_37995795.htm.

② 同上．

建立会商机制还需要注意一些问题。这种机制需要三地的政府、学校、社会之间深入地沟通，打破行政壁垒，达成共识，才能够实现真正的协同；在三地教育协同发展过程中，每个环节都会面临许多有冲突的问题，即使建立了国家层面三方政府的协调委员会，解决这些问题也需要一个很漫长的过程，所以每一个环节都必须审慎行事，需要稳扎稳打，不能够急功近利。

4. **中央政府推动**

有专家认为，协同发展要靠中央政府推动，仅教育部推动力度有限。“因为京津冀三地是不同的利益主体，只有中央政府来制定规则，才能打破各个利益主体的结构障碍。”“中央政府推动，可以从工作规划的角度，从干部考核任命的角度，从组织部的角度等来进行。”具体意见如下：

（1）中央政府建立常设机构。成立由国务院领导，国家发改委牵头的京津冀政府行政负责人参加的区域协调发展联席会，或者从国家层面建立一个超越京津冀三方利益的强有力的协调领导小组和常设机构，统一负责顶层设计、统筹协调、整体推进、督促落实，编制和落实京津冀区域发展总体规划，统筹协调区域合作和一体化战略决策。

（2）中央政府决策、指导、监督。有学者认为，行政机制纵向上可以分为三级行政领导，协调中央政府与地方政府的关系，包括决策、协调和执行三个层级。“决策层”为中央政府主导、地方政府参与的京津冀教育领导座谈会，主要任务是决定京津冀教育合作的原则、方向、目标与重点等重大问题，审议并决定区域教育发展重大事项，是最高层次的协作机制，利用中央的行政手段协调并引导各个城市形成各自明确的发展战略定位，从而形成区域发展梯度，便于分工协作。“协调层”为中央政府指导、地方政府主导的京津冀教育协同发展联席会议，由地方自主协调推进京津冀各级各类教育重大合作事宜，建立健全各级各类教育联席会议制度等，合理调控中心城市的辐射带动能力。“执行层”是地方政府主导、中央政府监督下的具体推动京津冀教育协同发展的执行部门，承担三地联席的办公室职责并检查督促各种教育协作计划的落实情况，合理调控参与协同发展的教育机构的数量与组织的规模，提升协同发展的规模效益，防止合作泛化滥化。①

（3）中央政府推动财政支持。有学者建议通过三个层面的措施，逐步解决三地教育财政的压力。先由中央财政加大转移支付的力度，缓解三地的转移成本和承接压力。再建立京津冀教育协调委员会，通过购买、分担、补偿、对口支援等形式解决转移院校的行政归属和财政支出，保证转移与承接工作的平稳进行。然后，成立京津冀教育协同发展基金，对京津冀教育协同重点项目予以支持，对京津冀协同发展薄弱环节予

① 高兵，李政．京津冀教育发展一体化的基本原则与运行机制研究［J］．北京教育（高教），2015（2）：8－10.

以扶持，弥补财政支持的缺位。[①]随着京津冀教育资源的转移与承接，必然涉及教育财政体系的协调与创新。

5. 三地形成首都特区

专家们从不成立首都特区可能出现的问题的角度，说明了成立特区的必要性。

（1）利益纷争难以解决。有专家谈到"河北的问题解决必须有外力的推动，有顶层设计，不能只靠三地政府的协调。因为这里面有很多利益冲突的问题，不能依靠市场解决。比如北京的很多产业要搬迁到保定，这里面很重要的一个问题就是税收。企业搬出北京了，税收到底给谁？税收只上交总部所在政府，还是交给所在地政府？这个问题如果不解决，只是企业搬到了河北，污染给了河北，河北并没有从中得到什么好处"。而形成首都特区之后，撤除了行政障碍，京津冀三地实现了真正的统一，户口也统一了起来，三地没有区分了，这时候就是真正的一体化了。

（2）三地协商成本高。①三地政府地位不对等。有河北专家说："河北有些自卑，天津、北京的市委书记都是正局委，政治上没有办法对话，那就真成小兄弟，落后很多，对话都不对等，怎么能协同发展呢，只能是蚕食蚕食。"②需要系统思考。三地政府都会首先考虑各自的发展需求，而在一个地区最优的设计或者结构，未必是整个区域最优的设计或结构。而且教育的协同必须放在整个社会经济发展协同的大盘子当中，这是一个系统的观点。把三地作为一个大系统考虑，而不是分别考虑三地的问题。③协同就是一种综合。有专家分析，"综合三地的教育资源、教育思想、办学模式等，而不是简单地纳入、吸收，综合不仅仅是教育上的特征，而是三地社会、教育、经济发展过程当中普通的特点"。即要对三地治理体系、投资体系、办学体制、管理体制进行系统的设置。

也有专家并不赞成成立首都特区，认为成立首都特区存在重重困难。还有专家认为特区不可能成立，因为"从中央的长期规划来讲，要是这么做的话，就不存在京津冀协同发展的提法了"。在上述多种方案中，首先，成立首都特区面临重重困难，可以待以后条件成熟时再考虑。其次，其他方案之间并非是相互排斥的关系，三地成立协调机制并不妨碍教育部统筹和中央政府推动，它们之间可以相互补充，只是不同体制所直接指向领域不同而已。

二、结构布局

京津冀协同发展的区域功能调整和产业迁移，必然带来一定规模的人口跨区域迁移，社会公共服务的布局应当随之进行相应调整。教育作为公共服务领域重要的组成部分，也同样必须随之调整。因此，京津冀相应的教育布局非常重要，并且布局调整只能由政府主导。本部分将分别从基础教育、职业教育和高等教育三个层次来探讨三

① 王世斌．关于京津冀教育发展一体化的思考［J］．天津市教科院学报，2014（3）：5－6.

地的教育布局。

1. **关于基础教育的布局优化**

义务教育的规模是相对刚性的，与地区人口数量直接相关。伴随产业转移，义务教育阶段适龄儿童规模将在不同区域调整，如北京作为人口疏解区域适龄儿童有可能减少，而新的产业和人口聚集区有可能增加。但是，新的产业聚集区必须以优质教育资源作为先导和保障才能够吸引到人才聚集。做不到这一点，义务教育阶段的孩子还是会在北京“坚守”，不能最大限度地解决人口疏解问题，同时也很难在产业转移地区形成可持续的、稳定的产业发展规模，反而增加交通问题。因此，企业、人口迁移需要相应的基础教育公共服务和布局优化。专家对此的观点主要有：

（1）承接地提供优质的基础教育。有学者认为，承接地还需要完善周边医疗、教育、文化、交通基础设施和环境，为学生和教职工的学习和生活环境打好基础，形成本地区服务的“微循环”，以促进地区之间人员、物资、经费流动。① 的确，由于资源疏解地和承接地存在发展落差，政府要提高承接地的公共服务能力，给予相应的政策和资金支持。尤其是，承接地需要为企业落户提供优质基础教育资源，基础教育要达到同城水平，或者随产业转移到承接地就学的学生能够享受原户籍所在地的学籍，体制上有大胆的突破，保证疏解的学龄儿童到承接地以后能享受到优质教育。

（2）三地联合出台政策解决学位问题。在北京就业的很多人员在北京难以解决住房问题和孩子上学问题，就到北京和河北的交界、天津和河北的交界处居住。而交界处学校学位严重不足，一个班里可能接近100个学生，这些流动人口子女的教育问题非常值得关注。关于如何解决这一问题，清华大学史静寰教授研究发现，三地共管、联合出台基础教育政策将是一种有效的办法。早在十几年前，因安徽到上海打工人员较多，流动人口子女的教育问题成为两地共同面临的问题。于是，上海对安徽流动人口子女教育实行了“两地共管”，如在流动人口子女集中的学校，安徽派安徽籍的老师来教学。② 借鉴这种方法，三地基础教育阶段的流动人口子女教育问题也可采取三地共管的方法，协调解决，从京津冀协同发展的层面上考虑，甚至在高考问题上，三地也可以推出一些联合政策。

（3）迁移人口子女的接续教育。随着三地协调发展程度的加深，三地之间的人口流动会越来越频繁，这些流动人口子女在义务教育阶段可能在不同的地域上学，所以迁移人口子女在不同地域的接续教育需要引起关注。做好接续教育主要应做到两点：一是尽可能统一教材；二是以平等方式开展三地师资交流培训。

（4）基础教育名校异地办分校。名校办分校是指名校在京津冀跨区域到教育相对

① 高兵．京津冀教育一体化还需政策推一把［EB/OL］．http：//www.edu.cn/zhong_guo_jiao_yu/zong_he/zong_he_news/201603/t20160322_1378954.shtml.

② 史静寰．京津冀教育发展一体化的共同体和契合点［J］．天津市教科院学报，2015（3）：9－10.

薄弱的地区开办分校以提高当地教育质量。如2009年石家庄市盛世长安小学作为北京实验二小集团分校创办成立。有报道称，盛世长安小学“教育理念、教育模式将完全与北京第二实验小学本部一样；就读学生享有与校本部学生一样的学习、培训和竞赛机会”[①]。2015年7月北京市八一学校保定分校合作共建签约仪式举行。2015年9月由北大青鸟文教集团与廊坊益田集团签约合作建设的北大附属廊坊益田实验学校也正式招生。三地之间名校办分校数量虽然有限，但是已经是多年的实践，这一形式得到了很多专家的认同。

在集团化办学模式方面有丰富经验的北京小学校长李明认为，在名校办分校过程中，“传播学校先进文化是根本，既要输血，更要造血。建设一支教师队伍是关键，做到你中有我，我中有你。抓住课程和课堂的校本化建设是重点”[②]。名校办分校这一形式起点高，见效快，在利用优势资源促进不同区域提供教育质量上是一种有效的协同发展方式。

（5）形成多个教育中心城市。目前京津冀已形成以北京、天津为主的双核发展空间布局，但是教育资源过度集中，河北地区明显处于弱势。有学者建议，以京津双核为主在河北省选择合适地点建立若干区域教育副中心，形成借力发展带，带动提高整个区域的教育竞争力。教育中心城市要优先从条件较好的地区着手推进，例如，选取河北省的石家庄、保定、唐山、秦皇岛、邯郸等城市作为教育中心城市。同时，城市间有序开展合作，优先从具有一定地缘优势的地区实施援助和共建，以教育中心城市为基地开展基础教育组团式发展，在城市间探索“名校+新校”“名校+弱校”“高校+新校”“教科研单位+新校”等基础教育办学模式，实现跨区域基础教育合作。[③]

2. 关于职业教育的布局优化

有研究表明，三地经济发展水平不同，北京已经进入后工业化时期，天津处于工业化后期，河北处于工业化中期。但在第二产业中，特别是电子信息、医药、汽车、化工、冶金、石油等产业集群，三地的同构现象比较严重。[④] 北京市是全国政治中心、文化中心、国际交往中心、科技创新中心；天津市是全国先进制造研发基地、北方国际航运核心区、金融创新运营示范区、改革开放先行区；河北省是全国现代商贸物流重要基地、产业转型升级试验区、新型城镇化与城乡统筹示范区、京津冀生态环境支撑区。[⑤] 京津冀一体化需要产业的转移，因而需要明确三地的职业教育各自的培养定位对应的产业，以便于有的放矢。

---

① 扬帆潮头风正劲，京津冀教育一体化驶向“快车道”［EB/OL］. http：//news.ifeng.com/a/20151023/45977353_1.shtml.

② 刘晏. 高校转移推进加速北京高校密集入冀［N］. 河北青年报，2015-07-28（005）.

③ 高兵. 京津冀教育一体化还需政策推一把［EB/OL］. http：//www.edu.cn/zhong_guo_jiao_yu/zong_he/zong_he_news/201603/t20160322_1378954.shtml.

④ 杨桂青. 教育，“协同发展”京津冀［N］. 中国教育报，2014-07-04（007）.

⑤ 京华时报. 京津冀功能定位及空间布局公布［N］. 京华时报，2015-08-24（005）.

目前京津冀三地职业教育布局存在两个突出问题：一是三地职业教育在诸多方面差异明显。在学科结构上，北京的特点是层次分明，工科达到了30%以上；天津工科分布比较窄，综合类的分布比较多，工科类加上综合类占70%；河北省工科大于40%。在办学结构上，从整体的学校规模来说，北京和天津的职业教育发展相对均衡，高等职业教育学校约占学校总数的五分之一，河北省的高等职业教育发展明显不足，占学校总数不到10%。在投入上，北京职业教育经费整体比较充足，天津相对差一些，河北省的经费则严重不足。面对这种差异，协同发展需要布局优化。二是目前三地的职业教育师资大部分来源于普通高校，没有行业的职业技能为依托，在双师型队伍建设上有缺陷。

在这种情况下，围绕职业教育布局优化，主要有如下建议：

（1）实现人才培养和用人单位的地域性分离。有河北专家举例说，“河北一所有名的职业学校，张家口职业学校培养的人才，大多数都不在张家口，遍布全国各地，签约率100%，就业率100%，首都机场的安检员80%毕业于张家口职业学校”。这一案例说明，采用定制式人才培养方式，人才培养机构和用人机构在地域上分离，人才培养和用人单位密切结合，建立共同体，是一种可行的方式。从人口疏解的视角来看，这种分离可以有效疏解北京的职业教育人口。

（2）建立以行业为依托的职业教育联盟。河北省的中等职业学校生源相对充足，但是职业教育实习实训设备资源不足，天津市中职、高职有资源优势，而且天津的一大特色是行业办职业学校。因此，可以考虑去河北办职业学校，建立跨地区的以行业为依托的职业教育联盟，以便在实训实习基地的建设上得到更多的支持和资助。

（3）建设职业教育园区。职业教育园区借鉴工业向开发区集中发展的思路，吸引京津冀部分职业教育资源集聚一地，实现共享并产生集聚效应。目前，全国已有25个省（直辖市、自治区）建立了65个职业教育园区，并探索出了“资源指向型”“发展需求型”和“规划引导型”等主要类型。教育部教育发展研究中心张力主任研究认为，职业教育园区从更广阔的空间优化了职业教育资源配置，实现了有效整合与共享共用；也促进了区域产学研一体化的形成，使职业院校和科研机构、企业等在区域内形成新的关系链。① 可以通过建立职业教育园区，将地域空间、人力资源、产业发展等优势和职业教育品牌、市场等优势聚集到一起，有利于提供更优质的职业教育服务。

（4）成立职业教育集团。建立能够与区域产业经济相连接的高等职业教育集团，加快京津冀区域高等职业教育的实训基地建设与师范院校建设，对于带动京津冀区域经济的发展尤为重要。组建高等职业教育集团，实现高职院校与企业、社会的联合办学，一方面可以将高职院校的教学与培训一体化，发挥职业教育的功能；另一方面可以使办学贴近市场与企业需求，发挥企业的引领作用。王伟哲、闫志利等研究认为，

① 王伟哲，闫志利．京津冀职业教育合作：动因、模式与路径［J］．教育与职业，2015（10）：11.

职业教育集团由京津冀政府引导，职业教育机构以及相关企业共同参与，通过建立理事会、董事会等，形成共同决策的组织结构、治理结构。通过产教融合、校企合作、工学结合等方式，实现集团内部职业教育资源的共享。推进京津冀跨行政区域职教集团的建设与发展，一是以京津冀区域职业教育机构及企业为主，组建跨行政区域的综合性职业教育集团，并不断扶持其做大、做强，提升其在国内外的影响力；二是基于三地各自的优势行业，组建跨行政区域的行业职业教育集团，如京津冀电子职业教育集团、京津冀旅游职业教育集团等，促使职业教育机构及行业企业打破现有行政区域及部门的界限，实现紧密合作，推动区域职业教育向专业化分工、科学化管理的方向发展。①

（5）打造高等职业教育的“航空母舰”。天津教育科学研究所所长宋思杰研究认为，可以根据京津冀区域经济结构调整和产业发展规划，利用和整合京津冀高等教育和职业教育资源，依托现有大学或者职业教育高校进行改造或者新建一至两所应用技术大学，通过政策扶持使其成为全国高等职业教育的“北大、清华”。② 这种设想把普通高等学校与职业教育联系起来，希望能够集中两者的优势，实现高等职业教育实现规模发展、转型发展，把高等职业教育办好，迎合社会、企业对高等职业教育的人才需求，同时在这样的应用技术大学中也给予了学生本科、研究生层次学习的选择性，为经济社会发展急需的高层职业技术人才提供保障。

（6）依据产业定位规划职业教育学科。明确三地的职业教育各自的培养定位对应的产业是什么，统筹规划三地的职业教育学科，让学科发展更好地适应京津冀三地各自的产业定位、经济定位。有研究认为，从京津教育发展现状来看，两市职业教育都有不同程度的萎缩，成为各级各类教育中的薄弱环节，因此两地都不再适宜大力发展职业教育。河北省职业教育发展具有一定的规模和经验，京津两地可以将职业教育移植到河北发展，补充并提高河北职业教育的师资，面向区域扩展职业教育生源。由国家协调，重点在河北培养物业服务、旅游服务、电子技术、物流、护理、食品工艺等职业型人才。③ 教育部教育发展研究中心主任张力认为，北京的很多高职对应于北京市信息科技、金融领域，天津市对应于现代制造业、加工业。④ 北京应有选择地开展高等职业教育，否则无法实现人口疏解的作用。北京市可发挥地域优势，主要做高端职业技术人才培养存量资源的调整，而新增的一般性技术人才培养增量资源考虑在异地发展。

（7）三地政府联合出台相关政策。例如，北京市高度重视京津冀职业教育协同发展，出台了《北京市人民政府关于加强发展现代职业教育的实施意见》，指出“推动京

① 王伟哲，闫志利．京津冀职业教育合作：动因、模式与路径教育［J］．教育与职业，2015（10）：10.

② 宋思洁．关于京津冀教育发展一体化的几点构想［J］．天津市教科院学报，2015（3）：13－14.

③ 连玉明．试论京津冀协同发展的顶层设计［J］．中国特色社会主义研究，2014（4）：107－112.

④ 张力．京津冀教育发展一体化的挑战与应对［N］．人民政协报，2015－07－01.

津冀职业教育协同发展”“支持其他有条件的职业院校通过搬迁、办分校、联合办学等方式向外疏解。探索建立京津冀职业教育集团，适应产业链分工合作的需要，支持职业院校跨区域合作培养人才、合作开发课程、共享数字化教学资源、共享实习实训基地、共享教学科研成果。加强与河北省张家口市职业院校的对接协作，为2022年冬奥会培养培训更多的技术技能人才”。① 这项政策的出台明确指出了对于职业教育布局的构想，当然，在未来的发展中，三地更为具体的政策支持还有待进一步设计。

3. 关于高等教育的布局优化

关于京津冀高等教育的整体布局，有研究认为，伴随着首都部分产业的疏解，应相应地进行首都高等教育资源的疏解，优化北京市和天津市高等教育的资源配置，扩大河北省的高等教育资源规模，着力提升河北省的高等教育水平，形成京津冀三地部属高等教育协同创新、合作发展的新局面。充分利用市场机制推动市属（省属）高等教育资源（或要素），特别是民办高等教育资源、继续教育资源、成人高等教育资源等在三地的自由流动和优化配置。② 关于京津冀高等教育的专业设置，京津高等教育的强项是与现代制造业、现代服务业、新兴产业、高新技术产业相关的专业，如通讯信息、计算机、新材料、电子设备制造、金融、外语等学科专业，区域内可重点开展相关专业的合作，使这些学科专业具有区域特色，提升创新能力和服务能力，凸显专业竞争力。由于京津两市学科全面且办学水平较高，因此今后区域内要控制高校新增专业，尤其是已经有一定发展水平、低成本的专业，如外语、管理学、教育学等，鼓励依据地区特点增加新兴交叉学科，以利于区域内分工协调、人才资源合理匹配。河北省可发挥“环京津”的区位优势，借“智”发展。③ 专家们提到了如下具体的优化方案：

（1）京津高校采取“外迁”、建分支机构或合并等措施向河北转移。要创新多种疏解方式，采取将京津一部分优质高等学校通过整体搬迁、部分院系搬迁、办分校、对口合作、集团化办学、联合办学等措施向河北转移，是迅速提升该区域优质高等教育资源布局合理性的良策。有研究者指出，实际上京津冀地区高等教育发展有一定的历史渊源，中国人民大学的前身华北大学就坐落在河北正定县城，现在北京的很多学校与之有着“血缘”关系。在其他国家和地区也有类似的成功实例，韩国建立大德产业园区，一批大学和科研机构迁往大德市；中国台湾地区也把一大批大学和科研机构从台北迁往新竹，都很好地实现了高等教育的快速发展和人口、产业的成功转移。④

一是关于高校整体外迁。绝大多数专家对于高校整体外迁基本上持否定态度。有

① 北京市人民政府关于加快发展现代职业教育的实施意见［EB/OL］. http：//zhengwu. beijing. gov. cn/gzdt/gggs/t1413595. htm.

② 高兵，李政. 京津冀教育发展一体化的基本原则与运行机制研究［J］. 北京教育（高教），2015（2）：8－10.

③ 连玉明. 试论京津冀协同发展的顶层设计［J］. 中国特色社会主义研究，2014（4）：107－112.

④ 宋思洁. 关于京津冀教育发展一体化的几点构想［J］. 天津市教科院学报，2015（3）：13－14.

专家对高教资源外迁后水土不服表示担心。“如果把一些高教资源简单平移到世界银行报告强调的知识促进发展（Knowledge for Development）四个要素相对较差的地区，能活得好吗？有点像本来在黑土壤中栽种的君子兰，弄到沙石很多、没有太多养分的土壤中栽种，过不了多久就会枯萎。”[①]有学者认为，在现有条件下，要实现数量最多的北京高校外迁并不容易，涉及教职员工交通、户籍、待遇、家庭等一系列问题。靠行政手段实现如20世纪50年代初期的院系大调整，基本不太可能，也不符合现代教育规律。北京已经实施的部分市属高校和职业院校疏解也都以迁到本市郊区为主。不靠人员搬迁，通过合作办学、学科共建、教师交流挂职、远程教育等多种方式也能开展区域教育合作。在京津冀一小时经济圈内，老师异地讲课、一起做课题搞科研更不在话下。[②]

专家们反对高校搬迁的意见主要集中在以下几点：①高校搬迁是违反教育发展规律和学校办学规律的行为。②高校搬迁容易造成如人才流失，文化传承链环断裂，对一所学校的积淀和发展伤害尤重，搬迁成本难以承受，代价太大。③高校外迁对迁往地的教育是一种冲击，抢占本地资源。④北京高校依托政治资源以及市场的逐渐渗透，使得搬迁难度很大，政府强制搬迁更不可行。⑤迁入地的公共服务体系支撑难度大。因此，建议对此类做法一定要慎之又慎。

二是关于高校分类外迁。在面对一些专家对外迁表示质疑的情况下，一些专家认为应把高校分为三类考虑外迁。①现有地盘的资源能够满足发展的大学，像清华、北大。②已经在郊区或者是在外面开辟新校区的大学，这两类大学不作为重点考虑。③想发展但是现有的资源满足不了需要，特别是在北京市的三环、四环以内，在市中心的这些学校，应是疏解的重点对象。有专家认为，高校搬迁还应重视配套建设，例如可以建设城市大学，即围绕大学建立城市，把后勤社会化纳入到学校行政体系下去操作。

三是关于高校在异地建分支机构。事实上，北京化工大学、北京交通大学、天津大学等一批京津高校，已经立足产业对接在河北建分支机构。坐落于沧州渤海新区的北京交通大学海滨学院，生源主要来自河北，专业设置也与当地产业对口。北京交通大学海滨学院负责人说，物流业是渤海新区发展的重点产业之一，而他们在物流、管理等专业上具有优势，可按照订单培养人才。同时，他们的轨道交通等特色专业也将直接服务于渤海新区的交通规划和港口建设。[③] 与北京化工大学、北京交通大学在河北

---

① 挑战：高教资源迁出后是否水土不服［EB/OL］. http：//difang. gmw. cn/newspaper/2015 -07/18/content_107975211. htm.

② 马海燕．和衷共济，携手共赢——京津冀协同发展特别报道［EB/OL］. http：//news. enorth. com. cn/system/2015/11/18/030638493. shtml.

③ 扬帆潮头风正劲，京津冀教育一体化驶向“快车道”［EB/OL］. http：//news. ifeng. com/a/20151023/45977353_ 1. shtml.

建学院进行学历教育不同的是，不少京津高校在河北成立研究院，进行项目攻关。天津大学在秦皇岛成立环保研究院，在近海环境整治等环保领域开展科研；清华大学在秦皇岛成立智能装备研究院，已经进入实质性运作阶段。[①] 这一做法不仅得到专家认同，也正在成为事实。

四是关于疏解本科教育。有专家提出，本科教育要有序迁出，教育部就需要规划哪些学校搬到河北，哪些搬到天津，或者河北周边的省份，各个省应该提供哪些相应的政策和制度设计，比如说如何提供土地、经费等。赞成者认为，部分本科教育有序疏解，不仅符合疏解非首都功能的政策，而且可以“通过这个疏解，建立起高等教育的协同发展机制，促进河北高等教育的进一步发展”。反对者认为，“本科教育是高等教育的核心部分，本科教育、研究生教育、科技科研是完整的体系，如果把本科一下子拉到200千米以外，不仅老师不愿意去，而且在实际操作上也有困难”。也有专家提议，“把北京大学迁到天津或者河北不现实，但是可以采取学院制”[②]。

（2）建设学院制园区、大学城。可以在河北或者天津设立学院制园区，比如保定有汽车工业，可以把清华大学、北京航空航天大学和汽车相关的机器制造专业，结合保定汽车产业和当地需求建立保定学院，对于协同发展十分有利。专业学院大学城定制方式也较为成功，大学城在设计时要与当地产业相结合，大学城需要有与之相适应的环境，把大学孤零零地放在一个地方，会破坏大学的文化整体性。有专家介绍，天津的健康产业园是一种可行的方式，它的这种大学城是把天津医科大学、天津中医药大学、天津体育学院和天津市体育训练局整合进去，然后配套很多所医院和养老设施，这实际上是用一种专业化学院更精细化定制的方式去做了园区的规划。大学城建设既有成功者，也有情况不佳者，因此专家对建设大学城提出了建议。

首先，大学城需要适宜的环境。有专家举例谈道：“（天津）最早的大学城是工业大学、师范大学、理工大学的大学城。这个依托于原有的天津城建大学、农业大学等，然后可能搞了一个研发产业园，后来研发产业园运行不景气，就想办法把师范大学、理工大学、工业大学三所在天津比较好的专业化大学引进来，其实是属于一种被动式的产业化的结合，结果产业园到现在还没有救活。原因之一是三所大学简单积聚，没有对周边农村围绕这所大学进行整体的城市化规划。后面天津搞了一个职教园区，也是国家的试点，把职校放在那个地方，周边也没有配套的产业。只有职校对于整个区域的经济带动不够，所以天津市把天津大学和南开大学两所高水平的研发型大学引入进去。现在把两所研究型大学和这么多的职校结合在一起，而且周边基本以住宅用地为主，没有任何产业的支撑，这种方式值得怀疑。”在京津冀协同发展的过程中，很多

① 扬帆潮头风正劲，京津冀教育一体化驶向“快车道”［EB/OL］. http：//news. ifeng. com/a/20151023/45977353_ 1. shtml.

② 马海燕. 和衷共济，携手共赢——京津冀协同发展特别报道［EB/OL］. http：//news. enorth. com. cn/system/2015/11/18/030638493. shtml.

专家不希望将来这一片区是大学城，那一片区是制造业。这种大面积的集中分布，本身带来很多问题，很难融合。应当产学研相结合，大学城也应和地方的发展相契合。

其次，要避免中心城市去教育化。有做城市规划的专家谈到，“中国大学随着城市的扩张在不断地往郊区走，是作为一个人口迁徙的主要手段。支撑城市规划建设，搬迁去往周边，实际上给大学或者校园强压了很多属于城市发展和产业发展的职能。搬到郊区穷乡僻壤之后，周边任何配套设施都没有跟上，大家有很多怨言”。有专家分析到，“一个规律性的问题是，现在高考、中考考生都愿意到大城市念书，为什么？除了公共服务体系比较好外，大城市学校里学生获得的信息广，发展快。优秀教师也愿意到大城市的学校。不可能把一所学校孤零零地放在一个地方”。对于城市而言，大学大批搬出中心城市，中心城市去教育化，从城市规划角度来说存在很大的问题，是对原有城市的掏空、教育资源的掏空和文化的掏空，城市就完全变成了一种商业办公场所。如果把大学迁往郊区，大学就起不到带动城市的作用，因此特别需要谨慎地开展科学论证。对于郊区而言，大学城在郊区县大规模建设会占用大量农田，会大幅减少耕地面积。有专家谈到，大学新校区的建设占用优质的农田，这对于可持续发展，是以一种高尚的理由来犯罪，因而要控制大学城建设的规模。京津冀协同发展，最主要的是促进京津冀产业的协同发展，促进京津冀大的城市圈的发展。目的是要发展城市，用城市去带动北京、天津的一些卫星城的发展。

（3）著名大学异地复制。著名大学异地复制是指有着较高声望、资源较为丰富的高校跨区域建立分校，这所分校在管理结构、管理理念和管理模式，院系设置、规章制度上完全和本部一样，而且可以在教育教学设备设施上有更好的条件，在教师招聘上有更高的要求，以期使新复制的大学一开始就享有较高的声誉，拥有较高的水平。在高校建设完毕、运行走上正轨之后，成为一所独立的学校，当然在学术等各方面还与本部保持着密切联系。异地复制的特点是分校和本部完全一样，而分校除了是复制之外，就大学而言更多的是建立某个学院，最后促使其能够独立运转；就中小学而言分校与本部在很多方面可能有区别，除了分校的主要管理人员由本部派遣外，如何管理等则要根据当地规章制度、文化氛围和生源情况等进行，与本部不完全相同。

有专家举例说，中山大学在珠海就复制有一所分校。“最近有一个重大的决策，就是中山大学分校在珠海的规模要比广州本部的大，就是另建一所中山大学。实际上，它又是一个校区，也相当于一所学校，这个校区完全和中山大学本部是一样的，这边有中文系，那边也有中文系，这边有哲学系，那边也有哲学系，这边有一个管理学院，那边也有一个管理学院。现在正在招兵买马，在全世界招聘。它的院长、系主任是面向全世界招聘，其他机制就随之跟上来了。那么很多学生、老师就到珠海来了，随之而来很多老师将来就定居在珠海了。珠海的环境也比较好，交通也比较便利，现在广东珠三角的轻轨 2 个小时跑遍珠三角。”这种复制带来很多好处，在某种程度上减轻了广州人口的压力，而且提高了珠海的教育水平。那么京津冀区域也可以采用这种方式，例如北大也可尝试去石家庄建立这样的分校，也就是复制一所高水平大学。当然这种复制需要条件，例如石家庄需要无偿给予土地，给予来自北大的在石家庄办学的优秀师资优厚待遇等。

三、支持系统

1. 关于保障制度建设

京津冀教育协同发展离不开制度的保障和强有力支持，不能因为三地制度差异而出现新的问题，制约协同发展的进程。京津冀教育协同发展必须突出制度上的协同化、一体化和互补性。有研究认为，京津冀教育协同发展需要从中央和三地分别出台一系列新的支持政策，在教育布局调整、功能定位、效能评估、基本建设、利益补偿、人员待遇和基本保障等方面鼓励创新和尝试，消除人们的疑虑，并形成一整套的监督保障机制，确保各自按照顶层设计的蓝图施工建设，取得实质性效果。① 京津冀教育协同发展需要顶层设计和完善的保障制度设计，关于保障制度建设，主要观点有：

（1）三地设计合作制度和措施。在京津冀协同发展战略的指引下，制定具有权威性的《京津冀教育协同发展中长期规划》及各地实施方案，三地各自制定本区域内京津冀协同发展的具体制度、规划和措施，明确协同发展的路线图、时间表，是有效协同的重要策略。例如，北京市在落实《京津冀协同发展规划纲要》的意见中就提出："推动部分教育、医疗、培训机构等社会公共服务功能疏解。推动在京部分普通高等学校本科教育有序迁出，老校区向研究生培养基地、研发创新基地和重要智库转型，支持有条件的北京普通高等学校、中等职业学校通过部分院系搬迁、办分校、联合办学等方式向外疏解，引导东城区、西城区中等职业学校向郊区县疏解。"② 目前，北京已经与河北签署《京冀两地教育协同发展对话与协作机制框架协议》及教育合作框架协议，支持组建"京津冀高等学校联盟"，促进高等学校优质教学科研资源共享。

（2）完善三地财政、资金制度。一是成立京津冀专项资金，支持重大教育协同发展项目，同时缩小京津冀资金投入差距。陈招荣、阎国荣研究也认为，应鼓励由政府签署的合作章程，规定各方政府必须每年从财政预算中拨出专门项目经费成立共同基金支持高校开展合作，并使之制度化，设立不同合作项目，使区域合作具有法律和制度保障。③ 有河北专家谈到，"三地资金投入水平差距太大，应尽量把差异变小一点，必须要在三地集中下，或者中央专门拿出一笔资金做这个事，向落后的河北省倾斜"。二是教育部设立引导性资金，引导北京、天津的教师到河北任教，河北的教师也可以

① 宋思洁．关于京津冀教育协同发展的几点构想［J］．天津市教科院学报，2015（6）：13－14．

② "十三五"四提"京津冀"教育一体化前景可期［EB/OL］．http：//finance.ifeng.com/a/20151118/14076556_0.shtml．

③ 陈招荣，阎国荣．京津冀一体化背景下高等农业院校及其园艺学研究生教育比较研究［J］．天津农业科学，2015（8）：169．

去北京、天津进修。穆伟认为，应实施“高等教育走廊”政策，让京津两地高水平的教师、科研人员按专业向河北高校流动，河北高校教师也要建立去京津两地高校、科研院所培训学习的常态。河北高等教育与京津两地相比发展先天不足，河北可提供广阔的土地，与京津两地高校合作办学，学习名校的管理理念、管理方法、教学方法等。同时京津两地政府应给予参与协同发展的高校政策倾斜、经费支持等，促进京津两地一流高等教育与河北高等教育实现真正的协同发展。① 三是运用专项资金创新改革路径，探索协同发展的经验。四是设立企业免税制度。一般企业不愿意接受实习生和应届毕业生，希望有工作经验者来实习。因此，国家可以做出规定，企业接受学生实习，政府可免除适当的税收。五是完善科研项目经费管理制度。一位河北专家说，“项目多了，报账卡得太严，钱花不了，麻烦得不行，这都是错误的，这种科研经费的管理模式无法支撑创新的发展，课题主持人没有自主权，审过来报过去的很麻烦”。科研项目经费的使用问题长久以来一直困扰着科研人员，科研人员在报账上花费太多的时间和精力，严重束缚了科研的进展。

（3）完善三地成果转化制度。创新不仅仅是单纯的学术，还包含了成果运用和转化。北京如果不能依托天津、河北提供的大量实践机会和产业需求，实现成果转化，就很难成为科技创新中心。

（4）完善师资交流制度。关于如何完善师资交流制度，专家观点主要有：①干部聘任、教师职称提升要有薄弱校交流任职的经历。②给予交流的干部、教师专门津贴，提供较好的工作条件和制度的保障。例如，河北的教师到天津接受培训，天津的优秀教师到河北挂职，都可以给予一定的经费予以鼓励；可以通过“走出去，引进来”的形式进行教师之间的交流，既可以“走出去”学习先进的教育理念，也可以把优秀的教育资源“引进来”。实际上，河北已经开始这一实践，有的学校每年都把一批教师和干部送到北京和天津的高校培训、交流、挂职。③京津冀三地高校联合建设优秀师资人才库，建立师资互聘机制，鼓励教师到不同高校短期任教和讲学。④应在政府建立的合作制度保障下建立专门的区域合作研究计划。有学者认为，可在校际教师交流与学生交叉培养、区域性课程与学科建设、产学研合作、图书信息资源共享等方面做更多尝试和探索。② 还应放开三地合作的科研项目、论文等的排名认定政策。有专家谈到，“论文作者等不能再按照一、二、三名这样排，协同创新，即使你排在第三，我也能认同你是第一作者，当然这需要避免搭便车的问题。但是总是排序实际上不利于协同”。⑤三地教师可以定期在北京、天津、河北三地开展讲座，分享各地的先进教育教学方式方法。⑥京津冀三地统一进行师资培训，分期、分学科进行。⑦运用视频会议、

---

① 穆伟．京津冀区域高等教育协同发展［J］．教育与职业，2015（28）：20－23．

② 陈招荣，阎国荣．京津冀一体化背景下高等农业院校及其园艺学研究生教育比较研究［J］．天津农业科学，2015（8）：169．

电话会议、网站等方式加强京津冀三地教师的集体备课，展示课程的安排思路、课件、练习题等，探讨学生可能出现的问题，对教育教学中出现的问题及时交流沟通。

（5）重新规划三地招生就业制度。主要措施有：①统筹推进京津冀地区的高考制度改革，开展地方高校招生协作，北京增加在河北招生的名额。有报道称，北京市教委将支持北京市属高校在河北省适当扩大本科招生规模。① 有河北专家建议，北京原来在河北招生的数量不变，由高考的成绩决定；给河北增加高等教育的资源，不管新搬过去的学校也好，或者扩大招生名额也好，在增量上做文章，新增加的招生数量则参照综合素质等一些因素。②三地统一招生录取。第十二届全国人大代表、河北省孟村回族自治县政协副主席刘春香直接指出，为促进京津冀教育的协同发展，给三地学子提供公平的竞争机会，更有利于选拔培养出更多优秀的人才，建议三地统一高考命题，统一录取分数段，统一录取标准。② ③完善专升本招生制度。有河北一职业学院院长谈到，要打通三地职业院校专升本制度，即在河北的专科职业院校毕业，能够去考北京的本科职业院校。④协调招生与就业。有天津专家举例说，“天津招来了河北的生源，河北的生源普遍就想留在天津。实际上，我们的初衷是河北省的生源由天津来培养，但是为河北培养人才”。因此，招生与就业之间也需要做出规划。

（6）完善职业教育生源流动和分段培养制度。《北京市教委 2015 年工作要点》已经提出，要推进与天津、河北两地实现高等教育教学科研资源共享，建立学生课程互选、学分互认协商机制，推进基础教育优质数字化教学资源共享。③ 建立职业教育生源流动制度，不管学生在河北、天津还是北京，只要按照某个标准上课并获得学分，就可以从河北的中职升到天津的高职，或者是进行互动；充分运用分段式的培养方式把河北省的中等职业教育资源和河北、天津优质高等职业教育的资源充分利用起来，进行有效衔接；建立学分互换或转换系统。

（7）增添继续教育的日校制度。天津继续教育学院的一位领导认为全日制学校需求很大。“目前京津冀的高职毕业生后续的继续教育从质量上保证不了，国家计划给的成人教育指标比较大，按照报名人数的 80%，但是这种教育模式从教育的质量上来讲打了折扣。业余教育跟日校教育完全不是一回事，从教育组织上都不一样。目前日校生都没有了，各个地方保留的很少，天津也就保留了 1000 余人的名额。教育部应该从政策上支持一下，适当地还像以前放一部分这种日校生继续教育的专升本指标，社会需求特别的大。”

（8）发挥民办教育的作用。翟志海建议发挥民办教育在协同发展中的重要作用，

---

① 京津冀将探索教育资源共享 北京高校入冀“升温” [EB/OL]. http://news.ifeng.com/a/20160113/47060578_0.shtml.

② 刘春香代表：建议京津冀统一高考制度，促进三地教育协同发展 [EB/OL]. http://news.ifeng.com/a/20160306/47711416_0.shtml.

③ 刘晏．高校转移推进加速，北京高校密集入冀 [N]. 河北青年报，2015-07-28 (005).

在征地、税费、资金、教师待遇等方面予以政策支持，使民办教育在承接北京非首都功能疏解中发挥更大作用。① 给予民办教育相对宽松的政策，支持北京的优质民办教育向河北、天津延伸。在河北、天津成立民办教育的分支机构，不仅有利于充分发挥市场机制，使河北、天津更多的人在当地就能接受各种优质民办教育给予的学习和训练机会，而且有利于疏解北京人口。

（9）出台支持河北的政策。关于出台支持河北的政策，不同的专家学者考虑的侧重点不同。翟志海建议，推进京津冀协同发展，首先要推进三地的教育资源公平化，人才发展的均衡化。这就要从政策和财政上加大对河北高等教育的支持力度，一是促进驻京重点高校本科教育向河北疏解迁移或者建立分校，同时在河北省属骨干大学中选择1~2所划归教育部直属管理；二是大幅增加河北高校本科以上招生计划数量。

2016年两会代表张福成建议，在河北省地域内遴选1~2所优势明显、特色鲜明、发展潜力较大的高校，由教育部和国务院有关部委直接给予大力度资金与政策扶持，集中资源重点建设，加快其进入世界一流大学和一流学科行列，带动河北省高等教育发展，真正实现京津冀三地高校齐步走。全国人大代表、河北农业大学校长王志刚建议，在教育部共建的6所重点大学中筛选水平相对较高、与河北省经济社会发展结合紧密的学科，实行河北省与教育部共建，建设经费由教育部与河北省共同分担，五年一个周期，争取进入国家一流学科行列。这样既可以吸引高水平人才来河北高校工作，又可吸引优秀高中毕业生、本科生就读。对于学科平台的建设问题，王志刚代表也具体建议，要把省部共建学科纳入京津冀协同发展总体规划，由教育部具体指导，河北省政府抓落实；出台具体政策鼓励京津高校、科研单位专家到平台工作，对河北省内入选平台建设队伍的专家，其子女参加高考享受京津户口待遇；增加研究生招生计划，实行本硕连读或本硕博连读、国内国外联合培养等途径，为河北省输送优秀后备人才。②

也有报道认为，改革的步伐不可能一步到位，尤其是教育改革。教育改革多年，成效不小，但问题也很多，教育资源分配不均衡，城市与农村存在着很大的差距，教育公平仅凭高考改革很难实现。尤其是三地的教材不一样，师资力量差距大，高考试卷难以统一，也不可能用统一的录取线。而且北京、天津也应该有培养本地人才的任务，即便三省市真正在高考上实现考生公平竞争，也应该是一个循序渐进的过程，只是希望这一时间不会太远。③

2. 关于搭建共建共享平台

（1）师资培训平台。对于师资培训平台建设，主要有四种想法：一是名校长工程

---

① 京津冀“结亲”，教育咋牵手［EB/OL］. http：//www. bosw. net/html/article/index16072. html.

② 赵颖妍等. 京津冀三地整合教育资源“齐步走”促协同发展［EB/OL］. http：//news. sohu. com/20160321/n441422881. shtml.

③ 两会：京津冀一体化高考改革可以实现大同［EB/OL］. http：//edu. qq. com/a/20160308/032293. htm.

平台。校长可以带着自己的问题和经验来这个平台上相互交流，并和专家一起探讨学校发展问题，还可以集体去考察别的学校。二是教师培训平台。可以跨区域集中培训教师，即把三省市的优质教师资源聚集起来，形成培训平台，政府主导，给予财政支持。三是成立教师培养培训联盟。有专家谈到，“我认为基础教育发展的核心是提高教师的水平。有两个方面，一方面是师范生的基础文化水平，培养上可以联手合作；另一方面是教师职业的适应和职业潜力的培养。如果有一个教师的培养培训联盟，将三地基础教育教师的培养统筹起来，设置标准，分出级别，步步推进，可以在近期内提升北京周边地区义务教育和高中教育的办学水平”。四是培训招标。培训不一定是行政命令式的普通学校向重点学校学习，可以利用市场招标方式，学习市场上的成功教学经验。具体做法是在京津冀遴选一定比例的校长和教师，对有资质的机构招标，进行校长培训和教师培养，引领三地的基础教育改革创新，加强三地的优秀校长和教师之间的文化交流。关于为什么招标，有专家分析，国培计划搞了很多轮，然而效果并不显著。原因有两个，一是前些年教师待遇很低，相当多优秀的学生不愿去读师范。二是体制内教师培养体制内的教师，存在路径依赖和思维依赖，是“更熟练的人培养不太熟练的人”。事实上，在新东方、学而思这样的培训机构，教学内容很枯燥，教学难度也远远超出普通学校的难度，但由于学生来自不同的家庭背景，一个班学生的差异性远远大于普通学校学生的差异性，因而教学强度非常大，进度非常快。有专家谈到，为什么老师能拿住这么多学生？主要有两个原因：第一个是培训机构招聘的教师基本上都要求“211 工程大学”以上本科毕业、硕士毕业。第二个是他们有一套新颖的教学方法。体制内教师和体制外教师应该形成良性互动。

（2）数字资源平台。专家们认为，政府应分门别类地建设信息平台，例如建设与产学研紧密结合的产业发展信息平台、毕业生需求信息平台、科研创新成果信息平台等。关于建设数字资源平台，专家和学者们的焦点主要集中在为什么建设数字资源平台、建设什么样的数字资源平台和如何建设数字资源平台三个方面。

一是关于为什么建设数字资源平台。专家们提到的数字资源平台主要包括课程资源平台、人才数据库平台、教育信息平台、校际教学、科研资源共享平台。2016 年两会期间，也有代表建议构建利用信息化手段扩大优质教育资源覆盖面的有效机制，充分发挥京津地区优质教育资源的辐射作用（例如北京数字学校），将服务范围覆盖到河北省。① 三地教育协同发展是一个逐渐的、长期的过程，在短时间内迅速融合起来难度太大。目前最迅捷的方式就是在可能的范围里共建数字资源共享的平台，把过去相对封闭的资源平台化，让三地的教师、学生都可以在这个教育平台上共享一样的教育，使资源相对欠缺的地区，可以来共享优质资源。并且现在的技术条件已经达到，互联

① 全国两会看京津冀：教育一体化协同发展迫在眉睫［EB/OL］. http：//www. bjd. com. cn/jjj/yaowenzhanshi/201603/04/t20160304_ 11015278. html.

网已经进入到学校，进入了课堂，成为人们日常生活和学习的一部分。有专家举例分析了数字资源的优点，“我组织了一帮老师，花了时间、金钱，家里的孩子放下不管，到北京听了一节课，可能就不如我们在这儿，就像电视电话会议一样，咱们共同学一学、评一评，来得更实惠”。这样既学到了东西，又节省了时间和费用。的确，京津冀区域基础教育应注重信息化资源建设与共享的重要战略地位和带动作用，实现三地网络课程相互开放、网络资源共享。

二是关于建设什么样的数字资源平台。很多专家在课程资源平台建设问题上提供了自己的思路，在建设方式上，一是由优秀校长和优秀教师开发若干课程，供三地校长和教师参加远程研修使用。二是学生网络选修课建设。学生可以通过选修网络课程，在线解答问题或者考试等，获得学分。有专家举例说，“比如说清华大学的老师讲课，其他高校的老师和同学可以收听，一起探讨”。清华大学目前正在做的“清华在线教育研究中心”，授权把一些课程放在网络平台上，借助网络平台实现在线教育资源的对外开放，每天都有数千人在同步在线学习。① 三是建设“慕课”（MOOCs）相关的新的新媒体课程。“慕课”的推广，无疑应该成为优质高等教育资源向更多人群辐射的重要途径。关于人才资源库建设，要建立统一接口的人才数据库，利用三通两平台，做好教育和管理的融通。校际教学、科研数字资源共享平台是学校共建、学科专业共建的基础。目前相当多的学校有自己的教学资源平台，而校际教学资源共享平台建设尚显不足。校际之间一方面可以联网，互相开放自己的教学、科研等信息资源；另一方面还可以合作编写教材、共建课程教学资源库、共建多媒体教学课件等，合作科研，避免各校重复开发，以节省人力物力、提高资源利用效率。

三是关于如何建设数字资源平台。专家关于如何建设数字资源平台，主要有三种想法：①进行民间数字信息开发，利用市场机制开发信息平台。有专家指出，“不能找一批脱离学校的人去开发这样的信息平台，一定要基于学校，非常实际地开发。事实证明，一些政府主导开发的互联网形式是没有生命力的，恰恰是民间开发的具有很大的作用”。还有专家指出，“在线教育也可以采用市场机制。政府不要自己亲自去做，而由市场去做。市场结果做好了，（政府）再购买使用”。②设立基金会。利用专业组织开发项目，管理项目。有专家说：“就像国外基金会，它得招聘很多人，还得发工资，发福利，雇这些人去帮基金会花钱。否则你自己怎么有时间去花钱，去鉴别这个项目该不该资助。你总归得有一个机构帮助你鉴别，帮助你列标准。什么应该大力资助，什么应该一般资助，什么可以不资助，然后设立标杆项目。所以你这个基金会想要达到的效果才有用。否则你自己去花钱，你自己没时间，而且你也不专业。”吴正宪

① 史静寰．京津冀教育发展一体化的共同体和契合点［J］．天津市教科院学报，2015（3）：9－10.

也建议，中央和京津冀合作设立教育协同发展专项资金，支持重大教育协同发展项目。① ③运用“互联网+”为职业教育搭建平台。有专家认为，“互联网+”概念被运用到职业教育中，可以“把企业搬进校园”，可通过建立岗位模型，帮助学生进行网上实训并与企业实现人岗匹配。“互联网+”教育模式将信息化与实践教学深度融合，塑造学生探究式的学习环境；通过搭建师资培养、特色建设和就业服务的线上线下相结合的平台，打造“人找人社区”和智慧教室；利用“虚拟商业社会环境”，财经类、经管类专业学生可在校体验岗位实习，并通过网上“角色扮演”找到适合自己的岗位。用友新道科技有限公司总裁郭延生表示，目前该公司已经开发了“虚拟商业社会环境跨专业综合实训教学平台”，且有北京航空航天大学、北京林业大学、北京建筑大学、北京联合大学、北京财贸职业学院等几十所在京院校以及全国2000多所中职和高职院校使用这一平台。该平台通过对近2000家企业的典型岗位进行归类分析，对核心技能进行分级梳理，提炼并设计出满足产业需求的训练路径，并为学生提供学习训练、考核、认证以及人岗匹配服务。②

四、对集中模式的思考

从上述专家学者以及人大代表对集中模式的分析和相关报道可以看出，集中模式是京津冀教育协同发展必不可少的一种管理模式，在京津冀教育协同发展中起着举足轻重的作用。综合分析上述观点，本研究有如下结论：

（1）教育管理体制应采用“中央政府推动，教育部牵头并且统筹三地教育协同发展，各部委密切配合”方案。关于教育管理体制，第一种和第五种方案都难以实现目标。第一种方案“两市一省行政部门联手形成协调机制”会困难重重。一是利益问题仅靠三地协商解决无法进行。三地政府都会首先考虑各自的发展需求，而在一个地区的最优的设计或者结构，未必是整个区域最优的设计或结构，需要上级系统思考。二是三地政府地位不对等，很难平等对话。有河北专家说，“河北有些自卑，天津、北京的市委书记都是正局委，政治上没有办法对话，对话都不对等，怎么能协同发展呢”。三是三地不存在上下级关系，也就不存在统一号令。第五种方案“三地形成首都特区”也难以实现。首先是地域范围过于庞大，管理幅度太大；其次是三地经济、教育等发展水平差别较大，难以短时间内完全统一协调。相比之下，第二、第三、第四种方案可以结合起来，由中央政府推动、教育部牵头、各部委参加，并且教育部统筹三地教育协同发展。中央政府的推动、教育部牵头统筹和各部委密切配合是成功推进京津冀协同发展的重要管理体制。没有中央政府的推动，各部委的密切配合会打折扣；没有

① 京津冀三地整合教育资源“齐步走”促协同发展［EB/OL］. http：//www.china.com.cn/lianghui/news/2016-03/11/content_37995795.htm.

② 庄凤桃.京津冀职教集团成立，力促“互联网+”职业教育［EB/OL］. http：//www.chinazy.org/models/adefault/detail.aspx? artid=60710&cateid=1539.

教育部统筹，三地各自为政，协同发展就很难实现。当然，第一种方案可以作为补充。

（2）在教育布局上，基础教育需要考虑企业、人口迁移，职业教育需要考虑产业分布，高校搬迁或建立分校需要考虑环境配套。关于教育布局，基础教育布局需要考虑企业迁移、人口流动所需的优质教育需求，需要提供充足的学位和有效的接续教育。而名校异地办分校当前只在民办教育领域得到有效尝试。职业教育布局需要结合不同地域的产业需求和职业院校的优势学科、专业而展开，在考虑布局的同时也应该考虑如何有利于职业院校吸收产业界人士到职业院校兼职或者任教。关于高等教育布局，尽管大家观点各异，但是部分高校搬迁或者建立分校已成定局。如今，重要的是需要考虑高校迁往地的环境资源、产业对接要配套，避免人才流失，保持高校的原有水平。

（3）教育协同发展支持系统中，完善制度建设需要抓重点，设计好优先顺序，资源共享平台建设可以同时进展。由于三地教育协同发展建设是一种新的战略需求，专家学者们提到很多方面的制度需要建设，有的专家学者代表本地站在本地的立场上考虑问题；有的站在全局立场上考虑，提出了理想化的制度建设。的确很多制度需要建设和完善，但制度建设不同于改革试验，一旦制定不可以轻易废除，关键是需要在系统思考问题和充分实地调研的基础上，最终确定哪些制度应该建立，哪些制度是基础应该首先建设，哪些制度应该重点建设，分析制度建设的优先顺序。专家学者对于平台建设的类型与方式提供了较为集中的建议，共识度较高，而且这些建议针对着不同的部门，因此可以同时进展。

第二节 契约模式

京津冀教育协同发展的契约模式是由政府引导，不同合作组织之间根据资源优势和需求，在一定约束条件下签约协作的一种模式。它的特点有四：第一，政府引导。政府的作用不是主导，也非不闻不问，而是帮助和支持，例如在签约和合作的过程中牵线搭桥。第二，合作并签订协约的主体可以是地方政府、大学、科研院所、企业、中小学等不同类型的组织。第三，不同的协同组织之间有正式的签约并受协议的约束，有具体的合作领域、负责人员、任务分工、时间安排和活动安排，联系紧密。第四，是一种实质性的联盟，而不是形式化或者表面化的联盟。例如共同开展学科建设、学分的互认互通、学生交换听课等。调研发现，多数专家对契约模式的效果表示认同。有专家称，“我比较赞同契约模式，我认为在政府引导下签订合同是最好的模式”。也有专家认为契约模式“形式上热闹，实质上推动困难”。

关于政府在契约模式中的作用，主要观点有：①政府引导不同的协作组织合作，但不能直接管理，政府不能完全包办。政府应该搭建平台，在政策上给予支持和引导，而不是全面管理。一方面，完全通过政府管理很不容易。首先，三地有各自独自的行政权，且天津、北京又都是直辖市；其次，教育部要管理宏观的事务，也不能完全依赖教育部；再次，有很多事情没有办法完全控制，又不能完全硬性地去命令。另一方面，在很多时候，没有政府的支持，很多事情也难以做到。②学校依靠政府。在政府助推下，学校之间容易找到学科之间合作的合作点，学校积极主动性也会增加。政府还可以帮助解决很多学校之间的问题。例如，两所学校之间可能都有合作意向，但是会遇到很多解决不了的问题，如要建研究院，就需要投资，需要土地，这时只有政府才能帮助解决。整个建设和发展过程中学校都可能会遇到的各种各样的无法逾越的鸿沟和难题，这些都需要靠政府来解决。

在契约模式中，经常是政府发现契机，鼓励而非强制学校签约。不过政府并非总是处于主动地位，有时候学校也会主动寻找机会，然后再通过政府牵线搭桥进行合作。有专家谈到，“哪个院校和哪个外地院校想建立联盟关系，那么学校领导会和对方联系。如果学校做不到的话，那么市教委就会牵线搭桥，提供机会”。对契约模式的认识主要集中在契约模式的具体实施方式方面。本部分依据签订契约的主体不同，将契约模式划分为四种类型并提出总体的思考。

一、学校与政府合作的契约模式

1. 基础教育领域“一校对一县”模式

“一校对一县”模式有三个特点：第一，这是一种帮扶模式，是京津冀某个县级政府与京津冀另一行政区域一所著名的中小学之间签订协议，并由这所著名学校帮助县域内学校发展。第二，签订协议的双方分别为县级政府和学校，县级政府签订协议的目的是为了所辖区域内学校的发展。第三，协议的签订往往建立在前期合作的基础上，在这个过程中，双方都获得自身利益。例如，2015 年 2 月，北京市广渠门中学与河北省张家口市康保县教科局签订了《北京市广渠门中学对口帮扶河北省康保县基础教育项目合作协议》，该协议包含了师资培训、学生交流、远程对接等合作内容。这种契约模式建立在北京广渠门中学与河北省康保县长期合作的基础上。之前双方已经以联合办学、共享教育资源、学习先进理念、更新教学方法等为重点，先后成立了教育工作指导站和北京市广渠门中学分校，举办了校长论坛、建立了教师培训交流合作机制，开展了推进教育资源共建共享、两地教师拜师结对、党员志愿者支教等多项活动。

校县合作是一个新生事物，尤其在帮助贫困县提高教育质量上是一个可圈可点的方式。有专家认为“一校对一县”模式运行成功与否首先在于观念的更新，尤其是在教师培训方面；其次在于学校之间的真诚相助，关键在于县级政府的大力支持。而遇到的问题有待遇、教学硬件等。由于观念的更新、县级政府的大力支持和学校的真诚相助，“一校对一县”模式取得了显著的效果，但同时也存在一定困难，如教材不同、学习进度不同等。

2. **高校“一校对一省/县”模式**

高校“一校对一省/县”模式是某个省级区域一所著名高校与另一个省份或者县域政府签订协议，合作推进教育发展，主要是著名高校帮助该省或者该县下属学校提高科研、教学水平、开展师资交流活动等。例如，2014 年 6 月河北省和清华大学省校双方签署了《河北省人民政府、清华大学进一步深化扩大合作的协议》。在河北省教育厅的提议下，清华大学动员了一些干部到河北去，有的去河北的高校挂职副校长、副书记，有的去任职。清华大学和河北省的协议是建立在两者长期合作的基础上的，清华大学是最早与河北省建立合作关系的高等院校，也是河北省科技进步的重要依托单位。河北省与清华大学的合作始自 1988 年，二十余年来，在省校领导的高度重视与积极支持下，双方的合作不断深化。2002 年“河北清华发展研究院”的成立与“河北—清华大学在廊坊共建清华科技园”协议书的签订，进一步拓展了双方的合作领域和合作范围。近年在省校双方的共同努力下，科技合作、人才培养与交流等领域的合作都取得了丰硕的成果。再如，日前张家口市崇礼县与北京联合大学旅游学院签署了旅游教育战略合作框架协议，双方将在人才、科技、体育等方面发挥各自优势，加强交流合作，致力于培育高水平旅游服务人才，服务地方经济和体育产业发展。[①]

专家们建议，“一校对一省/县”模式首先是双方要找到合作点。一位来自高校的专家谈到，“高校与地方政府合作是为了解决地方政府难题，每个县情况是不一样的，有农业县、工业县。要是学校是文科性质的，去农业县没有任何效果，若是农业高等学校去的话，会解决很多问题，比如说种植问题、畜牧问题等。这是需要区别对待的，要是县城里工业发展非常好，那么与工业大学合作会有一定效果和作用”。有专家认为，“本科院校更倾向于和市合作，职业院校和县合作。因为职业院校培养的是应用型人才，本科院校培养的是研究型人才，所以在城市里能够更好地发挥作用，而职业院校在县里能更好地发挥它的作用”。其次是加强合作委培。有专家认为，“京津冀之间协同最重要的是技术的转移，技术转移的途径不是技术本身而是人才和教育，这个转移也可以说是教育能力的转移”。能力的转移方式可以是合作、委培。河北作为生产基地，北京作为研发基地，北京的高校可以为河北委培学生，产教融合。

3. **大学与异地省政府共建基地**

这个模式是指政府和大学签订协议，促进大学在异地政府所辖地建设实验或者技术转化基地。例如，2014 年 6 月河北省和清华大学省校双方签署了《河北省人民政府、清华大学共建清华大学重大科技项目（固安）中试孵化基地协议》。清华大学校长、校党委书记、常务副校长出席了签约仪式。清华大学在河北固安的中试孵化基地是技术转化的孵化基地，致力于形成“原始创新在院系，中试孵化在基地，技术转化在地方和产业界”的技术创新链条。它可以让大学的相关院系将研究放在基地上，促进应用

① 武佳奇．推进京津冀教育一体化发展［EB/OL］．http：//mt. sohu. com/20150928/n422244634. shtml.

学科和工程技术队伍的建设和发展，同时依托基地开展应用成果的孵化工作，有共赢价值。河北省给予了清华大学政策和经费支持，鼓励去争取国家、社会的更多资源。同时河北还成立专门研究院负责这项工作，向省向学校进行工作汇报。目前列入支持计划的有20多个项目，涵盖新能源、新材料、生物医学工程、电子信息、高分子材料、节能减排等。共建机制包括共建、共推、共享、共治，互联、互通、互惠、互认，最终实现互利的协同发展。针对清华大学与河北省共建基地的模式，专家们认为这是资源互补的一个重要体现，河北省提供更好的条件和场地，帮助清华大学将学校成果产业化。

4．名校异地办分校模式

名校办分校契约模式是一种为了扩大名校的优质资源，名校在政府的引导下，在京津冀跨区域开办分校的模式。其特点如下：第一，这所名校有优质的教育资源可以在异地分享；第二，名校愿意采取合适的办法使优质资源在分校中落地生根；第三，政府给予名校在本地办分校以一定的政策支持、给予关键的协调，有时会局部做出一定的具体安排。例如，北京市广渠门中学与河北康保县签订了《北京市广渠门中学对口帮扶康保县基础教育项目合作协议》，创办了“北京市广渠门中学分校”。此外，北京市八一学校保定分校也进行了合作共建签约。[①]再如，2014年9月北京市第八中学到河北省廊坊市固安县所办的民办学校——固安分校第一年招生。这所分校是在京津冀协同发展战略大背景下，北京市西城区委政府和河北廊坊市委政府的经济框架协议下成立的，依据对京津冀协同发展的需求而启动，由华夏幸福基业股份有限公司投资，北京市第八中学承办，固安县教育局负责行政指导与协调。其管理模式是理事会领导下的校长负责制，理事会成员分别来自西城区教委、北京市第八中学、固安县教育局和华夏幸福基业股份有限公司。北京大兴的北京市第八中学亦庄校区校长同时担任固安分校校长。固安分校学费一学年3.5万元，生源以河北省为主，其中固安县本县人占整个招生的55%以上，父母在北京工作但是在固安居住的生源占35%。北京八中固安分校分担了从首都疏散出的一部分人对教育需求的压力，承担了京津冀协同发展过程中新机场区域百姓对优质教育资源的需求。分校在固安招生火爆，意味着固安地区当地人对优质教育资源的渴望。

针对基础教育名校办分校，专家认为，名校到薄弱学校办分校能够达到优质资源共享的效果，促进京津冀协同发展进程，不仅有益于提高薄弱校的教育水平，还可以分担从首都疏散人口子女的教育。对此，固安中学校长发表的观点认为，要想让优质资源落地生根，首先需要确定名校具备哪些优质教育资源，并且这些优质教育资源有哪些因素能够在当地落地生根。北京八中主要有两方面，一是素质教育；二是以八中少年班为龙头的教育科研。

① 武佳奇．推进京津冀教育一体化发展［EB/OL］．http：//mt.sohu.com/20150928/n422244634.shtml.

也有些专家对此类模式提出了质疑，有专家称，“这些对当地的教育是一种干扰，这些学校并不是靠自己的质量使学校办好，而是靠优惠的政策使办学水平提高的，是以丧失别的学校质量来提高自己质量为代价的。比如可以提前招生，会招收很多好的学生，但是这对其他学校并不好”。还有一些专家认为，“对于中小学教育来说，还是当地的比较好，异地办不太好，名校办分校有一种泛滥的贴牌，不符合教育规律，只能符合家长一时的需要”。

专家针对此类模式也提出了一些建议：一是政策支持必不可少。政府给予一定的政策支持对于名校办分校起着重要的推动作用，比如说在经费、师资待遇、招生上有优惠。这样地方有积极性了，学校也才有积极性。二是真正做到资源共享。资源共享并不是单纯地指师资，更指管理模式、思想、制度和文化等都可以做到资源共享。管理制度可以移植，但是并不是按照名校的标准全盘照搬，只是一种借鉴和参考，局部产生影响，可以引进一种技术方法，对分校有提升有改进。对于师资来源，原学校可派一部分领导与学科带头人过去指导分校，然后再吸收当地的一些资源。三是名校办私立分校更有成效。名校异地办公办分校很难有成效，应该办成私立分校。因为公办校归政府管，谁去管理都是一样，导致学校独立性不强，而私立学校恰好相反。另外，由于义务教育是政府责任，政府也应按当地生均经费为每位学生拨款。名校办私立分校还要分清公私合作的意义，校产是国家、政府的，应该由公办学校承办，并且要明确成本分担；学生除了享受国家生均经费拨款外，还需要自己再出一部分钱，即费用由两方面组成。这样既增加了选择性，也提供了更为优质的教育。四是应签订长期具体的协议。有专家认为，办分校是长久的，签协议至少要十年以上；协议要具体，具有法律效应，有科学性和操作性，比如说加大教育投入，只说没有用。

二、校际合作的契约模式

校际合作的契约模式是指学校与学校之间采取正式方式合作的一种模式。主要有以下几种模式：

1. 强弱联合办学

强弱联合办学是指水平上差异较大的学校之间联合，以便强校帮助相对水平差一点的学校快速提高水平。强弱联合办学要给予弱势主体充分的话语权和参与的机会，并且要有基金用于基础设施建设。

2016 年两会期间，强弱联合办学得到了不少人大代表的赞成。例如，吴正宪提出，要建立京津对口支援河北基础教育发展的有效模式。积极借鉴对口援助和各地促进义务教育均衡化的经验，通过优质课程资源共同开发、师资管理干部培训、联合教研、教育质量监测评估一体化、实验实训基地共建、校际之间的“手拉手”、名师工作站建设、高校科研机构举办附中附小等方式，加快提高河北基本公共教育服务水平。[①] 闫立英代表认为，“在基础教育方面，建议加大北京基础教育品牌的输送。北京的基础教育品牌特别多，在人才的吸引、办学的管理等方面，可以依托北京的管理模式，把河北的教育资源基础做起来。加强北京名校和地方资源对接，通过网络化和信息化加强人才培训，实现三地优质教育资源共享，尽快缩小河北和京津在教育资源上的差距”[②]。

2. 不同类型学校对接，形成教育链

不同类型学校对接是指在协同过程中高校可以对接职教、大学可以对接小学等合作模式，而不是高校对接高校、职教对接职教。有一位河北专家谈到，“可以利用北京的部属高校，像清华、北大这样的优势大学在唐山生成符合唐山经济的应用技术大学，这样就形成了一条教育链。原始研发型的高校到唐山设立应用技术大学有利于实现成果转化”。再如，2015 年 3 月，石家庄市教育局与天津市教育委员会签订了职业教育合作框架协议，天津市将石家庄市作为国家职业教育改革创新示范区建设成果的合作区。协议指出，要探索打通两地从中职、高职、本科研究生的上升通道，寻求两地合作招生制度改革试点的实现路径。在现有政策下，探索开设与天津中职、高职院校进行“2 +1 +2”等形式的中高职衔接合作，或两地中职学校采用“1 +2”或“2 +1”合作办学形式，而后通过现有的天津中高职衔接贯通的机制，升入天津高等院校就读。

3. 同类学校形成校际联盟

近几年，三省市各种教育联盟相继建立，这些联盟大多数由几所学校形成。例如，2010 年南开大学与北大、清华全面启动 MPA 教学案例合作，天津大学与北京理工大学等全国 8 所高校签署《卓越人才培养合作框架协议》。近期，北京工业大学、天津工业大学、河北工业大学联合成立“京津冀协同创新联盟”，实现师资共享、产学研协作、联合培养、智库建设等。2015 年 12 月，石家庄市艺术学校、河北艺术职业学院、天津艺术职业学院、北京戏曲艺术职业学院在三地四校的共同倡议下，决定成立“京津冀艺术职业教育协同发展联盟”，共同推动京津冀艺术人才的全面培养，提高艺术培养的质量，满足社会发展的需要。联盟成立后，三地院校将共同致力于深入研究和探索艺术职业教育规律，坚持五个对接的原则，为京津冀协同发展培养优秀的新型实用型人才，并提出建立干部教师挂职和互派制度，推进京津冀艺术职业教育深度合作；加大开放办学力度，实现优质课程互通、互联、共享，支持在校生跨院校学习；广泛开展招生就业合作，努力推进联合招生，积极开辟毕业生就业渠道；共同组建协同发展专家团队，全面指导教学、科研和艺术实践工作；加强学术交流，努力提升各院校专业建设和科研水平；建立广泛的观摩、交流、比赛成果展示、学生创业平台，推进三地

① 全国两会看京津冀：教育一体化协同发展迫在眉睫［EB/OL］. http：//www.bjd.com.cn/jjj/yaowenzhanshi/201603/04/t20160304_ 11015278.html.

② 两会代表：京津冀优质资源要共享［EB/OL］. http：//www.caigou.com.cn/News/Detail/198675.shtml.

艺术职业教育均衡、协调、错位发展。[①] 刘宝华认为，三地四校的合作是学校与学校之间的联盟、互动，是整体的合作，它涉及学校的所有员工，需要每一位员工参与其中，通力合作。[②] 北京大学、南开大学、河北大学三校协商，也联合组建“京津冀信息服务协同创新共同体”，在资源共建共享、协同服务创新、专业人才培养、事业发展规划等方面，推动信息资源发展，提高学科服务能力，积极探索新型合作模式。这些联盟形式多种多样，在京津冀教育资源共享上发挥了重要作用。

2016 年两会期间，闫立英代表针对当前高等教育资源京津冀三地严重不均衡的情况，建议成立京津冀高校联盟，支持引导京津的学校依托河北的高校联合办学，解决北京高校本科院校办学空间不足、办学规模小的问题。北京的“211”“985”重点院校，多是研究型大学，主要培养硕士研究生和博士研究生，本科的招生规模很小，河北高校资源很多，建议在疏解高校方面统筹规划，加大资源整合的力度。[③] 这种联盟超出了个体学校之间合作的范畴，是一种由多数高校共同参与的一种联盟。

同类高校在课程、教学上形成联盟很受青睐。天津工业大学校长杨庆新透露，目前，天津几所高校已经建立了学分互认制度，课程可互听。天津工业大学将与北京工业大学、河北工业大学在“十三五”期间共建共享一批精品资源课程。未来，京津冀部分高校将有可能实现学分互认，探索三地学生进行跨地域、跨文化交流的实现形式。一方面将北京丰富的文化科技等社会大课堂资源向天津、河北学生开放；另一方面，也探索将天津、河北两地独特的地方教育资源向北京中小学生开放，教育边界将向外延伸，北京学生有望到河北、天津上实践课。[④] 有专家指出，可以根据区域经济社会发展需求，在京津冀高校联盟的框架内，统筹调整优化高校学科专业结构，相互开放各自的优势专业，通过师资交流、学分互认、联合培养等不同形式，实施校际第二学位教育，让学生充分享受京津冀优势教育资源，提升学生综合素质，提高学生就业能力。

王伟哲、闫志利提到了分段式合作模式的两种类型：一是“1 + 2”合作模式，即学生一年级在某行政区域职业院校学习，二年级后再到另一行政区域的职业院校学习，并由后者安排学生实训、实习等；二是“1.5 + 1.5”合作模式，即学生在某行政区域职业院校学习一年半，而后到另一行政区域的职业院校学习半年，再由该校负责安排学生到学校所在行政区域的企业实习一年。例如，河北省部分职业院校利用北京市高级宾馆众多、旅游业发达的优势，与北京市相关职业院校开展合作，实施了餐饮旅游等专业学生的共同培养。[⑤] 分段式学校联盟是一种职业教育联盟的有效形式，高校在学

---

① 宋冰华. 新的时代开启新的征程——记京津冀艺术职业教育协同发展联盟成立 [J]. 北京纪事，2016 (2)：64.

② 同上书，2016 (2)：63.

③ 两会代表：京津冀优质资源要共享 [EB/OL]. http：//www. caigou. com. cn/News/Detail/198675. shtml.

④ 京津冀将探索教育资源共享 北京高校入冀“升温” [EB/OL]. http：//news. ifeng. com/a/20160113/47060578_ 0. shtml.

⑤ 王伟哲，闫志利. 京津冀职业教育合作：动因、模式与路径 [J]. 教育与职业，2015 (10)：10.

生培养上紧密合作，依托各自优势，将学生整个的学习过程分为若干阶段，由不同行政区域的职业院校或企业分阶段承担学生培养任务，可充分利用不同行政区域的职业教育资源优势，提升人才培养质量。此外，分段式合作模式能让农村生源学生受到大都市环境的熏陶，有利于提升“环境育人”的效果。

4. 高校共建联合开发机构、研究院所及中心

三地高校应该共建联合开发机构，实施高校服务经济区域协同发展项目，以承接和服务为主体，可以在水资源、大气治理、环境和生态文明建设、区域规划、基础设施、互联互通等方面率先加强区域高校联合，协同创新，扩大高校及相关科研机构研究成果的应用和转化。有专家介绍，“我们围绕京津冀产业需求在新能源、新材料、生物工程、信息技术领域积累了较强的研发能力，近些年，与中国航天科技集团、中国兵器装备集团共建了中国循环经济研究院、华夏文化产业研究院，与河北省发改委合作建成环首都社会经济发展研究院，同时与保定市和中国济南科学院英利集团等单位也合作建立一批机构，取得了良好的社会效果”。有专家建议，京津冀几所高校可以联合申请创建“2011 协同创新中心”。

事实上，京津冀已经有一些高校联合成立了中心或者研究院所。2015 年 9 月，由北京大学牵头，南开大学、清华大学、河北经贸大学和首都经济贸易大学作为主要协同合作单位的协同创新机构——京津冀协同发展联合创新中心正式宣布成立。2015 年 6 月，北京化工大学职业技术学院、北京工业大学耿丹学院和唐山曹妃甸区，围绕加强产学研合作，在曹妃甸建立科研院所，开展中高职院校联合办学等达成了初步合作意向。

5. 不同地域的大学研究院所之间合作

在校际合作中，有学校层面的合作，也有校际院系所之间的合作。如果说学校层面的合作领域更为广泛的话，那么校际院系所之间的合作则更有针对性，且更为简便易行。如 2008 年天津大学药学院与北京生命科学研究所签署合作协议，双方在人才培养、科研合作、资源共享方面针对国家重大要求联合攻关，共同探索与国际接轨的科研和教学机制，进行创新型药物研发。[①] 这种合作形式的遍地开花对于促进京津冀教育协同发展具有非常重要的作用。

三、校企合作的契约模式

1. 职业院校与企业合作

职业院校与企业合作往往采用集团或者联盟的形式。集团化模式是由政府引导的一种职业院校与企业之间的合作形式，通常由职业教育机构以及相关企业共同参与，通过建立理事会、董事会等共同决策。该模式通过产教结合、校企合作、工学结合等

① 刘畅，许可，李鹏．京津冀高等教育协同发展现状及思考［J］．湖北函授大学学报，2016（2）：3.

方式，实现集团内部职业教育资源的共享。王伟哲、闫志利研究发现，自2005年以来，我国已有30个省份建立了500多个职业教育集团，覆盖了1000多家行业协会、10 000多家企业、近600家科研机构、50%多的中职学校和80%多的高职学校。但是跨行政区域组建的职教集团数量仍然较少。[①] 在京津冀区域可以尝试跨区域的集团化模式增进校企合作。

也有研究者建议成立京津冀职业教育联盟。联盟式合作模式是基于国内外先进地区已有的职业教育发展实践，由一个或若干个发展较好的职业教育机构以及相关行业企业等，以扩大办学规模、提升教育质量和实现共同发展为目标，以签订联盟章程为共同行为规范而构建的多法人联合体。[②] 王伟哲、闫志利建议，京津两地拥有许多国内知名的职业教育机构及大中型企业，可由其牵头，组建三地职业教育联盟。联盟参与者可借用优势职业教育机构品牌，或作为分部，或作为其他联盟组织，共享品牌资源效应。联盟实行统一的人才培养质量标准，可实现课程互选、师资互聘、学分互认等，从而丰富学习内容，创新学习方式，提升人才培养质量。同时，联盟可统一发布就业信息，统一实施就业服务，促使所有接受联盟机构的学生顺利就业、创业。[③]

这样的集团或者联盟已经开始在京津冀教育协同发展中产生。例如，2015年5月，北京商贸职教集团吸收了天津商务职业学院、河北商贸学校新成员。北京商贸职业教育集团由北京财贸职业学院牵头成立，目前共有57家单位加盟组成，包括大型商贸企业25家、行业协会6个、商贸类科研机构2个、高职学院8所、中职学校9所、大学4所和媒体3家。再如，2016年4月保定学院与北京教育学院石景山分院、北京中国科学院老专家技术中心、北京天坤恒业科技发展有限公司四家成立京津冀科技创新教育联盟，保定学院与高水平科研院所、科技企业共同搭建起了人才培养、创新创业教育合作的大平台。可以预见在不远的将来，这种职业教育集团或者联盟将不断呈现。

随着首都非核心功能疏解的进程加快，北京部分企业将加快搬迁至天津、河北，人才培养要跟上疏解地的需求，京津冀需要建立三地联合培养计划。职业院校与企业合作一方面有利于促进毕业生就业，另一方面有利于企业招聘到有技术的员工。这一模式的特点有四个：一是从性质上来看，它是一种教育与产业的合作；二是从服务对象上来看，它服务于地方产业发展需求和毕业生就业；三是从可行性上来看，政府的引导是实质性合作和长期、深入合作的重要保证；四是从运作方式上来看，可以是单个职业院校与多个企业合作，也可以是多个职业院校与单个企业合作。职业教育只有和企业形成密切的合作关系，才能有效满足企业的用人需求，也才能保证职业院校毕业生的良好出路。在这方面，天津职业教育联盟就具有典型性。天津的中德职业技术

---

① 王伟哲，闫志利．京津冀职业教育合作：动因、模式与途径［J］．教育与职业，2015（30）：8－13.

② 同上书，2015（10）：10.

③ 同上书，2015（10）：11.

学院一家就和200多个企业建立了校际合作关系，且很多实验室都是由企业资助建立的，学校不仅为企业提供人才，更增加了学生的就业机会。

2. **“区域—行业—学校联动”解决招生和人才问题**

有专家认为，诸如保定、承德、秦皇岛地区各有自己的主打产业，且都需要人才支撑，政府可以通过搭建平台，使这些地区根据区域产业直接和北京、天津或河北的某学校对接，即“区域—行业—学校联动”，这样既解决了学校招生的问题，也解决了地方的人才问题。而没有政府的引导，仅仅是学校和学校之间协商，将很难有实质性进展。例如在电子行业，京津冀电子行业协会、区域内所有的电子企业、相关职业院校可以建立集团，不一定要全面合作，但可以在局部组织活动、搭建平台，这样三地就容易进行人才交流。职业教育具有跨领域特征，经济、产业、人才、学校等要一起考虑，职业院校不能仅依据主观判断就开设某个专业，关键要看市场需求。

学者穆伟认为，京津冀区域高等教育的协同发展可以参考“相互作用的大学区域”做法。区域内的行业、企业和高校是互生共荣的，应以产学研为发展基础，通过合作办学、合作科研等方式，建立区域高等教育产业园，形成以高校为主的区域行业、企业和科研院所协同共生模式。①

3. **高校技术研究院与企业合作实现成果转化**

高校的重要功能之一是服务社会。社会现代化程度越高，越需要高校的知识贡献，高校服务社会的功能也就越强。高校技术研究院和企业直接挂钩，既有利于高校成果转化，也有利于企业创新和提高生产效能。例如，2014年以来，清华理工科就建设了两个技术研究院，一个是清华大学天津高端装备研究院，是天津先进制造和清华的聚集点，目的是实现科技成果的产业化，目前已经跟天津的很多企业找到了合作的突破口和项目，主要任务是应用技术开发和产品研发、科技成果转换等。另一个是清华大学天津电子信息研究院，于2015年年初签订协议，研究院的宗旨是发挥清华大学相关学科优势，推动学校与企业的合作，促进科技成果产业化，服务区域科技创新和经济发展。

四、政府间合作的契约模式

1. **两地政府就基础教育学校开展合作签订协议**

这种签约具有一定持续性，而且由专门的下属机构负责推动。这种模式完全由两地政府之间通过协商，指派或者在征求学校意见的基础上安排本地学校与对方学校开展合作。当然这并不完全是一种行政安排，两地学校之间也有较强的愿望去相互学习，而且两地政府也会给予相互合作的学校一定的资助。

有专家举例说，广东和香港之间的互动完全是属于契约模式，两地政府都有合作

① 穆伟．京津冀区域高等教育协同发展［J］．教育与职业，2015（28）：20－23.

的需求。一是香港政府希望与内地交流，用他们的方式和内地学校建立关系。对于内地而言，这是一种政治任务，也确实希望从香港的中小学学到不同于内地的东西。因为两地之间是有差异的，而有差异就有需求。比如香港的测量评价标准、国际化程度相对而言比广州、深圳高一些，香港的学校也希望到内地看看大好河山。另外，广州的中小学教学方法、教学水平，在有些方面也是跟香港不一样的，他们也是希望学习的。二是两地政府也有推动力，其间中联办发挥了重要作用。如香港政府对和内地结姊妹学校给予资助，广东省也给予资助。三是在具体操作上，有政府层面的广东省教育厅和香港教育局每年一次的联席会议提供方案，就需求、问题、规划、解决手段等达成协议。由两个政府签订框架协议，之后由职能部门落实，这种形式可以逐步推进，而且事实也证明了在这个层面解决问题的可行性强。

2016 年 1 月，天津市北辰区与北京市大兴区、河北省廊坊市共同签署了京（大兴）津（北辰）冀（廊坊）三区市教育联盟合作协议。区市教育联盟的组建将主动对接京津冀协同发展总体战略，促进三地教育资源共享，助推三地教育改革发展。三方将在课题与政策研究、干部教师培训、教育教学研究与课堂教学改进、校际间均衡发展、体育艺术科技教育等五个方面推进区域合作，促进北京大兴、天津北辰、河北廊坊三区市教育事业资源共享、学校共建、研训协同、师生交流，助推三区市在推进教育改革和发展方面研究解决共性问题、相互学习借鉴、共同发展提高。联盟实行轮值主席制度，轮值主席由三地教育行政管理部门主要负责人担任，任期一年。北京市教育委员会委员李奕表示，北京市教育委员会将从项目运作、行政协调、专家资源、资金支持等对联盟给予更多支持。该联盟将与中国教育学会共同实施“一、十、百、千、万”工程。“一”即打造一个教育合作与发展论坛活动品牌，每年研究一个共性问题、召开一次主席团会议、举行一次校长论坛、举办一次教师论坛、举办一次校外教育论坛、举办一次教育党建论坛。“十”即搭建十所学校间协同发展共同体，合力推出三地优质教育品牌。“百”即合作培养百名教育领军人才，包括 100 名左右骨干校长（园长）和 100 位左右名师。“千”即借助教育信息化平台，推出 1000 节优质示范课。“万”即通过轮流举办学生艺术节、科技节、体育节、校园足球节等赛事，或通过学校间结对、组织学生游学互访等，促进三地学生交流达到 1 万人次。①

政府间合作对于京津冀教育协同发展具有更大的推动力，有助于在更多的领域开展合作，资金支持也会更为充足，动用的人员力量也更为强大。

2. 三省市区县政府教育行政部门牵头、企业和学校参与成立职业教育集团

在京津冀教育协同发展过程中，牵涉组织和人员最多、规模最大的是政府、企业和学校共同参与形成的职业教育集团。2016 年 1 月成立的京津冀“互联网 +”职业教

① 马海燕．京津冀成立区市级教育联盟［EB/OL］．http：//news.eastday.com/eastday/13news/auto/news/china/20160128/u7ai5237423.html.

育集团即是这样的集团形式，它是北京市丰台区人民政府、天津市滨海新区政府、河北省阜平县政府等十多个政府单位牵头，联合京津冀区域内职业院校、企事业单位、科研机构及其他社会组织，实行跨区域协作、产学研结合的职业教育集团，以期能够资源共建共享。

3．政府引导校际师资交流

在三省市师资交流方面，政府的引导起着重要作用。作为一种针对全省市的制度，政府引导往往采用达成协议的方式进行。例如，2009 年 3 月《河北省与京津两市教育行政部门洽谈就区域教育合作内容达成初步协议》提出建立高校干部交流挂职制度，每年双方从本地高校择优选拔一批优秀中青年干部到对方重点高校进行挂职锻炼，半学年或 1 学年为 1 期，连续选派 3 年。2011 年京津冀签署了《京津冀区域人才合作框架协议书》，在加强人才培养、人才流动和人才资源共享等方面紧密联系与合作。

成立专门的组织机构负责京津冀教师的协同发展是多数校长的呼声。有的校长认为，这个专门的机构可以是政府的，也可以是民间的，目的是使交流和学习成为常态，以避免现场讨论呼声很高、散会之后交流惨淡的情况。但也有校长提出，这样的机构应该是非营利的公益性学术研究机构，这样才能更灵活机动地做好三省市的教师学术交流。有的校长还呼吁成立中国教育学会高专委京津冀分会，或者成立京津冀教师专业发展共同体（也可称之为京津冀教师发展学术联盟），作为促进教师专业发展的专门学术研究机构。① 的确，教师是教育质量提高的中坚力量，成立专门的组织机构负责三地教师的协同发展必将有利于教育质量的提高。

五、对契约模式的思考

从已有的实践和专家学者的观点可以看出，在京津冀教育协同发展的战略构想下，政府、企业、学校等不同组织之间契约模式的合作正在如雨后春笋般地开展起来。这首先表现在契约模式合作机构的迅猛增多上。而从 2014 年以来，合作机构的数量激增。其次是契约模式的合作机构除了包括学校、企业及其内部部分部门之间的合作外，政府也亲自参与指导，而且在一些合作中还起着牵头作用，甚至是政府部门之间直接签约。可以说，京津冀教育协同发展的组织架构已经全方位地在三地搭建起来。当然，机构的成立只是一项工作良好的开端，而目标的真正实现还需要具体的行动落实，对于如何落实，不同组织之间契约模式的关键不同。

1．政府与学校合作契约模式的关键是政府在与学校合作的过程中要找到合作点

政府与学校合作契约模式的主体有两类：一是行政区域，例如一个县或者一个省；另一个是一所著名学校。在政府与学校合作的契约模式中，政府与学校处于平等的地位，政府与学校合作的目的，是为了帮助所辖区域内学校的发展和教育教学质量的提

① 付江泓．京津冀共建高中教育联合体［J］．北京教育（普教版），2015（12）：6.

高，其对于跨区域的校际合作起着重要的引导和帮助作用。在政府与学校合作中，关键是找到合作点，即政府发现异地名校在教育教学、科研或者服务社会方面的闪光点，而这个闪光点正好是本地所需要的。只有这样，合作才更有意义。

2. 校际合作契约模式中政府的引导和契约本身的责权利划分起着关键作用

目前校际合作的契约模式形式多样，各级各类学校正在依据各自的实际情况采取各种方式实现资源共享。关键是，如何使合作保持长久。第一，政府的牵线搭桥、引导和支持非常重要。一方面在这类管理模式中，一些学校完全是帮扶性质的，政府出面引导会有利于帮扶联盟的形成；另一方面是一旦合作出现问题，政府的协调作用和政策支持也无可替代。第二，尽管一些学校的合作是互利共赢的，但是对于契约的履行也可能出现意想不到的情况，因此契约本身的责任、利益约束规定就十分必要。

3. 校企合作中产学研合作意识、技术转化人才、企业资金支持和企业需求与文化融合需着重考虑

在校企合作的契约模式中存在一些急需解决的问题：一是急需技术转化人才和高校科研成果转化的内部组织安排。二是校企合作、产学研结合需要加强公司的资金支持。而目前主要是政府给予经费投入，这就需要政府出台相应的政策激励企业出资。三是注重企业需求和文化融合。一些职业学校在课程、专业设置上应尊重企业的需求，根据企业对人才的要求来调整专业和课程。一些职业学校需要按照企业模式来办学。四是增强产学研合作的意识。目前在一些合作中，企业缺少与大学和科研机构的沟通机制，缺少大学与科研机构的参与；大学缺乏良好的鼓励产学研合作的措施与机制。结果导致企业不愿意配合学校，而学校或者科研部门也和市场脱离太远，学校培养的学生和企业的需求不契合。因此，校企合作急切需要加强合作意识。

4. 三地政府合作契约模式的关键点是政府的激励政策

政府之间的合作如果只是一种行政安排，采用强制式行政命令的方式开展工作，而没有激励政策，不从调动积极性和满足需求方面给予进一步支持，那在合作上就难以达到希望的效果。

第三节　自主模式

自主模式是在政府一定的政策条件、激励条件下，不同的组织之间以民间的形式，自主、自由、松散地通过协商相互合作，互利共赢，以促进京津冀教育协同发展的一种管理模式。其主要的特点：一是自主。所谓自主，就是完全依赖于合作组织的自发自愿和自身积极性，不受任何组织控制，完全可以根据合作双方情况决定是否合作、怎么合作，不需要政府给予引导或者强制。穆伟认为，高校、企业、研究机构自由组合，开展深入的调研、商讨，分析各自的优势与不足，根据区域内社会经济发展方向，重新定位各自的职责与分工，达成共识并付诸实施，有利于充分发挥各自地方优势，真正实现优势互补。①二是松散。即合作双方可以签订协议，但是联系不像契约模式那样紧密，协议的规定既不具体也不全面，而只是提供粗略的框架。双方也不像契约模式那样规定了具体的权利义务，甚至可能随时退出联合或者加入联合，约束和规范较少。而且双方属于点对点的合作，没有长期规划。三是协商。双方通过协商决定合作事宜，不受政府管制。四是志趣相投。合作组织之间之所以合作，是因为存在需求与利益互补，志趣相投，可以互利共赢。五是合作组织可以是国家的企业、事业单位，也可以是民营机构。王伟哲和闫志利认为，应在兼顾社会各方利益的前提下，充分利用市场机制，促进社会各界参与京津冀职业教育合作。职业教育合作应发展校企、国有与民办、政府与社会组织之间的合作，通过建立促进民办职业教育发展的机制以及社会资本融入公立职业教育机构的机制，不断扩大京津冀职业教育资源的规模总量。②市政协委员、史家胡同小学校长王欢表示，京津冀教育一体化最重要的是“资源”，资源共享是基础，三地民间的交流合作一直有，且多以互派学生、老师访问、交流和培训的方式进行。③六是自主模式没有固定的形式和要求，只要有利于双方在政策范围内合作互利共赢，任何形式都值得鼓励。

总之，京津冀教育协同发展自主模式长久以来就一直存在。在京津冀协同发展的政策背景下，这种教育协同发展方式将更为普遍。依据京津冀教育协同发展参与主体的特性划分，可以将其分为人际合作自主模式、校际合作自主模式和校企合作自主模式。

一、人际合作自主模式

人际合作自主模式是一种人与人之间的合作，这些人可以来自多所学校或者其他教育组织，是自发的民间组织活动的一种方式，可以是两个人合作，也可以是一群人合作。大家之所以参加这样的活动，是因为兴趣相投，或者关系友好，目的在于探讨、研究某些问题。这种自主模式有公益性质的特征，花费少，效果好，但是由于是个人行为，规模相对较小，如果扩大规模，将很难统筹。从某种意义上说，这是一种虚拟的联盟，没有固定的组织形式，没有定期的活动计划，临时性较强，参与人员也不固定，但是又有实体的单位或者个人。

人际合作自主模式活动的召集者可以是个人也可以是某个组织。例如，有专家介绍，“我有一个什么活动，我在一个自己的圈子里平台上一发，感兴趣的人就过来参

① 穆伟．京津冀区域高等教育协同发展［J］．教育与职业．2015（28）：20－23.

② 王伟哲，闫志利．京津冀职业教育合作：动因、模式与路径［J］．教育与职业，2015（10）：11.

③ 京津冀将探索教育资源共享　北京高校入冀“升温”［EB/OL］．http：//news. ifeng. com/a/20160113/47060578_ 0. shtml.

加。例如，我2014年在天津大港第二小学开了一个天津市小学艺术教育研讨会，很多人来参加；我自己还建立了一个卓越高中联盟，但是我这个联盟很小，就四所学校的教师，我们一起把培养卓越教师和课堂教学改革结合了起来”。再如，京津冀几所高校的教师联合申报、主持课题，并带领课题组成员一起进行课题研究，这完全是个人行为，这种个人行为在京津冀教育协同发展中同样发挥着重要的作用。此外，媒体作为一种类型的组织在召集人际合作方面往往有独到的优势。例如，2016年4月6日，中国教育报京津冀教育协同研究与报道中心成立，该中心是在当前京津冀区域协同发展的国家战略下，服务并促进三地教育合作、协同的研究和传播平台，将依托专家资源及时跟踪、研究并推动京津冀教育协同创新发展。来自北京、天津、河北的近20位专家学者和一线教育工作者受聘为专家委员会委员。① 该中心尝试在集中专家智慧和传播新的京津冀教育协同发展路径上做出成绩。这里的专家完全是自愿担任专家委员会委员的，在参加中心组织的活动上有较为充分的自由，在参加活动的时间上也可以相互协商，专家与专家之间完全是一种松散的人际合作。

二、校际合作自主模式

学校与学校之间无论是否有联盟的称号，只要自主形成了实质性的松散合作关系，均可称为校际合作自主模式。自主模式的校际合作应以某个项目或者学科、问题为基础，找到合作的结合点。目前，这种合作主要是师资交流、科研或者人才培养合作和经验共享。

1. 师资交流自主模式

师资交流自主模式是指京津冀校际之间教师的相互交流学习，可以是同类学校之间教师的交流，也可以是不同类型学校之间教师就共同关心的问题进行交流。这种交流不同于人际合作自主模式中的交流，人际合作自主模式中的交流限于个人层面，而这里的师资交流是学校组织安排的。学校自己可以决定与哪所学校交流、派哪些人交流、怎么交流，自主的主体是学校，而不是个人。

专家建议在基础教育领域开展学校之间教师的双向交流，不同省市学校之间的教师可以自主交流，取长补短。例如，有专家谈到，衡水中学、保定市第一中学采用的完全是应试的模式，有很多弊端，但是它也有可挖掘的东西。从哲学层次讲，这是现代教育应该教多还是教少的问题，大城市的学校确实从内容到形式丰富多彩，孩子见多识广。但换一个角度讲，古代交通不发达，书籍又少，读书人最终也能达到“秀才不出门，便知天下事”的效果。因此，在教育资源不是很丰富的地方，恰恰可以走以简驭繁、以少统多之路，这可能就是衡水中学的一个基本特点。它的目标式高考，把

---

① 高靓. 中国教育报成立京津冀教育协同研究与报道中心［EB/OL］. http://news.xinhuanet.com/politics/2016-04/07/c_128871570.htm.

知识高度结构化和概括化，使教育和学习非常高效。大城市走的是多、快、眼花缭乱的模式；在县级以下，教育资源短缺的地方，也许可以完全走一种别的路子——资源节约型和环境友好型的路子。所以，双向交流，彼此获益。

高校短期外聘教师也十分可取。例如，有专家谈到，河北大学可以经过与北京大学协商，在双方自愿的情况下，聘请北京大学的教授到河北大学待一个聘期，关系、住房还在，孩子还可以在北京，河北大学给所聘教授优厚待遇，北京大学可以适当减少待遇。此外，河北还可以直接聘请北京60岁刚退休的、身体条件好的教授到河北高校任教。高校之间还可以通过“走出去，引进来”的形式进行教师之间的交流，既可以“走出去”学习先进的教育理念，也可以把优秀的教育资源“引进来”。

另外，不同阶段学校之间也可以互聘教师。如基础教育学校可以临时聘请某所大学的著名教授讲学或者培训教师，给予教研指导，高校也可以临时聘请某基础教育学校教师共同探讨师范教育问题。

2. 科研或者人才培养合作自主模式

科研或者人才培养合作自主模式是以某个结合点为基础成立的。例如，在科研方面，几所大学的某些同类或者不同类型的研究院所就某个共同关心的问题，分工合作，展开研究。这种合作非常自由，问题探讨完毕，合作就可能结束。不同的学校完全可以同时自主与多所大学合作，在不同的时间与不同的大学合作。这种合作是流动的，不是固定的，可以今天就某个项目与这个合作，合作项目结束，合作联盟就结束，明天就可能再与另一所大学合作形成联盟。有专家介绍，“我们学校积极响应国家创新驱动战略，整合人才科技资源和各种创新要素，与京、津高校和企业共建一批创新联盟，如和清华大学、华北大学等联合成立了应急产业创新联盟，有效对接了京、津地区新兴产业发展和需求”。在人才培养方面，有专家举例谈到，“我原来是天津城建大学建筑学院院长，我们和浙江工业大学、安徽建筑大学、山东建筑大学、吉林建筑大学协同搞毕业设计，2015年由安徽建筑大学出题，我们所有的五所大学就按照安徽建筑大学的题目做。这是一种协同机制。如果放在京津冀应该一点问题也没有，而且民间松散的模式完全是自发的，也是最可行的”。这是一种以人才培养为基础而成立的松散联盟，而松散联盟一定要以某个项目或者学科、问题为基础，找到合作的结合点。

资源共享是校际科研和人才培养合作的重要方面。有研究认为，京津两地综合型大学众多，优质教育资源丰富，高校精品课程数量在全国高校中名列前茅，为区域高校课程资源共享提供了良好的基础。对于京津冀高校来说，可以以学分制为基础，建立校际间的课程互选、学分互认制度，通过短期交流、部分课程共享、师资互聘等方式，加大合作力度。河北省高等职业教育在整个高等教育中所占比重最高，高职院校可以利用天津作为国家职业教育试验区的优质高等职业教育资源，加强与天津高职院校的合作；河北省在产业升级过程中需要大量高级技术人才，高校可以充分利用京津众多的国家重点实验室等资源，加强区域科研项目合作和产学研合作，为高校科技成果转化提供平台，从而达到区域高等教育质量整体提升的目的。①

在基础教育领域，几所学校经过协商可以形成硬件资源共享联盟。如几所小学虽跨区域，但地理位置临近，则可以在需要时借用临近学校的会议室、操场等。在高等教育领域，有专家介绍，"我们学校现在有测试中心，一台大型仪器设备可能就是一千多万，还有的仪器设备是几百万的，那么北京的一些小学校，包括周边天津的一些学校都没有必要再买，直接来我们学校用就可以了"。有的职业院校还共享实习基地，一位高校领导谈到，"我们天津工业大学和河北工业大学同样一个专业，比如说机械专业就可以联合，它有一些在河北的实习场所，我们就可以一起。这就相当于把一些有限的资源充分加以利用，这个教育协同发展最大的一个意义就是你的好资源我也可以用"。

3. **经验共享自主模式**

经验共享自主模式多种多样，这里主要有三种。

（1）不定期召集会议。首先，可以就某类人员召开联席会议，以形成信息共享联盟。这种联席会议不要求联盟成员每次都参加，时间也不固定，随机性强。例如，可以召开京津冀高校协同发展年会或京津冀高校发展论坛等。其次，就某个领域或者某个热点问题召开联席会议。例如，京津冀三地高校外语的联席会，打破各省独自召开的历史，互相了解发展动态。这些完全是自发的，不用政府主导。2014 年 11 月，天津农学院园艺园林学院首次发起了京津冀地区园艺及植物保护学术交流会，汇聚了京津冀地区 15 个相关单位 80 多名植物保护工作者，共同探讨了植物保护在都市型现代农业中的作用以及现代园艺和绿色植保的科学前沿问题，并决定第二届京津冀地区植物保护学术交流会将于 2016 年由河北农业大学举办。

（2）建立微信等信息交流平台。微信是目前我国个人之间运用最多的一种交流工具。对某个问题感兴趣的不确定人群可以通过微信群随时随地讨论问题，共享信息。2015 年 3 月，北京的海淀实验小学、天津河西区平山道学校、唐山市路南区万达小学和石家庄市桥西区西雅小学四所学校进行签约合作，目前已建立微信群，并及时发布各校最新活动动态，实现信息共享。

（3）不定期组织活动。首先，学校之间可以不定期开展专题交流活动。例如，海淀实验小学、天津河西区平山道学校、唐山市路南区万达小学和石家庄市桥西区西雅小学四所学校委派教师团队进行专题交流、学科研讨、经验分享等，适时开展送课活动，学习借鉴各校的办学理念、教育方法等；开展学生社团交流，采取"素质拓展、专题讲座、参观游览、学生联谊"相结合的方式，围绕品牌活动、校园文化、社团发

① 刘赞英，刘兴国，王丛漫等. 河北省高等教育结构优化研究——基于国家主体功能区战略背景下京津冀区域高等教育发展的视角 [J]. 河北科技大学学报（社会科学版），2011（9）：82－91.

展等进行交流与联谊活动，促进四所学校学生的互动文化交流。[①] 其次，学校之间可以不定期组织考察或者参观学习活动。例如，2016 年 1 月 10 日在北京一次初中生开放性科学实践活动上，除了学生和家长外，还有 40 多位来自河北省邯郸市教育系统的干部、校长。他们正在北京各区参加“影子工程”培训学习，而调研北京市初中开放性科学实践活动便是他们此行的一项内容。当调研考察组一行来到北京工商大学化学楼时，几十名来自全市各区的学生正在动手制作洗面奶和面膜。考察组的校长们也参与了体验。[②] 再次，可以召开讲坛或者论坛活动。例如，2016 年 4 月 12 日上午，在桥西区下东营小学召开了由北京市东城区教育局委员会、天津市河西区教育局、河北省张家口市桥西区教育局联合举办的京津冀三地中小学中华传统文化教育工作推进会暨三地（区）国学文化讲坛活动。再如，由河北师范大学、北京市房山区教委、天津市北辰区教育局联合举办的“首届京津冀基础教育高层论坛”于 2015 年 10 月 25 日在河北师范大学举办。

通过不定期召集会议、组织活动、建立微信等信息交流平台等，不同组织和个人之间可以自由交流经验，相互学习，取长补短。

三、校企合作自主模式

1. 中小企业产学研联盟模式

天津一位教育研究部门领导谈到，现实中已经存在自发的、单纯依靠市场机制的校企合作，不过其中的大多数企业属于中小企业，建议“成立京津冀中小企业技术联盟，以便产学研合作”。在这个联盟中，企业根据市场状况自愿参加，并且通过协商解决争端和问题。这种联盟的形成不是源于政府的行政命令，而是利益共享的结果。

2. 高校产学研联盟模式

高校产学研联盟中，高校社会服务应紧随产业调整。一位河北高校领导分析，高校和企业之间不应有区域限制，只要企业有需求，高校就会服务，因为存在一种市场机制下的利益驱动。产学研一定要突出“产”的吸引力，高等教育一定要和产业布局协同发展，高校社会服务的核心还是为地方的经济发展服务，所以产业布局调整了，高校人才培养的结构、科学研究的主要领域和方向也一定要跟着调整。只有当确定了某个产业的优势之后，才可能把学和研结合进来。有专家举例说，河北工业大学 2014 年自动停招了 20 个本科专业，因为和河北省主要产业相关度不大，学生不太感兴趣。高等教育就是要做好人才培养结构的调整、科研服务领域方向的调整。有专家谈到，“我们已经在开展订单式培养人才，我们与北京的企业有着大量的合作。这个还可以继

---

① 程国宝，王磊．路南三所小学牵手京津优质学校［EB/OL］．2015－08－14．http：//tangshan．huanbohainews．com．cn/system/2015/08/14/011589329．shtml．

② 北京学生有望去天津河北上实践课［EB/OL］．http：//politics．people．com．cn/n1/2016/0111/c70731－28034845．html．

续做。这种合作模式适用于市场机制能够发挥作用的领域”。

3. “校企双制”模式

天津市第一商业学校校长郭蔚提到了本校“校企双制互动一体”的改革发展模式，学校以引企入校、合作育人、互利发展为主线，将思路和长期互利的实现路径体现在学校的各项建设方案和项目计划中。学校的四类专业群结合产业特点采取不同的人才培养模式，行业和企业从顶层设计起步，全面融入人才培养，用校企双制共担育人目标。通过共建情景化实训基地、共建行动导向的教学方法、共建信息技术的教学手段和共建教学资源的校企一体化育人平台，使学校的发展质量和服务能力取得了长足的进步。①

校企合作自主模式的关键是让企业在与学校的合作中“有利可图”，并获得政策的支持。由于职业教育的特殊性，学生除学习书本知识外，必须要提高动手和实际操作能力，因此必须校企合作。然而，要提高企业参与学校人才培养的积极性，就必须让企业“有利可图”，同时支持企业参与学校的人才培养。

四、民办教育异地合作的自主模式

目前北京的民办教育培训机构集中了大量流动人口，应该也可以在疏解人口上有所作为。民办教育异地合作的自主模式在这方面起到了一定作用。这种模式是指学会相关领导与异地民办教育协会密切联系，把当地民办教育机构引荐到异地办分校，以满足异地人口接受民办教育的需求，同时减少来京培训和学习的人数，政府可以出台利好政策给予鼓励。对于民办教育异地合作，专家提到了如下几个建议：

（1）在行政管理体制上应该再放开一些。北京民办教育协会某负责人提到，“我们的学校不光到河北和天津办学，在北京各个区县办学都得重新办一套资质，办学许可证、法人登记证、税务登记证、基础鉴定证等，一套下来至少五六个证件。在北京内部办都这么麻烦，比如说在延庆办，人家想这么麻烦，又没有特别的利好，那就不办了。那么在京津冀这种管理体制下能不能放开？我想了一个模式，我做过调研，像新东方这种机构未来是当地教育培训机构里面的纳税大户。比如说新东方在重庆或成都当地的一所学校纳税 1000 万，未来一年纳税 600 万，但是重庆或成都本土的教育机构却没有能超过 100 万的。因为新东方是全国性的机构，上税、保险是用最严格的要求，但是很多本土化的教育机构没有这样的要求，他能少交税就少交税，其实这对当地的经济和更规模性的发展没什么帮助。所以我觉得可以放开思路，也不说是北京的还是哪里的，大家都是这个社会的，石家庄新东方那就是石家庄的，纳税也纳在当地，可能当地的经济和教育机构也可以发展了，北京的人口也疏解了”。

---

① 苏敏．现代服务业产教对接服务京津冀协同发展——京津冀协同发展现代职业教育·现代服务业产教对接会综述［J］．中国职业技术教育，2014（25）：11－15.

天津民办教育协会负责人也谈到，北京多家机构都在天津办学，但是这些学校在天津没有证，这就是一个政府引导的问题。天津的审批入门很难，对民办学校完全按照公办学校进行管理，但是政府完全没有对民办学校进行投入。民办学校招生的时候有不允许跨省市、跨地区招生等限制，导致学校年年写检查，但写完之后学校还是违规招生，这就形成了一个恶性循环。

（2）民办教育协会推动北京的优势技术向河北、天津延伸。除了拥有技术优势的北京民办机构自己努力向外延伸外，民办教育协会也需要努力推动北京和河北、天津联动起来，把有一定水平和技术的教育机构引入到河北和天津进行合作。北京的民办教育协会一负责人谈到，“北京的民办教育协会在京津冀教育协同发展上还真是做了很多自由市场化的工作，我们拉着几个省的学会，把新东方等培训机构给他们引进去，至少他们的人就不会到我们这儿来上学了。然后，我们的中小学之间也经常交流研讨。在那儿设学校，我认为真的是解决了不少孩子到北京来上学的问题。北京比较优秀的国际化的中小学，也可以在河北、天津办学”。

五、对自主模式的思考

有专家非常赞同市场模式，认为最重要的是别一刀切。自主模式采用的是市场机制，是最有活力、最容易发挥作用的。教育协同发展，关键在于人才这样一些生产要素的自由流动、优化配置。当问及可以采取什么方式开展校企合作和异地办校时，有专家直接回答是主张市场机制、自主。

当然，政府必须出台相应的顶层设计，提供政策上的支持，自主模式必须在一定的政策环境下才能健康发展。也有专家谈到，自主模式还需要考虑劳资问题。比如天津师范大学、天津医科大学与民办的教育集团办三本院校和临床医学院，最后由民办的教育集团管理，师资是原来这些学校的师资，而民办的教育集团会以一种企业化的方式要求教师上课、出勤等。但是教师已习惯了传统大学比较松散的、自由度比较高的工作方式，最后可能导致集团解雇教师，出现劳资纠纷。这应该是引入市场机制时需要考虑的问题。因此，一方面需要思考如何去运用市场机制管理、引导、鼓励办学；另一方面要考虑既保证企业利益，又保证教师利益。

尽管自主模式需要注意一些问题，但是经过对自主模式的研究，认为应该提倡京津冀教育协同发展自主模式广泛存在，大力号召、宣传自主模式的经验和效果。当然自主模式的发展并不需要政府的正式介入和评判。研究发现，自主模式的作用主要体现在如下几个方面：

（1）自主模式是对集中模式和契约模式十分有益的补充。虽然自主模式不如集中模式能够解决京津冀教育协同发展的重大、关键问题，也不如契约模式容易产生较为长期的、显著的效果，但自主模式的广泛存在有利于京津冀教育协同发展的长期、全方位进行。如果说集中模式着重于宏观、关键问题的解决，契约模式着重于长期的、强约束的合作，那么自主模式则着重于相对微观的、弱约束的合作。正是由于自主模式的存在，京津冀教育协同发展的全面展开才更加有利。

正如下图2－1所示：最外围的面状大圆代表集中模式，意指覆盖京津冀教育协同全局；其中不同形式的块状圆圈则代表契约模式，是指在京津冀教育协同发展中，局部形成的比较紧密的联合力量。这种联合力量不可能遍布所有方面，而且必须建立在相对成熟的经验基础上，否则容易出现问题，难以长久，也就无法实现协同的目标；而其中的点则代表自主模式，它可以发生在协同发展过程中的任何一个方面。一个点，可以在不同的方面不断地尝试。

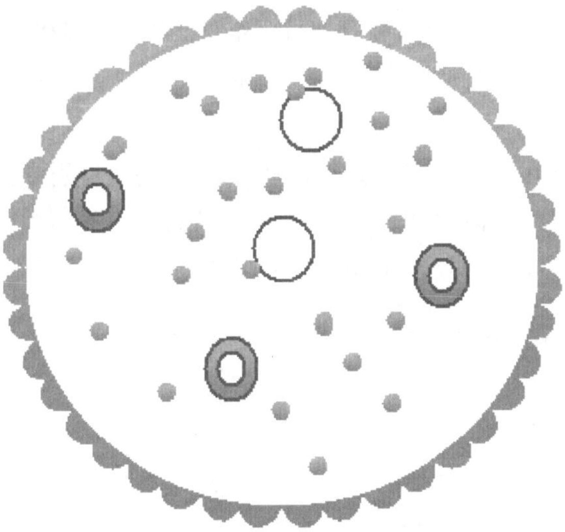

图2－1　三种管理模式关系示意图

（2）自主模式对合作者不构成负担。由于自主模式具有自愿、自由、灵活的特性，合作者可以采取任何一种有利于合作双方的形式，随时形成或者解散合作，不存在被迫行动。自主模式的广泛运用可以在不增加合作者负担的情况下，促进合作者互利共赢，有利于京津冀教育协同发展的顺利进展。例如，北京的海淀实验小学、天津河西区平山道学校、唐山市路南区万达小学和石家庄市桥西区西雅小学四所学校联盟中的一位校长坦言，虽然四所学校的合作目前只是处于摸索阶段，但是已经看到了合作的效果，学习到了合作学校的办学经验。或许政府的帮助会有利于合作的进一步展开，但是很担心政府的介入会给合作成员带来工作上的负担。而目前这种联盟成员商定的合作方式，充分考虑到了各自的实际情况，包括某种合作的优势和困难，能够在力所能及的范围内有效合作，有利于在不增加负担的情况下，得到更多的收获。

（3）自主模式可以为契约模式的发展提供基础和经验。自主模式具有自主、灵活的特点，是不少契约模式合作的基础。正是由于这个基础，契约模式合作的双方才更明确结合点，也更具有合作经验，双方的合作也将更为扎实、持久和容易产生效果。

例如，1995 年 3 月，北京市广渠门中学吴甡校长被聘为康保县的教育指导专家。同时，康保县的 40 位教师到广渠门中学进行了为期两周的学习，接受“一对一”的学习与交流。这时双方的合作是相对松散的，活动安排并没有详尽的计划。在这种松散合作的基础上，双方逐渐增加了合作的内容和紧密程度。2014 年，北京市广渠门中学与河北省康保县以“遵循规律、突出实效、小步快走、稳步推进”为原则，就多个教育教学合作项目进行“无缝对接”。随着合作逐渐有了明确的计划、原则，合作越来越规范化。2015 年 2 月，北京市广渠门中学与康保县教科局签订了《北京市广渠门中学对口帮扶河北省康保县基础教育项目合作协议》，以稳步推进为原则，包含了师资培训、学生交流、远程对接等合作内容。此时，双方完全走向了契约模式的合作。《北京市广渠门中学对口帮扶河北省康保县基础教育项目合作协议》的签订以及其更为紧密的合作，或者说契约模式的合作，正是在康保县教师和广渠门中学自主合作的基础上逐渐形成的。

（4）自主模式简单、经济、实惠。自主模式不需要政府引导，也不需要政府的资金投入；合作者就某项具体的事情合作，不需要花费更多的精力，不影响合作者按照原有的发展规划开展工作，而且能够在合作中获得益处。

第三章 京津冀教育协同发展的创新路径

DI SAN ZHANG

JINGJINJI JIAOYU XIETONG FAZHAN DE CHUANGXIN LUJING

京津冀协同发展的出发点是破解北京的“大城市”病，有序地疏解北京非首都核心功能。京津冀协同发展国家战略并不只是一个经济或者城市规划的问题，而是一项复杂的、综合的社会与经济改革问题。教育在这项国家战略中注定将会发挥十分重要的基础性作用。三地教育协同发展可分步骤、分类型进行，基础教育需要帮扶发展，职业教育需要产教融合，高等教育需要产学研相结合。尽管三地基础教育帮扶发展、职业教育产教融合和高等教育产学研结合早已存在，但是相对并不普遍，比较零散。本报告试图探讨在原有的基础上如何采用更为普遍的、新的路径来促进教育协同发展。本章依据专家访谈资料和相关研究文献，分别从京津冀的基础教育帮扶发展、职业教育产教融合、高等教育产学研深度合作等三条创新路径做一初步分析。

第一节　京津冀基础教育帮扶发展的创新路径

京津冀协同发展的区域功能调整和产业迁移必然带来一定规模的人口跨区域迁移，公共服务布局应随之调整。[①] 基础教育作为公共服务的重要部分，关系能否为迁转人口的子女提供基本的优质教育资源，直接影响优质人才的流动。目前三地基础教育发展水平存在明显差异，例如，北京的目标是实现教育的现代化，推进义务教育的优质均衡发展，并且有较为充足的财力和人力资源的支撑；而河北的目标是基本实现义务教育的均衡发展，不断提高教育教学水平。因此，基础教育帮扶发展，加强北京、天津对河北的帮扶，是京津冀区域协同发展不可或缺的重要组成部分。从避免区域失衡的目的来看，基础教育的协同难度要高于高等教育和职业教育。

调研发现，京津冀三地基础教育帮扶发展创新路径主要有财政帮扶路径、引入市场机制帮扶路径、师资帮扶路径、人口流动下的接续教育帮扶路径和校际帮扶路径。其中，财政帮扶路径和引入市场机制帮扶路径完全依赖政府，是一种政府主导下的创新路径，需要整体的政策和制度支持；人口流动下的接续教育帮扶路径和师资帮扶路径既需要政府的决策支持，也需要基础教育课程研究专家和教师的协同努力，既需要整体的政策支持，也需要局部领域如课程领域的具体举措；而校际帮扶路径则是学校和政府共同努力的结果，会涉及单所学校或者某个政府根据具体情况制定具体实施方案，难以有统一的规定。

一、财政帮扶路径

基本特征是，加强横向转移支付，加强京津冀公共教育服务的社会化，合并小县以增强县域财政投入。专家认为，基础教育财政帮扶方式创新路径可从三方面着手，一是加强横向转移支付；二是加强京津冀教育基本公共服务社会化[②]；三是以合并小县的方式增强县域财政投入。

首先，政府应加强横向转移支付，以加快京津冀三地基础教育投入方面的协同。自分税制改革以来，政府对经济欠发达地区的支持，主要是纵向的财政转移支付，有中央政府对地方政府、上级政府对下级政府两种形式。但在实际操作中，这种单一的纵向转移支付缺乏相应的规范，进而造成不同地区财政支付的差距，导致政府公共服

① 郝志功．基于京津冀协同发展的基础教育均等化研究［C］．对接京津：廊坊市域经济发展——第九次京津冀协同发展：国家重大发展战略廊坊论坛论文集，2015（3）．

② 同上．

务领域的供给在不同区域间的不均等。因此，在以纵向转移支付为主导的情况下，加强地区间横向的转移支付，通过对欠发达地区的地方政府提供财力支持，更有效地履行公共服务职责，实现京津冀经济实力极为雄厚的北京市、天津市、石家庄市、唐山市等，对经济实力相对弱小的河北省其他地区进行对接的横向转移支付，是推进京津冀基本公共服务均等化的重要实现途径。

其次，还可以通过签订政府间的服务合同以及委托供给、特许经营、承包补助、出售服务、放宽门槛等方式，加快京津冀公共教育服务的社会化，促进跨行政区划公民共同享有基本的公共服务设施、优质的公共产品资源。其中最大的障碍是三地之间的行政壁垒，一方面是河北省对京津优秀社会教育资源的行政壁垒，另一方面则是京津对河北跨区移民公共服务提供上的行政壁垒。只有打破三地之间的两重行政壁垒，才可能在京津冀范围内实现教育资源更合理地分配，最终推动京津冀区域教育协同发展。

最后，以合并小县的方式增强县域财政投入。有专家认为可以尝试在省级范围内合并小县，提高基础教育投入效率。基础教育投入需要经济发展水平和经济实力的支持，而河北目前的县制行政规划中，一些县规模非常小，经济实力不足以负担充分的基础教育投入。以河北省邯郸市为例，邯郸市有16个县，有些县很小，它的经济能力和地域不足以支撑它的发展。当然，小县的合并不只可以解决县教育财政投入的问题，还可以提高县域内其他优秀教育资源的更充分利用水平，例如优秀师资力量；在教育之外，还将有利于县域内的经济统筹发展，尤其是公共服务水平的进一步提高。不过，小县的合并事关国计民生，决不能生硬匹配，在借鉴20世纪90年代合并乡镇经验的基础上，一定要充分考虑小县的地理距离与历史渊源。

二、引入市场机制帮扶路径

基本特征是，松绑民办教育市场准入，政府购买服务。关于引入市场机制，专家认为民办教育集团解决三地基础教育帮扶问题是一种重要的帮扶路径。自20世纪90年代以来，民办基础教育趋向集团化办学，教育集团办学是民办教育实现资源共享、品牌共享以及提高办学效能而组建的教育服务体系，应尝试在京津冀范围内建立教育集团。以集团为单位出资办学，可以采用产业化方式运作，通过连锁办学、滚动发展，逐步提高办学的质量和效益。教育集团办学，实质是当前经济领域中分散投资理论与实践在教育领域的一种延伸与扩张。对此，北师大附中实验中学程凤春书记认为，优质私立教育可以起到一定的北京市人口疏解的作用，但是民办教育需要政府引导和规范，政府给一定的支持，包括经费支持。①

政府在引导民办教育办学方面起着两方面作用：一方面，探索松绑和规范民办教

① 吴华，胡威．公共财政为什么要资助民办教育［J］．北京大学教育评论，2012（2）．

育市场准入、合理下放部分办学审批事项、营造良好的民办教育建设环境十分必要；另一方面，政府购买服务是一种效果较好的引入民办教育的方式。

民办教育协会在京津冀教育协同发展中也正在发挥着比较重要的作用。有专家认为，北京民办教育协会与天津、河北民办教育协会联合起来帮助著名教育培训机构，例如新东方、学而思等，在河北和天津人口密集的地区建立分校，既可以帮助提高天津、河北的教育质量，又使得天津、河北的求学者不必跑到北京，在当地就可以接受好的教育，从而减少了进京的人口。这在一定意义上对疏解北京人口也起到了重要作用。虽然目前这种情况已经开始呈现，但是范围和幅度都还可以进一步扩展。

关于政府购买服务，专家认为，政府购买服务的松散结合模式效果较好，如北京市正在做的“课后三点半”。下午三点半，孩子早早放学，家长却无暇看管，社会上报个兴趣班请人带管，价格昂贵，家长也不放心，这是时下困扰着无数家长的“三点半难题”。对此，北京市政府提出“课后三点半”的活动，北京市政府出钱，购买当地的教育培训资源，如美术、体育、艺术培训，把这些资源引入学校，相当于课后能有一两个小时来培养学生课外兴趣，也解决了放学后家长没有时间来接孩子的问题。

三、师资帮扶路径

基本特征是，成立教师培训联盟，促进优秀师资有序轮岗和流动，引入体制外力量。师资帮扶路径最突出的创新有两点：一是京津冀三地联合成立教师培训培养的联盟，集中优势培训师资队伍，统筹三地基础教育教师培训培养，设置统一标准。二是引入体制外力量。2010 年开始我国全面实施中小学教师国培计划，但是我国教师培训范围还局限于体制内，封闭式师资培训存在较严重的惯性思维和路径依赖。这种路径依赖导致教师培训水平的提高只能在经验的基础上缓慢进展。引入体制外力量包括民办专业培训机构教师进入师资培训队伍或者参与项目，允许民办专业培训机构提供培训，这样体制内外可以形成良性互动。

1. 成立教师培训联盟

基础教育师资水平的提高主要涉及两个方面：一是教师的基础文化水平；二是教师职业适应和职业潜力。基础文化水平的提高需要三地师范院校在师资培养上扩大合作，提升培养水平，以满足基础教育师资需求。另外，教师职业适应和职业潜力的培养是适应现代化需求的一个重要的方面。随着教学改革的深入，传统的教育改革方式需要转变为以学生为中心，根据学生发展的潜力和兴趣进行有针对性的培养，这一概念和内涵非常丰富。然而，目前很多学校并没有做到这一点，在践行国家招生考试实施方案和教学改革方面能力欠缺，因此，京津冀三地或可联合成立教师培训培养的联盟，集中优势培训力量，统筹三地基础教育教师培养，设置统一培养标准；在实施上，专家认为，应分级步步推进，近期内优先考虑提升北京周边地区义务教育和高中教育的办学水平，满足当地民众接受优质教育的需求。

2. **促进优秀师资有序轮岗和流动**

有序的教师轮岗和流动是义务教育均衡发展的重要要求。京津冀都在积极落实地域内教师、校长轮岗，一些地方教育行政部门为了遏制“择校热”，为了促进教师成长和义务教育均衡发展，县级及以上教育行政部门有计划地组织其所属行政区域内的教师，在不同学校间进行定期或不定期交流任教，同时也在一定程度上缓解农村教师紧缺的问题。教师轮岗制的实施在平衡教师资源、促进教育均衡等方面取得了部分预期效果，但是，其在实施过程中也不可避免地出现了一些亟待解决的问题，如师生关系不稳定，影响教育质量；交流时间短，不利于持续性交流等①。就同一区域而言，城市教师的局部超编与广大农村边远地区教师的严重缺编形成巨大反差，经济发达地区与落后地区教育质量存在明显差距。国家对教师实行的封闭管理和统一工资分配，使得教师流动处于一潭死水之中。因此，长远来看，解决教师轮岗问题的途径之一是教师编制改革，国家可以推动高龄同时教学质量不理想的教师提前退休，释放编制名额，以打开年轻教师晋升渠道。

优秀师资轮岗与流动的有效实施需要具备一定的前提条件，最为重要的是师资保障体系的完善。目前，很多地区福利待遇比较低、管控比较严密、职业环境比较封闭、成就感很难实现、学校内部没有形成正常的晋升体制，这些因素都是导致优秀师资不愿流动的重要原因。此外，这些师资保障上的不完善也导致师范院校招生连年遇冷，优秀学子不愿就读师范类院校，最终带来教育薄弱地区更加缺乏优秀师资力量的后果。师资保障体系应跳出京津冀三地政府各自管辖的范畴，统筹基础教育师资建设战略，完善基础教育教师地位待遇制度、职称评聘制度、职业晋升流动制度、社会福利制度、最低工资保障制度等。有专家谈到，“让当老师总是富有新鲜感，有挑战性，让优秀生源愿意就读师范院校，愿意从事教书育人的职业，是优秀师资顺利流动和持续补充优秀师资血液的保证”。

3. **引入体制外力量**

专家们就引入体制外力量谈到两种情况。

一种情况是，教师培训的路径依赖造成了培训效果难以令人满意的结果，因此需要另辟蹊径，引入体制外专业教育培训机构。教师培训一直是我国基础教育发展中重要的一环，2010 年开始全面实施中小学教师国培计划，各省市都制定了详细的中小学教师培训计划，建立了相应的教师培训管理平台。专家认为，我国各级教师培训计划取得了一定的效果，但是仍有很大的提升空间，原因有二：第一是师范院校招生和培养水平有待提高，要推进体制机制创新，吸引优秀生源进入师范院校，培养潜在优质教师；第二是目前我国教师培训范围还局限于体制内，而市场化专业培训机构在教学方法上已经做出了很大改进，效果也有较大改观。有专家谈到，“我们说京津冀一体化

---

① 马焕灵，景方瑞．教师轮岗政策实施问题检视［J］．中国教育学刊，2009（6）．

的时候，河北的老师，不要总向北京十佳教师、北大附小的老师学习，完全可以请新东方和学而思的老师培训一下。为什么新东方、学而思，他们教得那么好？他们的培训内容也很枯燥，他们教学的难度远远超出学校的难度，它一个班的学生的差异度远远大于学校一个班级学生的差异度，他们来自各种不同的家庭背景，他们的教学强度非常大，进度非常快，为什么老师能教好这么多学生？”市场化专业教育机构教学效果好有两个主要原因：一是教育机构招聘专职教师，这些教师多毕业于“211”“985”名校，教师基本文化素质高；二是专业教育机构独特新颖的教学方法。所以要打破体制壁垒，摘下一贯形成的对于市场化专业教育培训机构的有色眼镜，吸引市场化机制中的教师加入已有的师资培训项目，体制内外形成良性互动，通过学习专业培训机构教师长处来提高公立基础教育机构的教师水平。

另一种情况是，教师短缺和剩余并存，公立学校教学领域已经存在市场力量——教师自聘优秀外来力量教学。有专家介绍，目前的农村教师短缺不仅是教师数量短缺的问题，更是一种结构性短缺，具体表现为：一是学科结构性短缺，体育、英语、美术、音乐教师短缺；二是年轻教师短缺，尤其是民办转公办的教师年龄已经偏大，文化水平偏低，但是占据了有限的编制名额。对于这种情况，民间自发形成的劳动力市场是一种可行的解决方式。部分教学质量不够理想的教师，自发雇佣优秀的大学毕业生代课，既能保证教学质量，也解决了部分青年大学生就业问题。有专家介绍说，“我们现在是相当多的老教师，特别是由原来的民办转为公办的教师占据了很大比例，而教师的编制是一定的，这些老师不退休别人进不来，而这些老师年龄偏大，教学水平也不理想。他们是民办、代课老师，后来转成公办了；接近 50 岁的，他也不愿意教了，这些人占据了位置，这是最根本的。你等这些人出去，那些年轻人再进来，又得十年。有的公办老师不上课，一个月 3000 多块钱工资，他拿出 1000 多块钱来，聘一个刚毕业的大学生代课，自己在家啥都不干。现在的新老师很多是没有编制的。为什么没有编制，因为编办不给编制；为什么编办不给编制，因为财政养不起这么多人。所以我个人认为，这是一种很好的方式，相当于民间自我形成的劳动力市场。我一个月 3000 块钱也不想教了，教得也不好，大学生一个月 1000 块钱，不也教得很好吗，为什么要查他呢？”这是目前解决老龄教师教学质量的无奈之举，因此，松绑加合理引导民间资金、力量、人才和智慧很重要。当然国家推动高龄而且教育质量不理想的教师提前退休，释放编制名额，也是一条重要的提高质量的途径。

四、人口流动下的接续教育帮扶路径

基本特征是，协同课程改革，推行教育券制度。接续教育是人口流动带来的延伸问题。2001 年的新课程改革强调个性化，强调在课程建设方面区分国家课程、地方课程和校本课程，国家第一次打破国家垄断课程，给地方和学校根据自身情况发展个性化课程的机会和空间，以适应各地的教学需求。而京津冀三地由于经济、教育发展水平、师资水平、学生家庭背景等方面的差异，造成三地基础教育在教学理念、课程建设、教材使用和教学进度上存在很大区别。因而流动人口的接续教育存在困难。

京津冀三地之间越来越频繁的人口流动影响了随迁子女学习的连续性和稳定性。这种非连续性和不稳定性对儿童教育产生了不利的影响。调查表明，非连续的基础教育会导致流动儿童入学延迟、学习成绩滑坡、社会整合能力差等问题。接续教育是人口流动带来的延伸问题，流动人口随迁子女的接续教育问题需要通过超越三地政府的更高层次的发展规划来解决。有专家介绍，“三地之间的人口流动越来越强。今天可能作为外来人口在北京、天津上小学，上到二年级以后又回到石家庄上小学了，过了几年父母又来天津打工了，又过来读五年级了，又过了两年父母又到北京打工了，又去北京读初一去了，流动人口的孩子流动性是比较强的。至少在义务教育阶段，我们先不要说公平，怎么让它接续起来，是人口流动很重要的东西。我自己有切身体会，因为我和我孩子的户口都在北京，但我的孩子在天津念书，它就很不方便，你想我都认为不方便，有时候我也去看看孩子，每年都要办借读手续，去了以后排了很多队，都要办这个手续，家长抱怨很多”。

专家认为，政府应引导地方教育行政机构和教育教研机构进行对话，打破地方壁垒，寻找解决问题的切入点。除了行政壁垒，接续教育在教材使用、教学大纲、课程设计等方面也存在相当多的障碍。这些障碍的存在，导致儿童迁移到不同地区后，在异地学校难以短时间内适应当下学校学习。因此，做好京津冀基础教育接续教育需要三地协同开展课程改革，主要需要做好两点对接：一是三地教学大纲和教材尽量统一；二是加强师资交流，尽可能促进三地基础教育教学方面的一致。

对解决接续教育中存在的难题，还有专家认为，“三地应在义务教育阶段推行教育券制度，三地发义务教育券，流动人口到河北也好、天津也好、北京也好，都享受这个。这个教育券以三地的为基准。比如是北京户口的，义务教育投入是几千块钱，到了河北就给带几千块钱，我觉得这样比较合理。但是可能天津的到北京来了，物价高了，消费可能也高，自己家庭该支付的也要支付一点，这个可以再考虑。河北本来就消费水平低，再大量的人口过去，产业过去了，工人过去了，子女也带过去了，你还让它解决流入人口的义务教育问题，它肯定承受不了”。事实上，教育券制度可以先在个别区域尝试。

五、校际帮扶路径

基本特征是，“一校助一县”“名校办分校”，学校松散联盟。这三种帮扶路径依托于多重制度创新，特别是需要借助财政制度创新、课程制度创新和民办教育资源的引入。财政制度创新可以在为分校设立提供物质基础和运作基础上多加考虑；而课程制度创新要有利于跨区域的“一校助一县”“名校办分校”等取得成效；民办教育资源的引入可以为分校的设立创造多元化的教育资源渠道，为教育薄弱地区提供更加优质的教育资源，也可以在引入优秀的师资力量上提供支持。

1. “一校助一县” 路径

“一校助一县”是指一所著名的学校跨省域与一个县级政府签订协议，帮助县级政府所辖学校提高教育教学水平。例如，2014 年 2 月开始，北京市广渠门中学开始以“一校助一县”的模式对河北省张家口市康保县进行教育对口帮扶，探寻广中—康保基础教育一体化实践。帮扶以“遵循规律、突出实效、小步快走、稳步推进”为原则，举一校之力，就多个教育合作项目进行无缝对接。基于北京市广渠门中学先进的教学理念、教学水平和康保县基础教育发展实际需求，帮扶合作内容涉及理念更新、教师培训、学生游学、精神领袖等诸多方面。此外，广中—康保模式还在基础教育一体化的框架下建立了校际教学资源共享平台，包括公共课程平台、学科教学精品资源库、电子数据库、图书资源共享平台、大型试验设备共享平台等，推进区域内校际资源共享。

北京市广渠门中学也通过一年多时间对口帮扶的实践积累了大量帮扶薄弱学校的经验，尤其是师资交流方面。在教师培训交流合作项目中，北京市广渠门中学依托在康保成立的教育工作指导站，采取进修、支教相结合的方式，为康保学校提供业务指导和资源共享服务。第一，根据需要持续选派优秀党员教师到康保学校进行支教，送课下乡，缓解康保县学校师资紧缺问题。党员教师支教课程逾十几门，内容不仅包含文化课，还包含音体美等项目。第二，康保县还统筹选派教师到北京市广渠门中学研修，整体提升师资水平，逐步缩小校际差距，促进康保县义务教育均衡发展。

加强教师培训，提高薄弱地区教师的教学水平，帮助其转变思想观念，是北京广渠门中学对口帮扶河北康保县最重要的经验。教学水平的真正提高有待思想观念的转变，广渠门中学工会主席张燕晖讲到，“康保县那边观念不够先进，信息闭塞，这是最大的问题。所以首先要观念更新，对素质教育的观念要更新，教育不只是针对高考的，不能做高考的机器，这样才能真正提高教学水平。我们校长在康保县做了生命教育讲座，县长不只是让老师们来听，还让所有机关干部来听，影响很大”。

帮扶效果的进一步展现有赖于京津冀三地基础教育发展规划的协同，特别是教学内容和考试内容的统一。广渠门中学校长吴甡认为，目前广中—康保基础教育一体化面临的最大困难是教材和高考题目的不统一。例如，康保一中不学选修部分，不学部分语文课本中的经典文章。此外，由于两地的教学内容和进度不一样，也会影响到学生的校际交流。学生游学有助于开阔视野，但是游学时间并不能太长，河北教学进度快，长时间游学会耽误学生的学习进度。

2. “名校办分校” 路径

“名校办分校”是指一所名校跨省域举办分校，以促进当地教育教学水平的提高。这种分校往往是民办性质的，例如北京八中固安分校、北大附中东丽分校等。北京八中建校近百年，历史悠久，文化积淀深厚，是北京市名校。在京津冀教育协同发展的大框架下，2014 年北京八中固安分校落户固安，迈出了“名校办分校”实践模式的步伐，为固安带来优质的教育资源。

北京八中固安分校是由北京八中、廊坊市固安县教育局、华夏幸福基业合办的民办性质学校，位于固安县北部，地处北京新机场西南方 15 公里，与北京市大兴区仅一河之隔。从生源构成看，北京生源占学校新生来源的 14%，可见，北京八中固安分校分担了从首都疏散出的一部分人对教育需求的压力，承担了京津冀一体化过程中新机场区域百姓对优质教育资源的需求。北京八中固安分校秉承“以兴趣引领、全面发展、激励创新、重在实践”的学生培养思路，在教学改革创新方面积累了丰富的经验，也取得了一定的效果。其经验主要有：

（1）科学进行学情分析，精准定位教育工作重点、难点，为推行个性化教育提供科学依据。专家认为，研究京津冀三地教育协同发展的前提是系统分析三地学生的特征和差异，研究其资源合理匹配之处。学校运用北京八中教育科研方法，进行科学的学情分析，从观察力、概念形成、分析判断、形象思维、逻辑思维等方面调研学生神经综合能力；从学习热情、学习计划、听课方法、读书笔记方法、学习技术、应试方法、家庭环境、学校环境、朋友关系、独立性、毅力等方面进行科学的学生学习适应能力分析；从学习焦虑倾向、对人焦虑倾向、自责倾向、过敏倾向、身体症状、恐怖倾向、冲动倾向等方面进行学生心理健康状况测评；对学生家庭教育情况进行科学分类，分为消极拒绝、积极拒绝、严格型、期待型、干涉型、不安型、溺爱型、盲从型、矛盾型、不一致型。根据学情分析的结果制定教育工作的重点和难点。此外，固安分校借鉴北京八中素质教育经验，集合学校、家庭、社会的教育力量，制定了详细的课堂内外、家庭辅导计划，从心理素质、智能素质、身体素质、审美素质、劳技素质、思想品德素质等方面全面提升学生素质。

（2）优化教育行政治理，推进区域间教育行政部门和教研机构协同发展，明晰跨区域办分校性质，明确政府分管、督导、年检等职权，统一跨区域教研、课标和考试标准，对接支教绩效考核机制。固安和北京虽然一河之隔，但是两地由于分属不同的教育行政部门管辖范围，在教学对接上存在瓶颈与障碍。例如，北京八中固安分校一负责人谈到，“北京去了以后，我们与当地教育行政部门有什么关系，我们到固安办学，使用什么教材，老师怎么开展教研活动，学生参加什么考试，甚至在固安连什么时间放假都不知道。北京市是统一规定放假，而固安习惯由当地学校放假商量一下就可以，但是我们（北京八中固安分校）不知道怎么放假。除此之外，我们办学中还面临学校性质的问题，你是公立学校还是私立学校，私立归当地政府管理吗，当地政府有没有督导权、年检权，年检的标准是什么，这些都需要对接”。这些问题的解决都需要区域之间教育行政上做好协调。

（3）优化学校治理，探索校长治校新模式。名校办分校，在依法依规办学、尊重教育教学规律的基础上，应最大限度发挥名校的能动性和优质资源辐射的作用。办学性质上，固安分校属于四方共同领导的私立性质学校，华夏地产出资，公立学校进行督导，企业办学机构对教学权利进行限制，四方利益协调难度大。学校管理上，北京八中固安分校管理遵循理事会领导下的校长负责制，在重大决策上校长权力受限。专家认为，如果不能做到多个治校主体权责分明，名校办分校的效果最终会被稀释。

（4）素质教育理念传播要因时因地制宜，不能冒进。由于两地巨大的地域和教育情况差异，北京八中的名校教育理念在固安复制也会遇到困难。北京八中固安分校将马斯洛需求层次理论、加德纳多元智力理论等世界先进教育理念，运用到教研实践中，设计了多种教育活动，以激发学生学习兴趣和创新实践，改变地区陈旧教育观念，破除只重考试成绩的单一标准。然而，讲求教育全面性的理念与河北省长期积累的教育习惯以及河北考生特殊的竞争环境存在冲突，有时会受到社会和家长的负面意见。以北京八中亦庄分校为例，人们认为八中亦庄分校除了教育理念、素质教育、社会实践丰富、学生全面发展之外，影响家长和学生择校热情最重要的因素还是因为2014年中考成绩排名优秀。因此，素质教育理念推行要与当地经济发展水平和竞争环境相符，逐步引导家长认清并顺应从“挤独木桥”到“走立交桥”的社会变化趋势。

（5）在帮扶过程中，支援方学校要善于调动优秀师资积极性，通过有效的激励和约束机制改善思想认识欠缺问题，结合教育信息化技术真正提高帮扶效率。有专家指出，由于路途遥远、激励不足等原因，对口帮扶在派遣优质教师支教分校的过程中，动员问题非常需要引起重视，教师派遣需要与其他配套措施和制度设计相结合。云技术网络平台和实体资源相辅相成的建构也可有所作为，分校教学可以借现代技术之便引入一些替代性手段，如目前国家倡导的“三通两平台”。教育信息化和资源共享并非仅仅是将课程放在云端，在线教育必须和学校的具体情况相结合，结合当地教材和教育习惯。

3.“学校松散联盟”路径

“学校松散联盟”是指跨省域的学校与学校之间成立学校联盟，在学校成员认定的领域加强合作。这些成员的办学水平可能都比较高，既可能强强合作、互利共赢，更可能增强强校对弱校帮扶。

2015年，石家庄桥西区小学和北京海淀实验小学、天津河西区平山道小学、唐山万达小学签约缔结为京津冀一体化的共同发展学校，协议约定了四所学校共同发展的领域，协同发展学校以共同关心的“学校文化、课堂教学、校本教研、校本课程、学生社团”五个方面作为研究交流合作的领域。文化建设上，互派参观交流，吸取小学校园文化建设经验；教研方面，互相学习校本课程，提高课堂教学和校本教研水平；学校管理上，学习北京市海淀区实验小学规模管理和分校管理经验；“空中教研”方面，教师通过信息平台实现资源共享；学生互动上，互配笔友，互派短期参观游学，开拓学生视野。

以上四校的松散联盟有效使用了多主体与借力相结合的模式，在学校管理、文化建设、学生社团上实现了多主体互动，同时，由于三地四方实际存在的教育水平差异，相对薄弱学校也在课堂教学、校本教研上吸取优质学校资源，推进了自身建设。石家庄桥西区小学陈瑜校长表示，这种松散联盟的形式有利有弊，有了制度可能就会有负担，必须按照制度规定严格执行；没有制度的弊端是凡事就得不到保证。其主要经验有：

（1）要有高站位的政府指导和政策指引，规范和指导松散校际联盟的形式和内容。高的站位和蓝图有利于促进学校发展事半功倍，后进学校学习先进学校的成功经验，缩短追赶时间。2009 年石家庄市从 36 所小学中选取 12 所龙头实验学校开始集中推进学校文化建设，当时桥西区小学并未包含在内。从 2013 年开始，桥西区小学在借鉴龙头校文化建设经验的基础上，一年之内就实现了文化建设的基本成型。

（2）建构合理的约束机制，但是又不能成为校际交流主体的负担。政府的政策引导和规范是必要的，但是如果在执行过程中流于形式，就起不到真正校际帮扶的效果，还会给学校带来不必要的负担。学校承担的社会化工作已经非常多，但核心任务还是学生的发展。如果出于政府规划的要求，四地学校的交流受困于初期计划、中期总结和期末述职等形式，结果只能是“真的怕给我这点帮助的同时，给了我无穷无尽的负担”。

（3）有效运用新媒体和在线教育，同时不能掩盖教师实实在在授课的作用。有专家认为，新媒体的运用似乎更适用于高等院校。基础教育，尤其是小学教育，由于学生年龄小，在线教育和新媒体基本上发展空间不大，最重要的还是扎扎实实的教师授课，夯实基础和培养兴趣。但是新媒体技术可以在老师之间的交流中运用，例如可以将跨区域的现场听课搬到线上。

总体上看，以上制度创新作为京津冀三地学校生态系统建设路径的基础，具有明显的前瞻性和关键性。其中，有质量的师资队伍对基础教育发展尤为关键，优秀师资来源特别需要重视，构建教师培训联盟，将有利于利用三地教师培训资源，优化三地教师结构。在教师培训过程中，应合理利用民间专业教育培训机构，可以将师资培训方式多元化，提高培训效率。基础教育薄弱地区师资水平的提高，除了教师培训，教师流动也是非常重要的途径。而良好的教师保障系统则有助于强化三地教育协同发展的长效机制。

第二节　京津冀职业教育产教融合的创新路径

“产教融合”与职业教育相伴而生，其思想不断丰富完善，具有“双主体”性、跨界性、互利性、动态性、知识性、层次性等六个基本特征。产教深度融合是经济发展方式转变和区域产业深度转型对职业教育的必然要求，是现代职业教育发展的重要指导思想和现实路径。当前职业院校推进产教融合、校企合作，必须把握广度、深度和力度三要素。①

我国职业教育的产教融合主要有企业办学、校办产业和校企合作三种模式，借鉴世界各国职业教育发展的经验，校企合作是我国职业教育发展的合理选择。② 校企合作是一种以市场和社会需求为导向的运行机制，是一个由学校、学生、企业、市场四个因素所组成的运行模式，是学校和企业共同参与人才培养过程的教学方式。③ 职业院校和企业是校企合作模式中最重要的责任主体，承担着将课堂理论教学与企业生产实践密切结合的重要责任。

有研究者发现，职业教育的产教融合模式，按合作主体，可分为四种模式：校内产学模式、双向联合体模式、多向联合体模式和中介协调型合作模式。按功能可分为：人才培养型合作模式、研究开发型合作模式、生产经营合作模式。④ 按主导力量分，又可分为四种模式：分别以职业学校为特征、以市场调节为导向、市场调节主导/国家主管、双元制的职业教育模式。⑤ 借鉴国外的经验，校企合作模式分为政府主导模式、科学园区模式（斯坦福研究园、剑桥大学城、法兰西科学城等）和中介搭桥模式。⑥ 这些模式早已存在，但是在新的京津冀教育协同发展背景下，还有很多地方需要改进和创新。

为了促进京津冀三地职业教育产教融合，需要在职业教育财政、产教融合生态系统和职业教育人才培养上探索创新路径。教育协同发展创新路径首先需要财政支持，在京津冀教育协同发展背景下，已有的财政政策已经不能完全适应产教融合的需求，需要有新的突破；其次，职业教育的产教融合需要打破行政区域限制，为原本三地分散的职业教育发展创造新的生态系统，以便能够综合考虑三地的职业院校和产业发展状况，及时了解市场需求，互通有无，协同发展；最后，三地职业教育的产教融合离不开人才培养路径的创新，这是职业教育产教融合最核心的创新路径部分。财政支持创新路径、生态系统创新路径和人才培养创新路径三者缺一不可。

职业教育财政支持创新路径必须由政府主导；产教融合生态系统创新路径更多涉及的是行业协会、学校、企业等不同的社会组织，学校起着重要作用；职业教育人才培养创新路径则需要在政策的框架下，由政府、学校、行业、企业合作。

---

① 杨善江．产教融合：产业深度转型下现代职业教育发展的必由之路［J］．教育与职业，2014（33）.

② 魏明等．我国职业教育产教结合的模式演进与机制创新［J］．教育与职业，2012（2）.

③ 王玉栋，张莹莹．高职院校校企合作模式探讨［J］．教育与职业，2011（8）.

④ 吴新武．高职院校产学研合作研究综述［J］．金华职业技术学院学报，2004（4）.

⑤ 马树超．工学结合：职业教育模式转型的必然要求［J］．教育发展研究，2005（8）.

⑥ 帅全锋，高菲．服务理念下京津冀校企合作机制构建的思考——兼谈对河北省的建议［J］．继续教育，2012（5）.

一、职业教育财政支持创新路径

基本特征是，中央财政加大投入比例，制定引导性基金政策，减免企业税收。我国大多数职业院校属于地方政府办学，主要由地方政府负责拨款。由于区域经济发展不均衡，不同地区地方政府的财政状况有很大差异，因此地方政府对高等职业院校的经费投入差异也非常大。

因此中央政府要积极加入到对职业教育的投资主体中来，创新职业教育财政转移支付方式。有学者认为，国外职业教育普遍的中央—地方政府对半投入的模式并不适合中国国情，要综合考虑各地经济发展水平、政府财政能力、高等职业教育的规模等因素，明确制定出中央政府和各地区地方政府对高等职业教育投资的比例的制度来。①

政府还应制定引导性基金政策，对成立职业教育联盟、校企发展联盟等并产生实质性效果的院校或企业，予以资金上的支持。这不仅可以调动企业参与职业教育的产教融合，还可以调动不同类别、不同层次职业院校之间的合作与交流。以电子类高职为例，鼓励京津冀三地学校组成实体性联盟，通过政策性专项资金予以资助。专项资金的设立一方面可以拓宽传统职业教育仅依靠中央和地方财政拨款的渠道；另一方面，也解决了高职联合办学中生源流动引起的薄弱校资金紧张的问题，此外，在交流的过程中也可实现师资水平的改善和提高。

对推进校企合作的企业实施税收调控和减免政策是又一重要举措。税收政策是中央政府一项有效的宏观调控工具。单从经济效益来看，产教融合中企业的积极性不高，直接影响校企合作的效果和职业院校的学生就业。为此，中央政府可在税收上对积极参与职业教育产教融合的企业实施税收优惠政策。例如，“国际贸易的学生去实习，可能会涉及商业秘密。还比如说我们的钳工去企业实习，很可能会把企业的零件加工坏了，企业有损失，而且培养出来之后学生走了，这个损失就由企业承担。那么一般企业就不愿意接受应届毕业生，希望找有工作经验的，这就是现在用人市场上的规律。那么如果都这样的话怎么办?”产教融合中企业的积极性不高，直接影响了校企合作的效果和职业院校的学生就业。为了解决校企合作企业积极性不高的问题，需要中央政府在税收上对积极参与职业教育产教融合的企业实施税收优惠政策。例如，在接受职业院校在校生实习的比例达到多少之后，可以减免一定比例的税收。

二、产教融合生态系统创新路径

基本特征是，发展行业协会，成立职业教育集团或联盟，区域—行业—学校联动规划，根据功能定位发展优势学科专业。良好的产教融合生态系统需要来自各方面力量的有效组合和协同发展，在这种有效组合和协同发展中，下面五个方面力量的发挥

① 牛征．关于优化职业教育资源配置的研究［J］．教育科学，2001（2）．

尤为重要。

1．**发展三地行业协会**

职业教育的产教融合不是单个学校和单个企业之间的合作，应该有一个整体的社会化的平台，京津冀三地应形成统一的行业协会组织。行业协会依托行业，优势明显，便于促使职业教育在行业协会的指导下进行合理规划和发展。三地基础上的行业协会应包含职业院校、相关企业、政府部门等多方参与。

专家认为，职业学校校企合作做起来很难，做得好的往往都是凭借校长或者是学校和企业之间个人的良好关系来做的，缺少一个系统化的整体的平台，这样的校企合作暂时做得好，不代表以后也会做得好。有专家谈到，“行业和协会发挥很重要的作用。行业协会依托行业，信息丰富全面”。

三地基础上的行业协会，不仅职业院校和相关企业应该发挥作用，相关的政府部门，如农业厅等也应该发挥作用。这样的行业协会既可以保证职业院校为各行业提供合理的人才，还可以协调三地之间在院校建设和专业设置上的统一规划。

2．**建立三地职业教育集团**

京津冀职业院校应建立职业教育集团，集中优势资源，促进三地的协同发展，也为高技能人才培养提供更优化的资源配置和组织保障。有专家建议，天津的职业教育发展得最好，可以在成熟模式基础上，整合京津冀地区的资源，基于三地产业规划和职业教育资源现状，成立职业教育集团，这样既可以扩散渗透优质教育资源，又可以为较为落后地区的发展提供契机。

专家认为集团办学具有很多优势，“通过集团化办学不仅强化了行业、企业和职业院校之间的关系，整合了零散的职业教育办学资源，而且还有利于建立灵活、开放的职业教育体系，提高职业院校的办学质量”。

同时，职业教育集团有利于了解市场需求。有专家举例说，“广西搞教育集团化办学，它就是一个农业的集团，农业厅、农业方面的协会、企业、学校，大家一起信息资源共享、人才共建”。集团重要的作用之一就是要组织活动、搭建平台。职业教育本身是跨领域的，不能主观判断开设某个专业，而要看市场要不要这个专业。

有研究者根据我国职业教育的实际经验，认为我国职教集团已初步形成“津、豫、苏、鲁”四种典型模式。①河南模式。河南省借鉴现代企业发展理念，在省级教育行政主管部门的推动下，由中职或高职单位牵头成立了若干个省级行业性职教集团和县市级区域性职教集团，实现了以城带乡、以强带弱、全省联动、纵向贯通、横向联合的发展格局。②江苏模式。江苏省近年组建的职教集团，是由一些办学条件好、教学质量高、社会声誉好的高职院校牵头，联合一批高职、中职、行业企业和劳动部门，自愿组建起来的区域性和行业性相结合的联合体，把学历教育、职业培训和终身教育三者融为一体。③山东模式。山东职教集团采取政府引导、学校主动、行业中介、企业参与“四位一体”的运行机制，尤其强调企业的参与，政府要求一定规模以上企业都要参与职业教育和培训。要求职教集团形成生源链、产业链、师资链、信息链、成果转化链和就业链，促进集团各成员单位的共同进步和区域经济又快又好地发展。④天津模式。作为全国职业教育发源地，天津市职业教育集团化的组建形式多样，既有行业组合集团式，又有社区联合组合式；既有面向农村网络式，又有企业集团带动式，还有城市郊区结合式，集合了全国各地职教集团的多种模式。天津作为直辖市，结合区域社会经济发展的特点，重点推进了区域性职教集团建设，尤其是社区性职教集团建设，建立了全国首个社区性职教集团，对推进学习化城区建设，促进社区教育的发展，构建和谐社区等产生了积极影响。[①] 这些模式可以为京津冀职业教育集团的发展提供有益的借鉴。

3. **建立三地职业教育联盟**

这里的职教联盟指跨地区的以行业为依托的职教联盟。职教联盟对于有效解决经费问题、产教同步发展问题和师资结构问题能够发挥重要作用。而其中的职业学校联盟则可以在人才培养上有新的突破。

职业教育和普通教育最大的区别就是职业教育有很强的行业背景，建立一种跨地区的以行业为依托的职教联盟可以充分利用行业和企业的教育资源。有专家认为，职教联盟可以解决三个问题：“第一个是有助于解决职业教育的经费问题，在实训实习基地的建设上得到更多的支持和资助。第二个是可以使得职业教育发展和产业的发展同步，因为行业有一个自己内部认可的标准。虽然国家人事部已经出台了国家职业资格证书，但是大部分的职业资格证书在行业内部的认可度的含金量都不足。所以以行业为背景，行业认可的话，这个教育培训的标准就得到了整个地区产业的认可，所以就业不成问题。第三个有利于改变师资结构问题。职业教育目前还是以学历教育为主，大部分老师来源于普通高校，或者是以前调动工作过来的人，大部分教师没有一个行业的职业技能为依托，在师资结构上，在双师型队伍的建设上都是有缺陷的。所以当引入行业这样的背景，就可以有效地通过专兼职的方式来提升整个的职业教育师资教育的水平，三地的协同发展能够有效进行。”

还可以进一步组建职业学校联盟。职业学校联盟不同于职业教育联盟的地方，在于前者是同类职业学校组成的行业性非常强的联盟，既可以整合行业信息，又可以保证联盟具有更强的向心力。有专家举例说，“同样是电子类的高职，天津、北京和河北的几家组成一个联盟，为北京、天津高职院校解决生源问题，为河北高职解决学校水平提升问题，不至于造成生源大规模的流失；学生既是河北的，也是北京的，也是天津的，可以多重学籍。类似这样一种结构，当然这需要一种体制机制创新。我想类似于联大一样，学生同时既是北大的学生，也是联大的学生，双重学籍，不是一般的一个联盟，是学校之间的联盟”。

---

① 王雪莲．国内职教集团十余年发展概观［J］．教育与职业，2008（5）．

4. 区域—行业—学校联动规划

专家认为，三地经济社会发展具有不同特点，存在巨大差异，并且随着经济社会的发展，三地对职业教育的社会需求也会发生变化。因此，中央政府主导制定的职业教育规划必须具有前瞻性和预见性，对京津冀三地未来产业结构调整和新兴行业的出现，做出较为全面和准确的判断；要考虑到与产业结构、社会职业结构、技术结构、经济发展要求、人口结构、普通教育发展的无缝对接。也就是说，职业教育发展规划要与三地经济发展规划、社会发展规划和整体教育发展规划相协调。

职业教育规划应突出区域—行业—学校联动的模式，打破地方行政壁垒。京津冀三地各自都有其主打产业，主打产业的人才支撑应实现在京津冀区域内的行业和学校对接，突破行政区域的限制。有专家称，“可以打通地方和人才，这个地方的人才直接去上这所职校，再回去资助这个地方的产业，这样既解决了学校招生的问题，也解决了地方的人才问题，就是区域—行业—学校进行联动”。同时，职业学校必须注重维持自己的专业优势，合理定位。例如，“交通就搞交通，别什么都设置，你就把交通这块做好”。

5. 根据功能定位发展优势学科专业

三地职业人才培养应根据功能定位有所为有所不为，北京保留优势和传统的专业，不进行一般技术性的人才培养。有专家认为，护理人才等可以放到河北、天津，甚至北京也可以把不适合发展的优势专业疏解到外地，采用订单方式。一般岗位的培训吸引大量的人到北京，将不利于北京的人口疏解。

职业教育规划要突出京津冀三地的产业功能定位和优势互补，协同而非同步。职业教育与当地产业需求相协调，根据各自产业优势和主打产业，进行职业教育的进一步合理规划，是不少专家学者共同提出的三地职业教育协同发展的方向。以北京市为例，在实际的教学效果上并没有匹配我们产业的需求，因为由于现在北京四个中心的功能定位，职业教育在做第二产业的制造业方面的专业还比较多，像第三产业新兴业态的专业比较少。专家指出，北京市职业教育的特色和特点是要走高端化、系统化、国际化道路。因此，有专家建议，北京市信息科技、金融方面发展很好，北京市的高职教育也应突出发展第三产业人才的培养，特别是注重培养新兴产业的高技能人才。

天津市和河北省也面临功能定位和职业教育发展定位不匹配的问题。虽然天津市定位为北方的经济中心和现代制造业的中心，然而天津在职业教育的学科设置上工科分布相对较窄，而综合类的分布较多。在工科类与综合类为主导的情况下，职业教育为天津市现代制造业的服务还不够突出。从产业结构和需求来看，河北省的学科分布应该为现代化农业的发展提供帮助，但河北省的职业教育学科布局特点是工科占比大于40%，而现代化农业职业教育的学科设置仅占到1%，如此严重的缺口无法为河北省现代农业和三地经济社会发展提供服务。因此，专家建议，天津以高端制造业为产业重点，职业教育也应适应产业结构进一步发展，在学科设置上适当扩大工科占比；河北除大规模制造业之外，应该重点发展与现代化农业相适应的职业教育。

京津冀三省市的产业定位为：北京发挥科研机构和人才密集的优势，以发展高新产业和高端服务业为主，逐步转移低端制造业；天津在现有加工制造业优势与港口优势基础上，大力发展汽车、生物技术与现代医药等先进制造业和现代服务业；河北定位为京津高技术产业和先进制造业研发转化及加工配套基地。按照河北承接京津产业转移承接地定位中对产业结构、技术结构的调整要求，对该省高职院校进行专业设置、调整，加快发展与农业、装备制造、电子信息、石油化工、机电一体化、新材料、新能源开发、旅游、文化、商贸物流、金融保险、服务外包等产业相关的专业；建立职业院校联盟。①

结合上述几点，可以合理打造更加完善的职业教育生态系统。在由政府、行业协会、职业院校、企业构成的庞大而健康的职业教育生态系统中，既要发挥职业教育联盟的优势，又要充分发掘行业协会的潜力，形成中职、高职和本科职业教育的完善体系和顺畅通道。

三、职业教育人才培养创新路径

基本特征是，统一标准、学分互认促进异地升学，创新招生举措并协同课程改革，协同开展国际合作，校企联合提升师资水平，实现“校企双制互动一体”。

1. 统一标准、学分互认促进异地升学

专家认为，职业教育的认同来自于行业内部的认同，现代化职业教育体系应合理开发和制定统一的、基于行业背景的、适应于各个层次的不同级别的职业教育标准，如专业开办标准、毕业生质量标准等。另外，应制定京津冀学分互认计划。三地的职业教育质量、发展的规模和速度都不一样，需要学分互认，以便促进京津冀职业院校之间的学生流动。

职业教育协同发展首先要充分考虑目前三地职业教育发展的不平衡状态。京津冀三地之间在职业教育层次上存在着差异性，北京本科层次教育最为发达，而天津的高职教育又非常强大，河北则是中职教育占优势。应通过统一标准的设立，打通京津冀三地职业教育正常升学的有效通道，形成分段式培养的模式，形成三地职业教育生源的有序流动机制，充分利用三地不同层次的教育资源，打造京津冀三地的职业教育生态环境。有专家指出，有相当数量的中职院校毕业生想升入高职院校、高职院校毕业生想升入本科院校，但是他们的升学愿望却难以很好满足。河北外国语职业学院丁国声院长表示，三地之间的制度性障碍阻碍了职业院校毕业生的进一步学习路径，“我们希望河北和北京的学校合作。比如说我们学校是职业院校，能不能到北京去接本呢？

---

① 王素仙，赵展．河北高职院校高技能人才培养路径研究——基于承接京津产业转移视角［J］．沿海企业与科技，2012（8）．

现在的政策是河北的职业院校只能在河北接本，不能去北京接本。这就是个政策障碍，这个障碍就应该打破。现在的政策就是，比如说我办一个英语学科教育，但是我的英语学生只能考河北师范大学或唐山师范学院的本科生，不能考北京师范大学的本科。这个就应该打破”。

因此，有专家指出，要在行业共同体认可的前提下，以行业需求为前提制定统一的培养标准；在升学上，打通中高职和本科升学的行政障碍，通过分段式培养的方式，实现河北省中职教育、天津市高职教育和北京市高等教育的有效联动。“不管是河北、天津、北京的学生，只要按照这个标准上课，我们就可以从河北的中职升到天津的高职，或者进行互动，解决生源的有效流动问题。一味吸纳河北的生源，势必造成河北职业教育的落寞。通过建立这样一个职业教育标准体系，我们分段式的培养方式可以把河北省的中等职业教育资源充分地利用起来，又可以把河北、天津优质高等职业教育的资源充分地利用起来，从而进行有效的衔接。”

2. 创新招生举措并协同课程改革

（1）为提高生源质量和培养质量，三地可以联合招生和培养。专家谈到，“由于总体生源逐渐减少，但河北基数大，生源多，所以可以考虑三地联合招生，通过职业教育联合发展招收河北地区的生源。在职业教育三地联合发展过程中，通过建立职业教育实习实训基地，可以互相取长补短来解决教学模式上的一些问题”。对于联合招生，有天津专家分析认为，天津市中职、高职有资源优势，但河北有很多的中职高职在实习实训设备资源方面不足，在这种情况下，可以考虑校际之间合作招生，共同培养。也有北京行政领导谈到，北京对高端职业人才需求占市场的比例是比较大的，它代表产业发展的前沿，这是一个重要的资源。可以两地结合，把北京培养能力和河北的基础培养和需求结合到一起，形成一个职业人才培养联盟。还有专家认为三地学生可以按照同城的待遇自由报考，打破招生的区域限制。

（2）各职业院校在招生上向河北倾斜。作为京津冀地区的人口大省，河北为三地职业教育提供了充分的生源，同时职业院校也要为河北生源学生的就地就业提供制度化保障。如果能够在入学和就业上提供更优的服务，一定程度上可以解决三地职业教育的发展瓶颈。

（3）建议允许天津的行业到河北办职业院校。专家认为，天津不仅有行业办职业学校的特色，而且有制造业、加工业、航空等相关行业，因此可以考虑天津去河北办职校。

三地创新招生举措必然要求协同课程改革。关于协同课程改革的主要观点有：①制定京津冀的职业教育课程改革协调推进计划。专家认为，各个城市有各个城市的定位，经济发展的定位不同必然决定职业教育课程设置的不同，关键是把职业教育的标准融入课程中间去，重构科学的课程体系，且这个课程体系必须是三地能够互相协调。②有研究者认为，产教融合视域下的专业课程重构与实施，要求课程内容与职业标准、教学过程与生产过程对接。工作过程导向的专业课程体系重构需按职业岗位（群）调研、典型工作任务分析、行动领域归纳等步骤循序推进，“教学做一体化”的教学改革应通过学习情境设计、教学实施、教学评价反馈等程序展开。[①] ③有研究者认为，协同课程改革还需要学校和企业联合制定具体的培养方案，包括：培养目标、培养规格、模式类型、教学计划、教学大纲、师资配置、课程设置、课程安排、教材编写、教学方法、评价考核、实习就业安排等细则，操作过程中体现学校和企业双主体的结合、企业教师和学校教师双师资的结合、课堂和现场双场所的结合、课堂学习和现场学习双过程的结合。[②] ④还有研究者认为，应推进校企合作的“四合”，即校园文化与企业文化缔合、专业设置与行业岗位群耦合、专业课程与职业标准契合和专业教师与技术人员融合。[③]

3. **协同开展国际合作**

另一培养高质量职业技术人才的重要途径是引入国际教育资源、基金开展国际合作。这对普遍提高三地职业教育水平具有重要意义。以德国为代表的发达国家在职业教育上拥有数百年悠久的历史，已形成完善的职业教育培养体系，在产教融合上积累了丰富的经验。

（1）与国际教育集团合作办学。有专家认为，应引进发达国家优质职业教育资源，三地合作创办若干所高水平国际职业院校，以促进职业院校的培养方式与国际接轨。天津已经在海河教育园区合作创办 1 ~ 2 所高水平国际职业院校，取得了良好的效果。为缩小京津冀三地之间在职业教育上的差距，下一步应重点在河北推广国际合作办学，积极引入国际高质量的职业教育资源，更新职业教育理念，建立国际水平的职业教育培养体系，争取在短时间内提高河北地区职业教育发展水平，为河北输送高级职业技术人才。

（2）职业教育流程外包。这是一项全新的外资引进模式，具体是指开放京津冀地区的职业教育市场，将部分教育服务全程承包给外资，容许外资提供独立于我国现行职业教育体系的教育服务。这种教育服务是全流程的，自成体系，在遵守我国相关法律的基础上，根据发达国家的职业教育理念、模式和教育内容，确定人才培养体系。[④] 由此建立的国际职业教育学校将与外资企业合作，集合京津冀三地的产业结构和人口结构，为京津冀地区乃至全国培养具有新理念、高技术的职业技术人才。

4. **校企联合提升师资水平**

（1）建立教师与学生在院校和企业之间的定期交流制度，使不同行业和产业的优

① 费美扣，王元生．产教融合视域下职业教育专业课程重构与实施［J］．江苏教育研究，2015（9）．

② 耿洁．构建工学结合培养模式框架设想［J］．中国职业技术教育，2006（31）．

③ 丁红玲，王晶．职业教育产教深度融合的路径选择［J］．教育理论与实践，2015（15）．

④ 王云凤，杨云母．教育领域引进外资的新模式——教育流程外包服务探析［J］．当代经济研究，2008（4）．

势人才在不同职业院校和企业之间流动。

（2）充分利用互联网时代的信息流动优势，校企合作建立教学资源的数字化平台。这既可以为学生提供更加优质的教学资源，还能够提供三地师资力量发挥效用的机会。专家认为，“数字化教学资源的共建共享马上就可以做，一做就可以有成效。现在各所学校都有自己的电化教学数字化资源的东西，只要把这些稍加整合，优质的教育资源就可以在三地的职业院校之间共享。如果要想共享就必须参与共建，如果不贡献就光拿别人的这个不现实，所以共建和共享是两个不同的含义，但是是为了一个目标提出来的”。

（3）校企共同制定师资培训协作计划。这主要包括三地之间的学术交流和产学研合作，提高双师型教师比例；还包括三地之间相互引进兼职教师、导入企业文化等。

（4）教师进入企业担任科技指导员。有研究指出，以教师入企承担企业科技指导员职责，帮助小微企业实现经济转型升级，开展科技指导与新产品、新工艺研发，进而以开展学生生产性实习的方式，构建校企合作关系，实现产教融合。具体来说，大多数高职院校有 300～600 名专业教师、8000～15 000 名在校学生，如果每家企业入驻 1～2名教师、6～10 名学生，则一所高职院校合作的小微企业需要数百家。[①]

5．实现“校企双制互动一体”

职业院校与企业之间形成良好的互动，实现“校企双制互动一体”，可以很大程度上提高教师的水平、开阔教师的眼界。这不仅包括教师的职业技术水平，还包括教师的技术视野和应用技术素养。例如，天津市第一商业学校以引企入校、合作育人、互利发展为主线，将校企双制的模式思路，长期互利的实现路径体现在学校的各项建设方案和项目计划中。学校的四类专业群结合产业特点采取不同的人才培养模式，行业和企业从顶层设计起步，全面融入人才培养，用校企双制共担育人目标。通过共建情景化实训基地、共建行动导向的教学方法、共建信息技术的教学手段和共建教学资源的校企一体化育人平台，使学校的发展质量和服务能力取得了长足的进步。此外，学校非常重视标准建设，通过借鉴行业技能标准、岗位能力标准框架，全面修订和梳理学校的管理制度和工作流程，实现了校企标准的融通互用。学校还与企业合作构建了“四方三层”教学质量评价体系，是由学校、企业、学生、家长四方参与，对教师管理、教学管理、学生质量三层面进行评价。体系评价客观、指标完备、操作性强，实施以后，人才培养质量得到显著提高。[②]

有研究者认为，校企可以共建教育股份公司，以股份合作的形式把校企双方的资源（包括场地、设施、师资、资金等生产要素）集中和统合起来，统一使用，双方以持股份额分享利益和承担风险；可以共建融专业教学、生产实训、职业培训、技能鉴定与技术服务于一体的学校与企业人才培养互融互惠共享平台；还可以将校内实训室

① 孔宝根．企业科技指导员制度：深化职业教育产教融合的新路径［J］．教育发展研究，2015（3）．
② 苏敏．现代服务业产教对接，服务京津冀协同发展［J］．中国职业技术教育，2014（25）．

建在企业，使单纯的实训室转变成生产车间。[①]

从实施的难易程度而言，上述三方面的创新路径中，财政创新路径虽然涉及全局，但是不难实施，主要是政府给予政策支持，由政府主导，可以先从引导性基金政策和减免企业税收开始；生态系统创新路径也相对容易，因为它涉及的范围有限，可以由部分学校先行尝试，积累经验；人才培养创新路径除了校企联合提升师资水平外，其他则需要三地相关人员和组织经过不断研究和协商而决定，涉及的组织和人员相对较多，复杂性较大。总之，京津冀三地职业教育功能定位和办学实践存在不小差异，只有经过更高层次的统筹规划，才能够协调社会各方面参与职业教育办学者的利益关系，使其目标更加一致；才能在跨行政区域的范围内进行教育资源的优化配置，推进地方政府更具有针对性和可行性的教育政策措施。

第三节　京津冀高等教育产学研深度合作的创新路径

高等教育的产学研结合体现了现代高等教育在高科技成果转化、社会服务功能及人才培养的实践价值上的三位一体。有学者指出所谓的“产学研”一体化，就是以“产”为方向，“学”为基础，“研”为纽带，发挥各自优势，共同开展技术创新活动，逐步实现“科研创新产品、产品链接市场、市场推动科研”良性循环的一体化联动机制。[②] 京津冀高等教育产学研结合以多元主体协同互动为基础，强调打破行业、领域、地域的壁垒，组织三地高校、科研院所、研究机构、行业企业等多种创新力量，开展多学科融合、多团队合作、多技术集成的“立体式”“网络式”的全新合作。[③]

京津冀共有高校252所，其中北京有87所，天津有55所，河北有110所。但是按照高校的级别划分，中央高校在北京地区占绝对优势，天津、河北中央高校匮乏，河北省高等教育以地方高校为主。从高校层次看，本科高校主要集中于京津地区，专科高校主要集中于河北地区。[④]

北京拥有的科研机构众多，国内外大企业竞相在北京设立研发中心。天津在国家大力发展滨海新区的利好政策下，积极发展高新技术产业，着力提高科技创新水平。凭借良好的招商引资条件和广纳贤才的决心，滨海新区已经成为拉动天津科技、经济的创新增长极。相比于京津两地，河北省仍属于资源偏重型产业结构，仍停留在第二

① 丁红玲，王晶．职业教育产教深度融合的路径选择［J］．教育理论与实践，2015（15）．

② 王能慧．产学研一体化的理论与发展战略研究［D］．福建：福建师范大学，2006．

③ 蒋庆哲．服务国家重大战略需求，有效推进产学研协同创新［J］．中国高等教育，2013（2）．

④ 高兵．京津冀高等教育空间布局与区域发展：关系、特点与构想［J］．河北经贸大学学报（综合版），2013（3）．

产业主导的阶段，有较为稳定的原材料、劳动力优势，但科技创新资源储备不足，高新技术产业发展滞后。①

产学研结合必须将高等教育发展与地区产业结构、整体创新要素结合在一起。京津冀三地产业梯度差异较大，北京早已进入后工业化阶段，形成由知识和技术要素驱动的发展模式，而河北依靠资源和劳动力驱动，天津处于两者之间。

高等教育产学研结合中不同主体的地位不同。在高等院校、企业、科研院所、政府研究型产学研合作中，高等院校构成主导推动层，企业构成辅助参与层；在科技开发型产学研合作和生产经营型产学研合作中，企业处于主导推动层地位，高等院校、科研院所则发挥着辅助参与层的作用。② 但是不管谁占主导地位，高校、科研机构与产业界以及政府之间的协同作用应加强。

一、京津冀产学研空间结构创新路径

1. 打造京津冀三地教育—产业发展轴

“京—津—廊”高等教育发展轴是区域教育发展的战略要地。“京—津—廊”教育发展轴是以沿京津塘高速公路城市群为依托的各类开发区和高新技术产业的密集区，是全国发展快、实力强的发展轴。在教育上，连带多所京津实力雄厚的高校，此外，由北京政府支持、企业投资兴建的东方大学城也位于廊坊。当高校间的协作越来越紧密和广泛的时候，京津冀高校的竞争力和创新能力将会得到提升。这一发展轴的建设重点是，通过整合发展轴的教育和产业，使京津冀高校的竞争力和创新能力得到提升；通过整合发展轴的教育和产业资源，使区域教育发展由“点”向“线”转变，成为有机整体；加强高等教育产学研结合，改变高校各自为政的状态，对各节点的发展做出通盘考虑，使高校经过整合在经济活动和科技研发方面实现一体化，从而提升区域竞争力。

2. 创建“大滨海地区”高等教育研发带

随着天津港和滨海新区的崛起，以及曹妃甸港和新首钢的建设，未来环渤海湾的“大滨海地区”发展必将成为新的趋势。这个地区尽管有河北科技大学、河北理工学院、唐山学院等高校，但还不适应新型工业的要求。“大滨海地区”是现代制造业和研发转化基地，京津冀高新技术产业中心，在高等教育服务下能显著增强区域自主研发与应用能力，其建设重点是围绕现代制造业，结合高校重点学科形成与产业结合的研发转化基地，重点开发信息化、现代化的高端工业技术。通过做强一批重点学科和构建学科群优势，对接和支撑“大滨海地区”重点及支柱产业发展，推动企业、高校和科研机构组成知识创新联盟。

北京作为京津冀经济圈的核心，应该致力于曹妃甸工业区的崛起和滨海新区的新

① 许爱萍．京津冀科技协同发展战略研究［J］．技术经济与管理研究，2014（10）．

② 徐文俊．产学研合作的五元三层结构分析［J］．淮海工学院学报（社会科学报），2007（1）．

一轮区域开发，考虑在“大滨海地区”针对新兴产业需求和丰富的自然资源共建物理、生物、化学、环境等方面的科研实验室，为经济发展提供研发技术支持和产业实习生，实现京津冀共赢。通过打造的“大滨海地区”高校研发带，将成为推动区域发展的“智慧资源”。

3. 合理迁移北京高校，优化京津冀高校空间布局

对于高等教育而言，需主动适应北京四个中心功能，疏解存量，严控增量。尽管不同意见已经显现，如将在京部分普通高校本科教育有序迁出，或其他更佳方案。由于当前京津两地高等教育毛入学率已达到60%左右，而河北省高等教育毛入学率为30%左右。因此，这个方案主要考虑了北京天津高等教育进入普及化阶段之后人才培养的通识性得到加强，从而可探索将在京部分普通高校本科教育有序迁出；同时在普通高等学校发展的增量上优先向河北转移，严格限制在京本科高校招生规模，以达到有序疏解非首都功能，为协同发展提供更大的空间，并以此拉动河北省高等教育发展。

首都高校形成“一心三区多点”的空间布局。“一心”是指北京地区内集中在城市中心区的一批高校形成的高校空间区域，包括北京大学、清华大学等历史名校，综合类大学、理工科大学、文科类大学、艺术类大学等多数高校。“三区”是良乡、沙河及通州高教园区。“多点”是在规划发展的各新城内建立的与地方经济发展有密切联系的理工科类院校及专科类院校，重组教育资源，逐步实施高校部分校区向新城的疏解。天津市将进一步优化高校布局，如南开大学、天津大学新校区将坐落于海河教育园区；同时加强地处滨海新区有关高校的建设，增进与区域经济社会发展的紧密结合。

总体上说，高等教育的发展建立在地区经济发展和产业结构调整之上。在推进三地高校协同发展过程中，高校迁移和建立新校将是可靠的选择路径。但是，在此过程中，必须清楚高校和地区经济文化是一个完整的文化生态区。高校的合理迁移和建设，必须建立在足够的经济和文化支撑上。而北京地区高校迁移到河北，必须以河北地区产业结构和文化基础为考量基础。有专家论述：“根据经济发展的情况，河北现在的产业应该定位在一个什么样的地方，它的重点产业应该是什么，地理位置上的布局应该有哪些点，这些定了以后，我们再有的放矢地尽量将北京高等教育的优秀资源向这些地方辐射。比如说，在唐山重点产业是钢铁、船舶运输等，这些产业在当地建立一所学校或一个载体可能需要河北省来做，但是他们的师资不足、设备不足。这些方面我们可以从北京选派一些优秀的教师到那里给他们一些支援，选派这些教师的经费可以由北京来出。这可使得教师和河北两边都有积极性，从而达到一个北京支持河北的目的。如果我们单纯提出把学校搬到那个地方去，最终可能是什么情况呢？学校牌子过去了，人没有过去。所以我觉得首先要有一个布局，等他们的产业明确规划布局好了之后，再有一个载体。我们北京地区的高校针对这个载体，对当地的学校进行人员、项目、资金各方面的支持。我想可能今后更好的发展方式是这样的。”在充分考虑京津冀三地的教育、人口和产业结构基础上，再循序渐进地进行三地高教空间结构调整，是更加有效且稳健的创新之路。

二、京津冀区际、校际合作创新路径

1. 京津冀高等教育产学研项目管理创新路径

项目合作是当前京津冀高等教育产学研合作的主要形式。比如天津在承接北京功能转移上，开展有利于京津跨区域高层次的合作项目，在引进高校进驻的同时，吸引相关科技企业进驻天津，承接北京创新资源，促进北京科技成果转化。而河北高等教育底子相对较薄弱，但可通过大项目拉动，承接京津创新要素外溢，一方面推动北京、天津高端优势产业成果转化，另一方面更是加强了高校自身的创新能力建设，为服务区域经济、打造区域链接起到重要作用。在这个过程中，既存在着合作关系，也存在一定的竞争关系，因此三地既要认清各自的区位优势，又要以统筹的思路推进项目对接，避免计划项目趋同和立项重复，从而打造和提升整体优势。

政府在产学研区域合作重大项目管理上的主导作用十分重要。由政府牵头领导的大项目对带动京津冀产学研协同发展具有重大作用；由政府牵头举办的项目对接活动，是鼓励开展京津冀跨区域产学研合作的有效形式。因此，搭建项目合作平台与投入项目管理协作机制需要进一步常规化、制度化。有研究者认为，在顶层设计中，应建立和完善区域内共享的产学研投入机制，促进和推动京津冀未来经济社会发展的关键技术和共性技术，由京津冀三地产学研管理部门共同组织项目筛选，组织招标并对项目实施协作管理。共同建立区域内产学研合作专项基金，用于重点支持区域内产学研合作项目；京津冀企业界、大学和科研机构要打破界限，合理配置三方的产学研投入资源，形成组合优势。①

2. 高校与地方合作促进科研成果产业化的创新路径

三地产学研结合主要是根据三地产业与人才结构，发挥三地各自的产业与人才优势，让大学与企业合理对接。在此过程中，科研成果产业化起重要作用。

高校建立产业孵化基地是科研成果产业化的重要途径。科技研发能力强大的高校，可以与一地政府签约，合理利用高校和当地资源，成立产业孵化基地，推进地区产业结构发展。例如，清华大学重大科技项目（固安）中试孵化基地，是由清华大学与河北省共同建设的孵化基地，体现了科技创新链的一种新的资源配置模式。依托中试孵化基地，相关院系可以将应用研究放到基地，促进应用学科和工程技术队伍的建设和发展，同时依托基地开展应用成果的中试孵化工作，形成原始创新在院系、中试孵化在基地、技术转化在地方和产业界的技术创新链条。清华大学的经验既能发挥高校在技术进步、产业升级中的引领作用，推动区域经济社会发展，较好地满足国家战略需要；又能保证学校及院系集中精力抓原创性基础研究，在若干领域加快迈向世界一流。

---

① 孙莉．京津冀产学研合作机制的建立及对策［J］．科技创新导报，2008（12）．

高校与地方合作成立技术研究院是科研成果产业化的又一途径。清华大学成立的天津高端装备研究院就是其中很好的例子，清华大学发挥自己的学科优势和人才优势，依据天津产业结构有所侧重地在一些学科领域搭建研究平台，为当地经济发展贡献力量，为学校的学科发展和人才培养等方面提供实践基地。天津研究院从清华大学优秀科研团队中筛选确定了10个首批引进的科研团队，并确定建立相应的专业研究所开展相关科研成果转化工作。各科研团队入驻研究院后，计划设立相应的公司实体，从而形成清华本部的应用基础研究—研究院的应用技术研发和中试孵化—公司实体的产品化和产业化的完整链条。

专业化的高教产业园可以更为有效地发挥地区产业优势并推动高校快速发展。目前的一般化高教产业园由于学校类型众多、优势学科分散，难以形成实质性的高教产业园。而以相近或相同类型高校建设的专业化高教产业园则可以有效克服这些弊端，发挥产业园的优势。专家认为，天津的健康产业园倒是一种可行的方式，该产业园是专业化的大学城，把医科大学、天津中医药大学、天津体育学院和天津市体育训练局整合进去，然后配套很多所医院和养老设施，实际上是用专业化学院更精细化定制的方式去做了园区的规划。

3. 高校校际联合成立创新联盟促进产学研深度合作的创新路径

（1）成立高校同类型院校联盟。同类型院校联盟在创新领域具有重合效应，能够凝聚力量重点推进优势学科的创新。例如，2015年6月14日，北京工业大学、河北工业大学、天津工业大学在北京签署了成立创新联盟的协议。在三校签署的协议当中，天津工业大学牵头成立环境污染控制协同创新中心，北京工业大学牵头成立经济交通协同创新中心，河北工业大学牵头成立京津冀智能装备技术与系统协同创新中心，这实际上是三地三所工业大学重点发展的方向和重点合作的领域。三所大学都属于高水平的大学，在办学的定位、目标以及学科设置等方面，既有相似之处，又有独特的优势。同类型院校联盟将以2011协同创新中心为载体，围绕京津冀协同发展的重大需求，联合申报承担国家和地方重大的研究项目或者国际合作项目，打造一流的创新体系。

（2）成立名校联盟。应集中区域高等教育优质资源建设京津冀名校联盟，打造区域高等教育品牌。世界高等教育发展的历史经验表明，名校联盟在区域经济和社会发展中的优势日益彰显。作为一种发展战略，名校联盟充分发挥了高等教育系统的整体性、协调性、生态性功能，加强了高校之间及其与其他组织的密切合作，实现了高教资源的优化配置。对于京津冀高等教育产学研结合而言，要充分依托京津优质高等教育资源，以北京大学、清华大学等名校高校为依托，组建“京津冀名校联盟”，通过推行名校之间的学分互认、教师互聘、课程互选等措施，实现强强联合，打造京津冀区域高等教育国际品牌，提升京津冀区域高等教育的整体竞争力。① 名校联盟可以在优势

① 刘赞英．河北省高等教育结构优化研究［J］．河北科技大学学报（社会科学版），2011（9）．

学科上联合与著名企业合作，共同把人才培养、科学研究和新产品开发结合起来。

三、京津冀产学研转化创新路径

1. 高校成立产学研管理委员会促进校企文化融合的创新路径

高校设立产学研管理委员会，专门对接、融合企业文化是主要的创新路径。高校与企业之间在科学研究与产业转化上的合作是两种文化的融合。高校以学问和人才培养为追求目标，而企业以效率和利润为追求目标，如何将两者很好地融合在一起，是产学研结合的一个重要问题。

有河北大学领导谈道："我们最近与中国最大的燃气公司中国燃气集团开展了合作。从中我们认识到，学校与企业合作面临的最大问题是如何融合的问题，因为两者的文化不同，所以需要融合学校与企业的文化。在2007—2008年，根据企业和学校的需求，我们联合成立了管理委员会，作为沟通的平台。我们学校非常尊重企业的需求，比如说课程的设置，专业的设置。我们还提出了专业权的问题，就是谁有权力规范专业的设置。我们最后的考虑是按照企业模式来办学，根据企业对人才的喜好来调整专业和课程。这样，我们就得到了企业的信任，也得到企业的尊重。另外，在校企合作中一定要坚守一个原则，就是守住红线，自由发挥。所谓守住红线，就是牢牢守住教育部制定的各条红线，在不逾越红线的基础上最大限度地进行自由发挥。只有这样，校企合作才能办得好。"

2. 高校成立专门的技术许可机构以有效实现知识的商业化

有学者研究了美国高校通过完善知识产权保护制度和强化高校技术许可办公室机构（TLOs）的活动来提高高校产学研合作创新的能力。"在美国的大多数主要大学，TLOs提供了一个机构性基础设施，以便为知识财产的商业化提供便利。1980年在美国各主要大学，这种办公室只有25个，但到1996年则达到了200个以上。1981年以前，每年美国大学获取的专利数不到250件。仅仅19年时间，每年授予大学的专利数便达到了1600件，其中80%均为联邦政府资助的科研成果。高校研究对于产业的贡献从1980年的4%迅速突升到1990年的7%。"① 应该说专利制度建设是高校高新技术产业化的有效途径，也是提高高校产学研合作优势地位的重要条件。因此，在京津冀产学研协同发展中如何进行借鉴值得探索与创新。

3. 搭建区域技术和产权交易平台的创新路径

（1）构筑京津冀科技与技术的信息共享与交易平台。以京津冀现有知名的技术产权交易机构北方技术交易所、北京技术产权交易所、中关村技术产权交易中心和河北省技术产权交易中心为核心，构筑京津冀区域技术和产权交易平台，促进技术、资本在区域内的优化配置。

---

① 柯常青．美国高校的技术转让及其借鉴意义［J］．中国高等教育，2001（18）．

（2）构筑京津冀科技条件共享平台。通过三地产学研的合作和优势互补，促进区域内大学、科研机构和企业的科技信息资源和仪器设备资源实现共享，提高仪器设备的使用效率，为科技创新创造良好科研条件。

（3）构筑京津冀区域科技中介服务平台。通过整合京津冀区域内科技中介服务机构，构筑一个网络化的科技中介服务区域共同市场。① 毫无疑问，搭建区域技术和产权交易平台将有利于高校和科研院所科技成果的产出和产业化。

四、京津冀共建国际科技合作基地创新路径

高等教育国际化是全球经济一体化发展的需要。树立高等教育国际化观念，将是中国高等教育走向世界、面向未来的重要一步。知识经济的本质是国际性的，经济、科技与文化全球性的交流与合作，必然要求教育从体制到内容更加开放，更加国际化，更具有前瞻性。② 因此，加强高等教育及地区间的国际科技创新合作也是有益探索。

近几年，北京市通过“国际科技合作基地”这一抓手，有效提升了国际科技创新合作的成效。目前，北京市国际合作基地已多达 324 家。津冀两地虽然分别只有 10 个、38 个国际科技合作基地，但却涵盖新能源、生物医药、装备制造、半导体技术、能源环保等诸多现代产业领域。

有研究认为，构建京津冀国际科技合作基地联盟，通过联盟成员间的合作交流和资源共享，既能提升三地国际科技合作的条件和能力，推进三地科技创新与产业升级，还将促进三地利用全球科技资源，携手参与国际科技竞争与合作，加快推进北京打造具有全球影响力的国家创新中心的进程。特别是在新技术革命条件下，一系列新的信息传播手段和认知工具的出现，对教育产生了深刻影响。计算机网络和多媒体技术将成为高等教育不可替代的学习手段，成为跨越校园、利用全球资源、提高全球化教育服务的渠道和方式。加强国际教育交流与合作，与国外学校或专家联合培养人才，联合进行科学研究是时代的要求。③

京津冀联合成立国际科技合作基地将给高等教育产学研结合提供更为广阔的平台，为科研、创新提供多元的视野和更为便捷的途径。

高等教育产学研结合需要政府、高校、企业、技术转让领域等的紧密配合。高等教育产学研项目管理的创新路径需要政府的引导，高校与地方合作促进科研成果产业化的创新路径也需要政府的积极引导和主动参与。高校校际联合以及高校内部成立产学研管理委员会和成立专门的技术许可机构则需要高校自身相互加强联系，并且通过高校内部成立专门的机构主动与产业部门和专利部门联系，以更好地促进产学研相结

① 孙莉．京津冀产学研合作机制的建立及对策［J］．科技创新导报，2008（12）．

② 陈丽萍．产学研一体化是探索 21 世纪高等教育发展模式的新视角［J］．中国高教研究，2000（9）．

③ 张建国，康涛．从抱团联盟发力推进京津冀协同发展［J］．河北省社会主义学院学报，2015（4）．

合。高等教育产学研结合的创新路径需要京津冀三地高校校际合作，更需要高校组织结构的变革以扩大与企业、产业界和技术部门的联系，从而有利于通过与企业的文化融合促进科研成果与企业生产对接，有利于培养符合社会需求的人才，有利于通过专利突显高校科研成果的价值，有利于通过成果转化使科研成果直接与生产挂钩；区域技术和产权交易平台则从科研成果的专利、商业化、产品化方面提供了新的思路，从科技发展与市场的角度，为科研成果的转化提供了更为广阔的出路。京津冀国际科技合作基地联盟为高等教育产学研的国际化以及和世界前沿接轨提供了渠道和平台。

从易到难来看高等教育产学研结合创新路径的实施，可以发现，高校内部成立产学研管理委员会和成立专门的技术许可机构等组织结构的变革是适应产学研相结合需求的一种组织内部变革，不仅最容易实现，而且很有价值。高校产学研结合功能的充分发挥需要高校组织中有专门的机构与产业界保持密切联络，打破封闭的学院环境，形成开放的现代组织，与外界构成统一的开放系统。高校校际联合虽然不像高校内部结构变革那样可以立即着手进行，但是高校根据自身的学科专业等找到共同感兴趣和有充分发展潜力的结合点，也并非难事，只要有利于取长补短、合作共赢就可以先行尝试。高等教育产学研项目管理则需要政府在充分调研或者由地方申报并通过充分论证的基础上，确定可以实施哪些项目、在哪些地方、由哪些机构参与等，然后制定计划，安排实施。这需要政府充分调研、论证和适当投入资金，以促进这一创新路径有序展开。区域技术和产权交易平台与国际科技合作基地联盟在三地均已存在，只是三地联合的平台和联盟还不多见，三地的联合不仅需要三地各自平台和联盟自己的努力，更需要政府的引导和给予更为宽松的支持政策。而最为困难的可能是京津冀三地教育—产业结构的空间调整。只有放下三地各自的利益考量，从京津冀协同发展的长远目标出发，才能够实现三地经济、教育的协调和可持续发展。这也将为打造京津冀世界级城市群提供持续性的助力。

京津冀高等教育协同发展必须以长远目标为导向，围绕如何打造世界级城市群合理推进。专家认为，核心问题是教育要服务于社会发展，在这个过程中，教育必须与各地区的产业布局、人才结构相适应。

纵观世界，高等教育在国家或地区的竞争与博弈中发挥着越来越重要的作用，优质高等教育已经成为国家或地区核心竞争力的关键组成部分和重要标志。从国际经验来看，一个国家或地区增强综合实力和核心竞争力的重要举措之一就是大力发展高等教育，不断推进产学研三位一体协调发展。京津冀区域是我国优质高等教育资源最为集中的区域之一，是我国最具发展潜力的地区之一，是我国自主创新战略的重要承载地之一，也是带动中国经济持续增长和社会全面进步的强大引擎。进一步探索京津冀高校、科研院所与企业跨区域的协同创新路径，在打造更强的创新基础、推动国家实现经济转型上，具有重大意义。

第四章 长三角和泛珠三角地区经验

DI SI ZHANG

CHANGSANJIAO HE FANZHUSANJIAO DIQU JINGYAN

第一节　长三角教育协同发展分析

长江三角洲地区，简称“长三角”，最初包括上海市、江苏省、浙江省。① 2008年，国务院颁布《关于进一步推进长江三角洲地区改革开放和经济社会发展的指导意见》，确立了长三角地区各个领域的一体化发展战略，提出到2020年把长三角地区建设成亚太地区重要的国际门户、全球重要的先进制造业基地和具有较强国际竞争力的世界级城市群，并首次明确提出将教育联动发展作为长三角地区经济社会一体化发展战略的重要组成部分。2010年国务院批准实施《长江三角洲地区区域规划》。2012年，安徽省加入长三角区域一体化进程。2014年，教育部出台长三角教育合作与交流计划，正式将安徽纳入长三角教育协同发展。长三角是全国各级各类教育资源最丰富的地区之一。近年来，由于长三角地区各省市不断创新区域教育合作机制，区域教育协同发展取得了显著成效，为全国其他区域教育协同发展提供了经验，也为京津冀推进教育协同发展提供了有益的参考。

一、长三角人口经济概况

1. 长三角及京津冀地区人口和经济情况比较

2014年度统计数据表明，如表4－1所示，长三角四地面积约35.05万平方千米，占全国土地的3.6%；江浙沪皖共计2.19亿人，占全国总人口的16%，创造了23.5%的国内生产总值。京津冀地区面积约21.6万平方千米，2014年总人口共计1.1亿，占全国人口的8%，创造了10.4%的国内生产总值。泛珠三角国土约占全国20%，人口约占全国35%，创造了38.5%的国内生产总值。在2012年安徽加入长三角之前，苏浙沪三地人均生产总值为69 027元，远超京津冀人均生产总值53 248元。2014年长三角人均生产总值因安徽的加入变成低于京津冀近10 000元。

① 以下如无特别说明，本部分涉及此前的长三角数据，仅指上海、江苏和浙江三地。

表 4-1 2014 年全国及三大区域人口和经济情况比较

地区	全国	长三角	京津冀	泛珠三角
土地面积（万平方公里）	960	35.05	21.6	199.1
及占全国百分比	100%	3.6%	2.3%	20.7%
常住人口（万人）	136 782	21 977	11 053	47 828
及占全国百分比	100%	16.0%	8.0%	35.0%
生产总值（亿元）	636 138.7	149 654.5	66 476.5	245 124.8
及占全国百分比	100%	23.5%	10.4%	38.5%
人均生产总值（元）	46 629	71 652.75	81 727	51 251

说明：本表格由 2015 年国家统计局网站公布的分省年度经济、人口数据合成。

2. 长三角及京津冀地区城镇化发展情况比较

如表 4-2、表 4-3 所示，自 2005 年以来，江浙沪皖四地常住人口规模均有增长，江苏人口规模稳居第一，安徽其次，浙江紧随其后，上海市人口规模最小。四地城镇人口逐年增长，苏浙皖三地乡村人口规模逐年下降，城镇化率逐年提高；上海变化不大，城镇化率始终引领全国。2014 年，上海城镇化率高达 89.6%，远超江苏的 65.2% 和浙江的 64.9%，也超过京津两地（86.3%、82.3%）。安徽城镇化率 49.2%，与河北 49.3% 相当，均低于全国水平的 54.8%。

表 4-2 2005—2014 年长三角地区四省市城乡人口变化（单位：万人）

年份	上海			江苏			浙江			安徽		
	常住人口	城镇人口	乡村人口	常住人口	城镇人口	乡村人口	常住人口	城镇人口	乡村人口	常住人口	城镇人口	乡村人口
2014	2426	2173	252	7960	5191	2769	5508	3573	1935	6083	2990	3093
2013	2415	2164	251	7939	5090	2849	5498	3519	1979	6030	2886	3144
2012	2380	2126	255	7920	4990	2930	5477	3461	2016	5988	2784	3204
2011	2347	2096	251	7899	4889	3009	5463	3403	2060	5968	2674	3294
2010	2303	2056	246	7869	4767	3102	5447	3356	2090	5957	2562	3395
2009	2210	1958	252	7810	4343	3468	5276	3055	2221	6131	2581	3550
2008	2141	1897	244	7762	4215	3547	5212	3002	2210	6135	2485	3650
2007	2064	1830	233	7723	4109	3614	5155	2949	2206	6118	2368	3750
2006	1964	1742	222	7656	3973	3682	5072	2866	2206	6110	2267	3843
2005	1890	1684	206	7588	3832	3756	4991	2796	2195	6120	2173	3947

说明：本表格由 2015 年国家统计局网站公布的分省年度人口数据合成。

表 4 – 3　2014 年长三角与京津冀地区城乡人口状况比较（单位：万人）

地区	常住人口总数	城镇		乡村	
		人口	百分比（%）	人口	百分比（%）
全国	136 782	74 916	54.8	61 866	45.2
长三角	21 977	13 927	63.4	8049	36.6
京津冀	11 053	6748	61.1	4304	38.9
上海	2426	2173	89.6	252	10.4
江苏	7960	5191	65.2	2769	34.8
浙江	5508	3573	64.9	1935	35.1
安徽	6083	2990	49.2	3093	50.8
北京	2152	1858	86.3	294	13.7
天津	1517	1248	82.3	269	17.7
河北	7384	3642	49.3	3741	50.7

说明：本表格由 2015 年国家统计局网站公布的分省年度人口数据合成。

3. 长三角各地及京津冀地区人均生产总值比较

如表 4 – 4、表 4 – 5 所示，按常住人口统计，自 2000 年以来，上海人均生产总值一直处于长三角地区四省市的领先地位，安徽远远落后于其他两省一市。2014 年，长三角地区生产总值合计 14.96 万亿元，比京津冀多出一倍以上。长三角三大产业增加值的比重各有不同，上海第三产业比重最大；江苏、浙江第二、第三产业相当，与天津一致；安徽第二产业比重最大，与河北大致相当。2014 年，人均地区生产总值上海最高，与北京相当；江苏高于浙江；安徽与苏浙沪差距明显，略低于河北。2013 年上海人均财政支出 1.87 万元，与北京（1.97 万元）和天津（1.7 万元）相当；江苏、浙江仅有上海的 52% 和 46%；安徽最低，仅有 7213 元，高于河北（5937 元）。京津冀总体人均财政支出与长三角大致相当。人均生产总值与人均财政支出的状况，将直接影响公共财政教育经费水平，由此可知江浙皖三地与上海在公共财政支撑教育能力上的差距。

表 4 – 4　2014 年长三角与京津冀地区生产总值及人均生产总值

地区	地区生产总值（亿元）及占百分比	第一产业增加值（亿元）及占百分比	第二产业增加值（亿元）及占百分比	第三产业增加值（亿元）及占百分比	人均地区生产总值（元）
全国	636 138.70	58 336.10	271 764.50	306 038.20	46 629
	100%	9%	43%	48%	
长三角	149 654.51	7930.24	69 579.01	72 142.26	71 652.75
	100%	5%	47%	48%	

（续表）

地区	地区生产总值（亿元）及占百分比	第一产业增加值（亿元）及占百分比	第二产业增加值（亿元）及占百分比	第三产业增加值（亿元）及占百分比	人均地区生产总值（元）
京津冀	66 476.45	3806.30	27 297.06	35 371.09	81 727
	100%	6%	41%	53%	
上海	23 560.94	124.26	8164.79	15 271.89	97 343
	100%	1%	35%	65%	
江苏	65 088.32	3634.33	31 057.47	30 396.52	81 874
	100%	6%	48%	47%	
浙江	40 153.50	1779.26	19 152.73	19 221.51	72 967
	100%	4%	48%	48%	
安徽	20 848.75	2392.39	11 204.02	7252.34	34 427
	100%	11%	54%	35%	
北京	21 330.83	159	4545.51	16 626.32	99 995
	100%	1%	21%	78%	
天津	15 722.47	199.84	7731.38	7791.25	105 202
	100%	1%	49%	50%	
河北	29 421.15	3447.46	15 020.17	10 953.52	39 984
	100%	12%	51%	37%	

说明：本表格由2015年国家统计局网站公布的分省年度经济数据合成。

表4－5　2013年长三角与京津冀人均财政支出（单位：元）

长三角	上海	江苏	浙江	安徽
9783.03	18 752.01	9822.99	8603.98	7213.42
京津冀	北京	天津		河北
10 194.55	19 719.12	17 023.73		5937.59

说明：本表格由2015年国家统计局网站公布的分省年度人口、财政数据合成。

4．长三角与京津冀居民人均可支配收入比较

如表4－6所示，安徽2013—2014年的城镇和农村居民人均可支配收入均低于全国平均水平，与河北情况大致相同。江苏、浙江两年的城镇居民人均可支配收入均高于天津，农村居民人均可支配收入江苏略低于天津。上海与北京城镇居民人均可支配收入大致相当，上海农村居民人均可支配收入高于北京，上海、北京的城镇和农村居民人均可支配收入均高于本区域其他省区。由此可大致了解安徽居民在可能用于分担教育的潜力上与江浙沪的差距。

表 4 -6　长三角与京津冀居民人均可支配收入比较（单位：元）

地区	年份	全国	北京	天津	河北	上海	江苏	浙江	安徽
城镇	2013	26 467	44 564	28 980	22 227	44 878	31 585	37 080	22 789
	2014	28 844	48 532	31 506	24 141	48 841	34 346	40 393	24 839
农村	2013	9430	17 101	15 353	9188	19 208	13 521	17 494	8850
	2014	10 489	18 867	17 014	10 186	21 192	14 958	19 373	9916

说明：本表格由 2015 年国家统计局网站公布的分省年度人民生活数据合成。

二、长三角教育资源格局分析

如表 4 -7、表 4 -8 所示，长三角近十年各级教育生均费用不断增加，上海各级教育费用全国排名均稳定在第一或第二名，江浙两地排名基本上在全国前 10 名。安徽位于第 20 名之后，各级教育均低于全国水平，但近几年小学和中学阶段的排位均有所提高。2013 年，在各级教育生均费用比较中，上海均位居全国第二，是全国平均水平的 2 ~3 倍；北京均排在第一；天津基本上排在第三位；安徽和河北均排在全国 20 多位，低于全国平均水平。近年来，江苏基础教育生均费用高于浙江，且排位均保持在前 5 名。相比之下，江浙两地高等教育生均费用相对较低，均排在第十名以后，低于全国平均水平。长三角和京津冀各级教育生均费用均高于全国，京津冀高于长三角。

表 4 -7　长三角地区各级教育生均公共财政预算教育事业费及排位（单位：元）

各级教育	地区	2005 年	2010 年	2011 年	2012 年	2013 年
普通高校	全国	5375. 94	9589. 73	13 877. 53	16 367. 21	15 591. 72
	上海	11 500. 73	21 258. 08	29 560. 09	30 116. 56	30 186. 34
	全国排位	3	2	2	2	2
	江苏	4971. 73	10 089. 18	12 042. 91	14 835. 94	14 836. 89
	全国排位	8	11	12	11	11
	浙江	6417. 74	10 508. 34	12 014. 8	12 938. 29	13 765. 91
	全国排位	6	9	13	22	13
	安徽	3468. 17	4854. 69	8886. 74	12 152. 91	10 102. 66
	全国排位	21	30	27	27	31

（续表）

各级教育	地区	2005 年	2010 年	2011 年	2012 年	2013 年
职业中学	全国	1980.54	4842.45	6148.28	7563.95	8784.64
	上海	6188.9	12 609.79	14 653.93	17 879.89	20 702.8
	全国排位	1	2	2	2	2
	江苏	1932.14	4314.28	6012.15	8522.5	9736.64
	全国排位	15	21	17	11	13
	浙江	2768.8	6643.12	7896.09	9555.28	12 712.68
	全国排位	9	8	9	8	7
	安徽	1059.1	2972.06	4391.53	6420.71	7414.91
	全国排位	30	30	30	21	24
普通高中	全国	1959.24	4509.54	5999.6	7775.94	8448.14
	上海	8131.85	20 346.58	23 676.36	27 271.01	30 593.83
	全国排位	1	2	2	2	2
	江苏	2384.86	5595.47	7606.2	10 793.22	12 788.19
	全国排位	9	11	9	7	5
	浙江	3376.6	6415.4	7683.51	9869.79	12 192.62
	全国排位	5	9	8	10	6
	安徽	1230.23	2817.27	4601.11	6685.41	7039.9
	全国排位	26	28	27	23	24
普通初中	全国	1498.25	5213.91	6541.86	8137	9258.37
	上海	8421.5	19 809.98	22 076.15	23 771.86	25 445.47
	全国排位	1	2	2	2	2
	江苏	1823.3	8385.89	10 175.05	12 479.57	15 140.8
	全国排位	10	4	5	4	4
	浙江	3216.47	8382.49	10 027.27	11 500.02	12 617.07
	全国排位	4	5	6	6	7
	安徽	922.75	3963.55	5645.98	7457.25	8830
	全国排位	30	27	21	19	18
普通小学	全国	1327.24	4012.51	4966.04	6128.99	6901.77
	上海	7940.77	16 143.85	17 397.94	18 543.78	19 518.03
	全国排位	1	1	2	2	2
	江苏	2032.86	7252.39	8479.5	9548.08	10 584.64
	全国排位	7	5	5	5	5
	浙江	2497.84	6732.41	7468.67	8197.65	8874.54
	全国排位	4	6	8	10	11
	安徽	990.39	3192.12	4503.39	5587.19	6437.96
	全国排位	26	27	20	21	20

数据来源：2015 年教育部、国家统计局、财政部发布的历年全国教育经费执行情况统计公告。

表 4－8　2013 年长三角与京津冀各级教育生均公共财政预算教育事业费及排位（单位：元）

地区	普通高校	排位	职业中学	排位	普通高中	排位	普通初中	排位	普通小学	排位
全国	15 591.72		8784.64		8448.14		9258.37		6901.77	
长三角	17 222.95		12 641.76		15 653.64		15 508.34		11 353.79	
京津冀	27 860.14		16 809.24		21 657.43		20 951.92		14 037.36	
上海	30 186.34	2	20 702.8	2	30 593.83	2	25 445.47	2	19 518.03	2
江苏	14 836.89	11	9736.64	13	12 788.19	5	15 140.8	4	10 584.64	5
浙江	13 765.91	13	12 712.68	7	12 192.62	6	12 617.07	7	8874.54	11
安徽	10 102.66	31	7414.91	24	7039.9	24	8830	18	6437.96	20
北京	47 629.14	1	23 635.72	1	36 763.03	1	32 544.37	1	21 727.88	1
天津	23 046.92	4	19 901.89	3	21 103.92	3	22 840.57	3	15 447.39	3
河北	12 904.36	17	6890.12	27	7105.34	23	7470.83	27	4936.8	30

数据来源：2015 年教育部、国家统计局、财政部发布的历年全国教育经费执行情况统计公告。

三、长三角 2020 年教育规划纲要文本比较

本部分参照《国家中长期教育改革和发展规划纲要（2010—2020 年）》和江浙沪皖各地《中长期教育改革和发展规划纲要（2010—2020 年）》，对长三角 2020 年的发展目标任务、教育体制改革和重点领域进行对比分析。

1．长三角中长期教育发展目标任务

（1）学前教育发展目标任务。2020 年，在学前三年毛入园率方面，上海（99%）、江苏（98%以上）、浙江（97%）的目标远高于安徽（80%），京（99%）、津（98%）两地与江浙沪三地相当，安徽高于河北（75%），长三角四地与京津冀三地均高于全国总目标（70%）。上海提出到 2020 年，全市 0 至 3 岁婴幼儿早期教养指导服务普遍开展，3 至 6 岁儿童毛入园率达到 99%。江苏提出大力实施学前教育普及提高工程，重视 0 至 3 岁婴幼儿教育，逐步提高覆盖率，提高保教质量。浙江提出在提高普及率的同时，完善学前教育布局规划、提高保教质量、完善管理体制和办园体制。安徽提出建立政府主导、社会参与、公办民办并举的办园体制，建立覆盖城乡、布局合理的学前教育公共服务体系，重视 0 至 3 岁婴幼儿教育，推动城乡同步发展，加强学前教育管理，提高幼儿园的保教质量。四地都提出以政府主导、社会参与、公办民办并举的办园体制，上海更强调学前教育质量，江浙皖则强调学前教育的覆盖率，尤其是乡镇幼儿园的建设。

（2）义务教育发展目标任务。上海与北京学生特点相同，流动人口子女就学人数多。在中考制度限定下，很多随迁子女在初二、初三就回到户籍所在地就读，因此京沪两地提出义务教育毛入学率的目标分别为 100% 和 99.9%。苏浙皖与津冀两地相同，

都关注九年义务教育巩固率的目标，分别为99%、99.9%、98%。江浙皖与京津冀三地都把义务教育均衡发展作为义务教育巩固提高的重要内容；上海则更加关注义务教育的公平及质量，提出要着眼于全体学生的学习需要、提高每所学校的办学质量、深化课程和教学改革、切实减轻学生过重的课业负担。

从义务教育均衡发展保障机制看，苏浙皖三地均提出建立城乡一体化的义务教育发展机制，在财政拨款、教师配置、学校建设等方面向农村倾斜。其中苏浙两地实行省内教育对口支援，发达地区对口支援欠发达地区、城市支援农村教育的机制，江苏提出建设均衡发展示范区，浙江提出实施城乡薄弱学校质量提升行动计划。在外来务工人员子女就业方面，浙江坚持以输入地政府管理为主，逐步将民工子女学校纳入财政保障范畴，实现外来民工子女免试就近入学，免费接受义务教育。安徽与河北一致，均关注随迁子女和留守儿童义务教育，安徽坚持以输入地政府管理为主，以全日制公办中小学为主，完善随迁子女平等接受义务教育和在当地参加升学考试的政策措施，建设农村寄宿制学校以满足留守儿童住宿需求，并建立农村留守儿童关爱服务体系。

（3）高中阶段教育发展目标任务。江浙沪三地2020年高中教育阶段毛入学率目标分别为95%以上、98%、99%，均高于安徽90%以上的目标。安徽与全国平均水平90%相当。从高中教育发展方式与路径来看，江浙沪皖四地均坚持普通高中优质特色发展，促进发展的多样性，江浙沪三地均支持高中学校发挥传统优势，建设特色高中，鼓励开设职业教育内容。上海提出发挥优质高中在特色办学中的示范和带动作用，推动普通教育与职业教育互相渗透，发展普职融合的综合高中，探索举办若干与上海加快人才引进和国际化发展需要相适应的普通高中；江苏实施高中质量提升和特色建设工程；浙江扩大办学自主权，开展特色高中自主招生试点，探索综合高中办学模式；安徽着力构建多样、开放、灵活、互通的普通高中教育模式，为不同需求的学生提供可以选择的教育服务。

（4）职业教育发展目标任务。上海着重改革职业教育人才培养模式，构建现代职业教育体系。苏浙皖三地着重完善职业教育体系、加强职业教育基础能力建设。上海提出要做精、做特、做强职业教育，推进中等与高等职业教育相互衔接，促进职业教育与职业培训有机结合。江苏提出实施技工院校示范专业和精品课程创建工程、高等职业教育优质资源建设工程和示范院校建设计划，到2020年，建成100所国内一流的中等职业学校、40所示范高等职业院校、5个高等职业教育园区和一大批职业教育实训基地。浙江提出到2015年，全省扶持建设100个特色专业、新兴专业和100个骨干专业。安徽提出创新皖江城市带承接产业转移示范区职业教育发展模式，重点建设一批骨干示范中职学校、优质特色学校和县（市、区）合格职教中心，加快发展面向农村的职业教育。

从职业教育集团化办学模式上看，上海提出完善职业教育多样化校企合作机制；江苏提出组建多形式的职业教育集团，加强省示范性高职教育园区建设；浙江提出组建一批行业（企业）参与的职教集团或联盟，成立由行业（企业）参加的专业教学指导委员会；安徽提出组建区域性、行业性、综合性等多形式的职业教育集团，支持皖北地区发展职业教育，引导骨干示范职业院校到皖北办学或开展联合办学、连锁办学。

在职业教育经费与管理方面，苏浙皖三地均提出完善家庭经济困难学生资助政策，江苏、安徽提出逐步实行中等职业教育免费制度，浙江提出逐步扩大职业学校减免学费、住宿费的学生比例，上海没有提及相关政策。

（5）高等教育事业发展目标任务。江浙两地高等教育毛入学率目标相当，均为60%以上，与天津（65%以上）相差不大，安徽43%，略高于河北（42%）。安徽与江浙两地的差距在17%左右，小于河北与天津之间的差距（23%）。上海和北京均没有提出2020年高等教育毛入学率目标，但提出了更为严格的人口素质目标，即北京、上海每十万人口在校大学生数分别为6700人和5200人。

在发展定位上，江浙沪三地均将工作重心从外延发展向内涵建设、从规模扩张向质量提升转移，均提出把握国际高等教育发展趋势，强化高校特色；安徽坚持提高质量与扩大规模并举。在建设一流大学方面，苏浙沪提出建设国际一流大学，与京津两地发展方向一致；安徽与河北都致力于建设国内高水平大学。上海提出加强一流学科专业建设，支持若干所大学向世界一流大学和高水平特色大学目标迈进。江苏大力支持“985工程”高校创建世界一流大学，大力推进“211工程”高校建设，坚持瞄准国际学科前沿与瞄准国家战略目标和服务区域发展相结合，在经济社会发展亟须领域建成若干重点学科群，力争江苏高校国家一级学科重点学科占全国总数的10%以上，部分优势学科进入国际同类学科排名前列。浙江支持浙江大学加快建成世界一流大学，支持中国美术学院加快成为国际知名大学，支持浙江工业大学等具有较强综合实力的高校成为国内知名高校，一批特色教学型本科院校进入全国同类院校前列，一批国家级示范高职院校成为国内一流、具有国际影响力的院校。安徽将继续推进中国科学院、教育部、安徽省共同支持中国科学技术大学建设世界一流研究型大学，推进教育部、安徽省共建合肥工业大学，扎实推进安徽大学“211工程”建设；支持一批具有较高办学水平或办学特色鲜明的高等学校进行重点建设；形成以国际国内一流高校和一流学科领域为龙头，以专业性、行业性、综合性强的高校或学科为骨干，以主要培养应用型、技能型人才的高校或学科为基础的高等教育结构。

在人才培养方面，上海、江苏、安徽都关注研究生教育；江苏还关注高等职业教育，浙江在该方面没有提出明确要求。四地均推行学分互认机制，加强联合培养人才机制。上海提出建立灵活的学习制度，全面推行学分制，实现校际资源共享，为学生提供更多的课程选择。江苏提出创新人才培养机制，全面推行学分制和弹性学制，推行跨校、跨区域、跨类型的学分互认，推行主辅修制、双专业制、多项技能等级证书制，推行本科学生导师制；建立高校区域合作育人机制，深化合作办学试点，推进教学联合体建设，实行资源共享、教师互聘、课程互选、学分互认。浙江提出改进教学，推广学分制。安徽提出全面推行学分制，建立跨校、跨区域、跨类型的学分互认和主辅修、双学位或双专业等制度。四地均提出创建高等学校之间以及学校与科研院所、行业企业联合培养人才的有效机制。

2. **长三角中长期教育改革举措**

（1）办学体制改革。四地均提出转变政府教育管理方式，强调权责明确。上海、江苏提出发展、完善中介机构参与机制。四地均提出深化办学体制改革，鼓励公办学校多形式办学，鼓励社会力量办学。上海选择部分公办学校探索委托管理、合作办学等多种形式改革，探索让部分学校优秀校长或管理层管理多所学校的改革试验，高中阶段选择部分公办学校探索横向集团化办学，公办职业院校依托行业企业办学。江苏允许社会力量通过公办民助、委托管理、合作办学等方式参与举办非义务教育公办学校；探索让部分中小学校、幼儿园优秀校长（园长）及团队管理多所学校（幼儿园）；支持公办学校之间，以及公办学校和民办学校之间联合组建教育集团；支持高中阶段公办学校集团化办学；支持公办职业院校依托行业企业办学，支持企业、社会团体、个人参与举办职业教育和培训。浙江积极鼓励社会力量办学，进一步制定和落实支持民办教育发展的政策措施，促进社会力量以独立举办、共同举办等多种形式兴办教育。安徽积极鼓励行业、企业等社会力量参与公办学校办学，探索联合办学、委托管理等多种办学形式。

（2）考试招生制度改革。江浙沪三地均实行义务教育阶段公办中小学免试就近入学制度，将优质高中招生指标分配到初中；中等职业高中实行自主招生或注册入学，实行统一高考，探索高校多样录取办法。上海提出在实行全市初中统一学业水平考试制度的基础上，高中阶段入学实施综合素质评价、统一招生录取的办法，逐步扩大学校自主招生比例，优质普通高中逐步做到年度招生计划按60%的比例平均分配到每所初中，完善初中学校优秀毕业生推荐入学制度；高职高专院校实行综合评价、注册入学制度，普通本科高等学校实行联合统一考试、自主择优录取制度，若干高水平大学探索实施多元考查、自主招生的办法。江苏实行全面推行热点高中招生指标分配到初中的政策，中等职业学校实行自主招生或根据学业水平考试成绩和综合素质评价注册入学制度；试行普通本科院校与高等职业院校分类入学考试，鼓励普通本科院校以统一招生考试为主，完善择优录取、自主录取、推荐录取、破格录取、定向录取等录取办法。浙江改进高中阶段学校考试招生办法，降低难度，强化对考生的知识面、思考判断、创新思维、综合分析能力等考核考查；中等职业学校探索实行自主招生或根据学业考试成绩和综合素质评价“注册入学”的办法；在坚持和完善统一高考招生制度的基础上，逐步实施高等学校分类入学考试，增强高中学生综合素质评价对高考招生的影响作用，扩大医卫、农业类院校和专业面向农村和基层的定向招生规模；扩大高职院校自主招生，探索实施“校考＋单考”“注册入学”等新的自主招生模式。安徽中等职业学校实行自主招生或注册入学，推进普通高中多样化录取方式，规范特长生录取程序和办法，改进和完善省、市示范高中招生指标分配到区域内初中的政策与措施；实施普通本科院校与高等职业院校分类入学考试，逐步实行高等职业院校省级组织入学考试制度；完善示范高职院校自主招生、注册招生办法，成人高等教育逐步建立灵活多样的招生录取办法，研究生招考强化创新能力考查，发挥并规范导师在选拔录取中的作用。

（3）人才培养体制改革。四地均提出创新人才培养模式，从课程和教学方式方法上改革，培养学生创新意识、创新思维、创新能力。上海提出建立中小学生“减负”有效机制。浙江提出创新高校培养机制，全面推行弹性学制，推进跨校、跨类型的学分互认，推行主辅修、双专业制、专项技能等级证书制等；实行导师责任制和导师项目资助制的研究生培养体制，推行产学研联合培养“双导师制”。江苏和安徽还提出改革教育质量评价方式，开展由政府、学校、家长及社会各方面参与的教学质量评价活动。

（4）现代学校制度建设。四地和京津冀一致，均提出落实和扩大学校办学自主权，发挥学术委员会的作用，探索民主管理、教授治学的有效途径。在企业参与高校建设方面，上海提出探索公办高校建立由多方面代表参加的学校理事会，吸引社会贤达参与学校重大决策和管理。江苏完善社会合作制度，扩大高校发展的社会参与度，形成高校和行业企业密切合作与共建的模式。浙江鼓励专门机构和社会中介机构对高等学校学科、专业、课程等建设水平和质量进行评估，建立高等学校质量年度报告发布制度。安徽提出探索高等学校与行业、企业密切合作共建的模式，推进高等学校与科研院所的资源共享；发挥企业参与中等职业学校发展的作用，建立中等职业学校与行业、企业合作机制。

四、长三角推进教育协同发展的举措和进展

20世纪末，长三角教育整体处于全国领先地位，为区域内教育强强联合、特色互补、资源共享，提高区域教育资源整体配置效益、科教资源综合实力和竞争力，奠定了重要基础。在基础教育方面，长三角两省一市（江苏省、浙江省和上海市）先后在全国率先实现了“两基”，尤其在义务教育普及和完成水平方面在全国名列前茅，“十一五”期间小学入学率和升学率都达到或接近100%。在高等教育方面，长三角两省一市高等教育在校生占全国的15%，研究生培养规模占全国的18%。此外，长三角拥有7所“985工程”重点建设大学，约占全国总数的18%；国家重点实验室34个，涉及学校37所，占全国高校的30.1%；拥有11个国家工程技术研究中心，占比超过全国的25%；还分布着130个国家重点学科，占全国总数的20.7%。长三角还具有数百个高等教育特色学科专业，形成了具有较大影响力的特色人才培养资源。在职业教育方面，长三角两省一市共有146所国家级重点中等职业学校，占全国的10.5%；拥有23个中等职业教育示范专业（点），占全国的13.1%；拥有12个“国家重点建设职教师

资培训基地重点专业”，约占全国总数的 20%；中等职业教育“双师型”教师占全国的 15.3%；中职生均仪器设备值是全国的 1.4 倍。①在拥有丰富教育资源的基础上，长三角推进教育协同发展大致分为三个阶段。

1. 长三角教育联动发展起步阶段（21 世纪初至 2008 年）

长三角在教育联动发展的起步阶段，采取了多种措施。

（1）签署了若干教育合作协议。两省一市政府部门通过互访、对话，签订了多项教育合作协议，就优先合作领域、交流方式等达成基本共识和多项合作意向，为长三角教育部门、机构、学校合作提供了行动指南。例如，两省一市签订的《关于加强沪浙两地教育合作的意见》《关于加强沪苏两地教育合作的意见》《上海、江苏、浙江省关于长三角职业教育与成人教育合作协议》等，对推进长三角教育合作发挥了积极作用。

（2）建立了沟通机制。两省一市不同部门、社会机构定期合作举办各类教育发展论坛等活动，为教育联动搭建沟通平台。如 2004 年开始两省一市民盟、政协、教育学会等机构联合主办“长三角基础教育论坛”，探讨长三角率先实现教育现代化的问题与对策；社区教育部门签订了《上海市、江苏省、浙江省关于长三角社区教育合作协议》，从 2003 年起连续举办“长三角社区教育发展论坛”；两省一市教育报社从 2006 年起联合举办“长三角基础教育校长高峰论坛”；幼教杂志联合举办“长三角幼儿教育发展论坛”；相关部门还举办“中国长三角校长高峰论坛”“西湖博览会名师名校长论坛”“中国教育政策论坛”等，逐步形成了由政府扶持和社会参与的良好对话机制。

（3）教育科研机构开展了多方合作。长三角教育研究机构还自发在同行之间开展合作交流。2004 年 6 月，三地教科院签订《长三角教育科学研究合作协议》，着力打造国内实力最强的教育科研联盟。两省一市教育科技服务机构组织高校开展科技协作。仅 2007 年，上海市教育科技服务中心就先后组织了该市 20 余所理工科高校 300 余人次赴长三角地区 13 个城市及地区，开展科技协作与交流活动近 20 次。

（4）学校教育教学层面的协作交流逐步开展。长三角地区在学校层面开展了学校发展、教育教学管理、学生培养等合作。两省一市高校相互委托教育评估专家交叉开展教学评估、精品课程评选等；复旦大学、浙江大学、东南大学等高校 2006 年开始实施“长三角高等教育合作优秀人才培养模式的探索与实践”项目，互派交换生和开展校际学分认定；许多教改和校本研究经验等，如语文教改经验、愉快教育、研究性学习、现代学校建设等在长三角地区得到较快推广和共享；沪、杭、绍、苏、锡、常六市交通学校 2003 年创建校园文化建设网络，在办学、文化建设、和谐校园构建等方面进行交流。

（5）构筑了若干人才服务平台。长三角有关部门就教育人才配置、高校毕业生就

---

① 薛明扬，沈健. 长三角地区教育联动发展战略研究［J］. 教育发展研究，2009，13－14.

业形势等问题进行磋商并积极开展区域内毕业生就业工作合作。2003 年，苏浙沪三地政府达成《长江三角洲人才开发一体化共同宣言》，在苏浙沪三地合作交流已有的经验和基础上，以提升区域人才综合竞争力为己任，增强区域人才开发的交流和合作，促进优势互补，加快长江三角洲地区人才开发一体化进程。目标是通过不断推进长江三角洲人才开发的资源共享、政策协调、制度衔接和服务贯通，建立共享机制、促进机制、互认机制和协调机制等人才开发新机制，逐步形成统一的人事制度框架、人才大市场和人事人才服务体系。2004 年建立了“长三角高校毕业生就业工作合作组织”，签订了《长三角高校毕业生就业工作合作组织合作协议书》，构建了毕业生就业合作工作框架和高校毕业生就业信息网络共享平台。从 2004 年起，每年在上海共同举办两次“长三角联合师资招聘会”，促进区域内教师良性流动。2004 年两省一市有关部门签署协议，规定三地城市颁发的中级职称以上相关证书，可在长三角地区通用，逐步探索统一的职业资格标准。人才信息交流服务合作已成为长三角地区教育联动发展的一大亮点。

在这一阶段，长三角教育联动发展也存在一些问题，主要包括：

（1）相比其他领域的合作，教育合作明显滞后。长三角通过签订协议，在交通、物流、环保、能源服务等方面进行了全方位合作，尤其在旅游、信息合作等领域已经制定“长三角区域旅游发展规划”“长三角区域信息化‘十一五’合作规划”“长三角科技合作三年行动计划”等，产生了广泛、深刻的社会影响。但是长三角的教育合作总体上还处于启动初期，以民间力量和对话沟通为主，政府推进力度较小，学校、学科、专业之间交流不够深入，呈现合作分散化、层次低、重复高、影响小等特点。教育联动发展滞后于其他领域合作的局面，不利于区域一体化发展的深入推进。

（2）教育联动发展有共识，但缺乏有效落实。尽管长三角地区两省一市政府部门之间形成了一系列教育合作意向，签署了许多协议，达成了教育联动的基本共识，但许多合作协议和共识并没有实质性落实，对区域内提高人力资源开发水平、企业创新以及产业发展并未产生显著的影响，区域内人民群众多元化的教育需求也没有得到很好的满足。究其原因，主要是体制性障碍，尤其是地方保护性法规、行政区划壁垒、政府部门职能界限、教育管理及评价体系不同等因素使然。各地教育的封闭办学、教育资源使用的画地为牢、地方性的招生政策等，制约着长三角教育合作的深入推进。

（3）尚未建立逐步推进的教育合作激励和保障机制。通过激励机制激发各级政府、学校、教师、学生、社会机构等众多利益主体的积极性，是长三角教育长期深入合作的基础条件。然而长三角两省一市在学科专业、校长、教师、学生（家长）等层面的教育合作需求及参与积极性尚未完全调动起来。同时，缺少准确反映基层迫切需求的资源共享、合作交流保障机制，区域内优质资源利用、专业设置信息、招生协商、教师队伍建设、产学研联合等方面的合作尚未形成利益互惠驱动机制，妨碍着两省一市教育联动的实质性推进。

（4）环境建设滞后，难以为教育合作提供有效支撑。长三角尚未形成政府和社会各界共同支持、积极参与的推进氛围和区域大环境，难以为教育联动提供有效支撑。真正形成跨区域、跨部门协调一致的工作思路和协同机制，是环境建设面临的重大课题。伴随长三角“产业同构”出现的区域学科专业、师资队伍、教育设施等的同质现象，许多办学资源缺乏特色，导致两省一市教育资源的重复投入和浪费。

2. **长三角教育联动发展加快推进阶段**（2008—2014 年）

（1）2008 年长三角一体化发展上升为国家战略。2008 年，国务院颁布《关于进一步推进长江三角洲地区改革开放和经济社会发展的指导意见》，确立了长三角各个领域的一体化发展战略。意见指出，推进义务教育实现“双高普九”，率先基本实现教育现代化，基本普及包括学前教育、义务教育和高中阶段教育在内的 15 年教育；全面提高高等教育质量，显著提升高校科技创新与服务能力；大力发展职业教育，加快建立完善的区域职业教育培训体系；建立更加完善的现代国民教育体系和终身教育体系，加快学习型社会建设。

（2）政府围绕一体化发展采取落实行动。上海于 2007 年出台《关于进一步加强国内合作交流工作的若干政策意见》。浙江出台了《关于主动接轨上海、积极参与长江三角洲地区合作与交流的若干意见》，成立了“浙江省接轨上海参与长三角合作领导小组”。江苏省 2007 年的《政府工作报告》提出要在更高层次上推动区域共同发展，积极参与长三角区域规划的实施，推进沪苏浙交通互联、能源协作、要素共享和环境共保，提出“形成以上海为龙头、长江为轴线、江浙为依托的 T 字形开发空间布局”的战略思路。为落实国务院意见，长三角主要领导座谈会于 2008 年 12 月通过了《长三角地区贯彻国务院〈指导意见〉共同推进若干重要事项的意见》，为建立加快推进长三角地区一体化发展行动框架和建立区域合作长效机制奠定了基础。

（3）各地提出教育现代化目标，为高水平联动发展创造了有利条件。两省一市都提出了提前基本实现教育现代化或率先基本实现教育现代化的宏伟目标。江苏提出到 2010 年教育整体水平和综合实力位居全国前列，率先基本实现教育现代化。但仍存在优质资源总量不足、教育发展不平衡、实施素质教育的体制机制性障碍等问题。浙江提出到 2010 年教育整体水平和综合实力位于全国前列，达到或接近届时中等发达国家水平。上海提出 2010 年率先基本实现教育现代化，构建比较完善的教育体系和比较合理的布局结构。

（4）签署了若干合作协议。在该阶段，签署了省际教育协作协议 26 份，25 所高校和 4 个地方教育局在长三角教育协作会议上签署了 12 份合作协议，1000 余所中小学校通过“长三角千校网络结对”活动开展互动交流。如《关于建立长三角教育联动发展会商机制协议书》《长三角中小学名师名校长联合培训计划》《长三角地区中等职业教育实训基地共享框架协议》《长三角基础教研联动发展协议》《长三角数字教育资源合作建设协议》《关于长三角高等教育专家资源库建设及共享的协议》《长三角高等学校大型仪器设施共享协议》《关于建立长三角地区高校图书馆联盟的框架协议》《长三角研究生教育创新计划合作协议》《关于共同举办长三角地区国际教育展合作意向书》《长三角高校优秀中青年干部挂职培养合作协议》《长三角地区高校学分互认协议》《关于建立新一轮长三角教育协作发展会商机制协议书》《长三角地区中等职业学校校长、专业负责人交流挂职框架协议》《长三角学校德育教师培训合作意向书》《2013—2015年长三角中小学名校长联合培训协议》《长三角教育国际合作与交流框架协议》《成立长三角教育协作发展研究中心协议》《长三角地区高校教师培训合作协议》《建立长三角地区应用型本科高校教学联盟协议》《长三角高水平地方高校合作框架协议》等。

（5）召开教育联动发展研讨会。2009年，长三角开始召开教育联动发展研讨会，截至2014年已举办六届，旨在深化长三角教育合作。前两届会议分别研讨了基础教育、职业教育、教师培训领域的合作与交流，第三届又把合作交流的领域扩大到高等教育。第一次联动发展研讨会提出了一系列教育联动发展的重要内容：一是建立健全协作发展长效机制。共同积极争取教育部出台《关于进一步推进长江三角洲地区教育改革发展的意见》；建立联动发展领导机构；建立长三角教育联动发展定期会商机制，每年由三地教育行政部门轮流举办长江三角洲教育联动发展论坛；建立长三角教育联动发展基金，为三地重要教育合作项目提供资金支持；统筹三地教育信息网络平台建设，建设长三角教育门户网站，实现教育信息共享。二是共同推进基础教育均衡发展。共同制定长三角教育现代化目标体系、评估指标和推进措施，联动推进三地教育现代化步伐；建立教学资源共享平台，共同开发建设长三角优质教学资源库；积极向教育部争取并共同探索建立素质教育试验区，深化招生考试、教育教学、人才培养模式和评价体系改革，合力推进素质教育；相互开放并共同建设长三角中小学生校外活动基地，开展中小学对口校际交流；共同制定统一优惠政策，吸引优秀生源报考师范；整合三地的教师教育资源，加快资源共享，加强教师交流，共同做好长三角地区教师海外培训工作。三是共同推进职业教育与社会教育加快发展。共同组建特色鲜明的长三角职业教育集团，逐步形成长三角职业教育产学研联盟；联合建设长三角职业教育实训基地；深化中等职业教育课程改革方面的合作，逐步实现优质课程资源共建共享，共同建设长三角职业教育特色专业；加强长三角职业学校学生就业市场建设，促进职业学校毕业生充分就业；实行长三角非学历教育互认；推进高等教育自学考试和成人教育的相互开放，逐步实行区域内命题、考试和培训资源共享；开展长三角农村教育合作培训，共同推进长三角农村成人文化技术学校建设，共同开展农村劳动力转移培训工作。四是共同推进提高高等教育内涵建设水平。包括共建共享三地高等教育专家资源库；推进长三角高校教学资源共享；共同推进三地高校教师队伍建设，允许三地高校互聘教师，合理流动，鼓励三地高校教师开展课题合作、联合攻关；深化长三角高校学生教育管理合作，建立不同层次高校学生交流项目；建设长三角研究生联合培养基地；建立长三角一体化毕业生就业网络，每年举办“长三角高校毕业生就业活动月”，促进长三角高校毕业生充分就业；深化三地高校之间的学术研究合作，充分利用重点实验室、工程研究中心、大学科技园等科技创新平台，扎实推进产学研合作。

这一阶段，长三角不断完善教育合作机制，拓宽合作领域，深化合作内容，创新合作形式，有力推进了长三角教育改革与发展进程。首先，加强了长三角教育联动发展机制建设。建立了长三角教育联动发展协调领导机构，推进长三角教育联动发展工作有序开展；建立定期会商制度，并搭建对话与交流平台。其次，共建共享、优化配置，推进长三角优质教育资源共享。包括开展优质数字教育资源的开发与应用，促进长三角教育信息化的发展；构建高校大型仪器共享平台，助推高校科研合作；打造长三角高校图书馆联盟，构建国际化的长三角信息资源链；加强中等职业教育实训基地共享，建设长三角高水平实训基地；共享终身教育资源，推进长三角学习型社会建设。再次，合作培训、交流挂职，共同提升长三角师资队伍建设水平。包括开展长三角中小学名校长联合培训，开展长三角学校各类干部交流挂职，促进学校各类管理人才的成长。最后，合作研究、合作培养，共同创新长三角人才培养模式。包括建立长三角教研发展共同体；实施长三角交换生游学，推进高校学分互认；举办长三角研究生论坛，提高研究生培养质量等。

3. **长三角教育改革与合作发展新阶段**（2014 年以来）

2014 年 6 月，教育部就进一步推进上海市、江苏省、浙江省、安徽省长三角的教育合作，发布了《关于进一步推进长江三角洲地区教育改革与合作发展的指导意见》(以下简称《意见》)。这标志着长三角教育协作上升为国家教育层面的重要政策。

(1)《意见》提出了发展的总体目标。该《意见》指出，要着力深化教育领域综合改革，建立健全区域教育合作发展的体制和机制，在管理体制、办学体制、人才培养模式改革以及区域教育一体化建设等方面率先探索，提升区域教育的整体水平，努力构建具有区域特点、中国特色、世界水平的区域教育体系，打造亚太地区教育高地，为长三角经济社会发展和产业转型升级提供人才支撑和智力支持。同时也提出切实转变政府职能，发挥政府依法管理的主导作用、办学机构在协作发展中的主动作用和市场机制对教育资源配置的重要作用，统筹协调各方面资源，形成推进长三角教育合作的合力。

(2)《意见》提出了教育合作的八大重点领域。具体如下：一是深化教育领域综合改革。在实施“国家教育体制改革试点项目”的基础上，进一步深化教育领域综合改革，积极探索和推进区域合作发展的新机制。在优质教育资源共享、师资与学校管理干部队伍建设、学科专业建设、同质同类高校学分互认、共建实验实训基地、招生考试制度改革、中小学（含中等职业学校）教育质量综合评价、高校继续教育综合改革等方面加强合作，共同破解制约教育改革发展的共性问题，统筹区域教育协调发展，率先实现长三角教育现代化。二是推进区域高等教育管理体制改革。支持长三角深化省级政府教育统筹综合改革，优化地方高校布局和学科专业结构，提升地方高校办学水平。丰富和发展部、省（市）“共建、共管”高校的新内涵，鼓励和支持“共建、共管”高校在本区域内探索合作办学。探索实施省级政府投入与绩效评估考核相结合的新机制。根据区域经济社会发展需要，在法律法规许可、条件相对成熟的情况下，率先探索部属高校的管理体制改革，在招生、专业设置等方面对部属高校实现省级政府统筹。三是推进区域办学体制改革。积极探索社会力量举办教育的新路径、新模式。按照“积极鼓励、大力支持、正确引导、依法管理”的方针，鼓励和支持长三角扶持与规范民办教育发展，加快探索营利性与非营利性民办学校分类管理办法，落实民办学校、教师、学生与公办学校、教师、学生平等的法律地位，建立和完善相应的激励机制和社会保障制度。进一步创新公办学校办学体制，鼓励和支持区域内优质学校资源扶持相对薄弱学校，深入推进教育管办评分离，探索“委托管理”、政府购买服务等新模式，办好每一所学校。四是推进区域人才培养模式改革。根据长三角经济与社会发展对人力资源的需求，大力推进研究生和各类高层次应用型人才培养模式与机制的创新。建立健全区域性高校合作育人和合作办学机制。根据区域经济社会发展特别是产业转型升级的需求，引导部分地方本科高校向应用技术型高校转型发展，在年度招生计划增量、生均经费拨款、重大建设项目等资源配置上向应用技术型高等学校倾斜。五是推进区域性招生考试制度改革。在国家招生考试制度改革总体方案的框架下，充分运用长三角教育协作发展的成果优势，鼓励和支持探索区域性招生考试制度改革，创新学生综合评价机制，优化高校选拔学生机制，增强区域和学校考试招生的自主权，逐步建立综合评价、多元录取的招生考试制度。六是积极探索建立区域基础教育公共服务体系。按照长三角经济社会一体化发展和城镇化建设的总要求，统筹协作、合理配置基础教育资源，推进城乡、区义务教育均衡发展，率先普及包括学前教育、义务教育、高中阶段教育在内的15年教育，加快实现基本公共教育服务均等化。七是共同构建区域现代职业教育体系。率先探索开展中等职业教育、专科层次高等职业教育、本科层次高等职业教育和专业学位研究生教育的应用型人才一体化培养模式改革试点。积极促进职业教育与经济社会发展的联动，探索区域性职业教育与职业技能鉴定的互通互认。根据产业转移和转型升级的需求，建立区域性校企双方人才资源优化机制，创新产教融合、校企合作、工学结合的人才培养模式，探索职业院校异地办学的模式，扩大优质职业教育资源。八是加快推进区域教育国际交流与合作。鼓励和支持长三角提升区域教育国际化的水平，总结和推广宁波诺丁汉大学、上海纽约大学、昆山杜克大学等中外合作办学的经验与做法，引进国外优质教育资源合作办学。鼓励长三角共同向海外推介优质教育资源，进一步扩大外国留学生规模，提高留学生培养质量。进一步加大教师、学生的海外学习培训力度和联合、合作科研的力度，鼓励共同开发并共享海外培训基地。吸引更多的世界一流专家、学者和团队来长三角从事教学、科研和管理工作。

（3）《意见》关于创新区域教育合作体制机制的举措。一是加强区域高校校际合作。积极鼓励并推进多形式、多类别的校际合作，探索合作培养、交叉培养学生的路径和体制。鼓励和支持区域内相关高校间的学分互认、跨校选课，探索建立长三角高水平大学、应用技术型高校、师范院校的发展联盟。鼓励和支持高等学校依托学科、专业优势，跨省市与其他高校、行业企业、科研院所、地方政府以及有关单位深度合作，形成协同创新的有效机制，推进若干高校尽快进入世界高水平大学行列。二是共建区域教育协作发展平台。鼓励和支持长三角共同深化教育教学改革，建立相对统一的学校、教师、学生评价标准及综合素质评价办法。支持建设长三角终身学习资源库，促进高等教育学习资源开放共享，探索建立学业资格认证框架，建立健全在线学习质量保障体系。鼓励长三角开放大学的资源共建共享，建设学分银行，以灵活学习、学分累积和转换互认等形式，满足人民群众终身学习的需求。三是构建区域内优质教育资源共享平台。充分利用信息化手段，加快区域内优质教育教学网建设，供教师、学生选用、选修。加快建立高校图书馆联盟，实施图书资料共享。鼓励和支持高校重点实验室和大型仪器设施区域内跨省市共享，各类素质教育基地、职业教育实训基地互相开放，逐步建立和完善共建共享的工作机制。四是推进区域性师资队伍建设合作。鼓励和支持探索区域内师资培训机构的合作与资源优化，加大互派教师交换任教、互派干部交流挂职的力度，探索和形成长三角师资合作培养、共同提高的新机制。鼓励共同采取措施加快区域内幼儿园教师、特殊教育教师、英语教师以及音体美教师的培养，拓展培养培训渠道。鼓励和支持长三角在国家有关规定的基础上，探索建立相对统一的区域性教师任职标准与专职进修要求。

（4）《意见》关于完善工作机制的举措。一是支持建立长三角教育协作发展协调机制。支持三省一市定期研究长三角教育协作与发展工作有关事宜，教育部各相关司局加强业务指导，根据需要及时协调解决有关事项。二是加强长三角教育协作与发展研究。支持长三角联合成立“长三角地区教育协作与发展研究中心”，围绕贯彻落实教育规划纲要，加强战略规划设计和合作发展项目等区域教育协作与发展研究，为促进长三角教育协同发展提供决策咨询和研究支撑。

五、长三角推进教育协同发展的经验与启示

1. 不同阶段教育协同发展管理模式创新

长三角在教育联动发展起步阶段，教育合作以民间力量和对话沟通为主，政府推进力度较小，呈现的是依靠市场机制、不同组织之间利益驱动合作的松散模式。此后，长三角抓住了国家编制实施中长期教育规划纲要和国家支持推进区域一体化发展规划两次历史机遇，将长三角教育协作上升为国家政策。同时，教育行政部门之间的交流与合作得到加强，并签订了多项协议，使长三角教育联动进入蓬勃发展阶段。在这一阶段，以政府主导、搭建共建共享平台的集中模式作用明显。此外，以政府引导、不

同组织之间签约协作的契约模式也发挥了重要作用。因此，在京津冀教育协同发展的起步阶段，应抓住国家制定“十三五”规划纲要的历史机遇，争取将教育协同发展纳入国家政策规划，形成多种模式协同推进，充分发挥政府、社会和市场各自的优势。

2. 基础教育建立试验区，促进协同发展

长三角经验主要包括：建立优质教学资源共享平台，开发长三角优质教学资源库；共同探索建立素质教育试验区，深化招生考试、教育教学、人才培养模式和评价体系改革；相互开放并共同建设长三角中小学生校外活动基地，开展中小学对口校际交流；推进区域性师资队伍建设合作，鼓励区域内师资培训机构的合作与资源优化，加大互派教师交换任教、互派干部交流挂职的力度，探索和形成长三角师资合作培养、共同提高的新机制，并建立相对统一的区域性教师任职标准与专职进修要求。2013 年，华东师范大学联合三省一市师范院校，缔结了《长三角教师教育联盟合作框架协议书》，成立长三角教师教育联盟，着力深化教师教育改革，推进教育内涵发展，开放互惠，分工合作，推进资源共享、优势互补，在教师教育模式创新、教师教育课程改革、高水平教师队伍培养等方面站在国内前沿。京津冀基础教育面临的主要任务也是提高教育质量、促进优质资源共享，而强大的师资力量是必要条件。建议建立“京津冀教师教育联盟”，加强三地在教师教育培养、培训及研究等方面的合作，推进基础教育优秀师资的共享。

3. 职业教育加强资源共享，支持人才培养模式改革

促进长三角职教资源共享，包括信息共享、实训基地共享；扩大优质职业教育资源，创新产教融合、校企合作、工学结合的人才培养模式，探索职业院校异地办学的模式；加强人才培养，开展长三角中职校长和专业负责人交流挂职活动，支持长三角开展中职、高职和专业学位研究生教育的应用型人才一体化培养模式；联合三省市优质学校，组团向中西部地区招生等，共同推动长三角职业教育创新发展。

4. 高等教育建立名校联盟，加强国际合作

按照建立国际大都市圈的要求，通过强强联合，探索建立长三角名校联盟机制，集中力量打造一批世界一流大学和学科，探索建立长三角高水平大学、应用技术型高校、师范院校的发展联盟。共建共享三地高等教育专家资源库、共建三地高校教师队伍、共享三地高校教学资源。同时，深化长三角高校学生教育管理合作，建立不同层次高校学生交流项目。推进中外合作办学，致力于形成一批有国际影响力的教育合作品牌。如华东师范大学与美国纽约大学合作，创办了上海纽约大学，并将其定位为世界一流的研究型大学。西交利物浦大学、昆山杜克大学、宁波诺丁汉大学、温州肯恩大学等中外合作大学的鲶鱼效应和倒逼改革的作用逐步显现。长三角还让区域内优质教育资源“走出去”，打造国际教育品牌，如江苏分别在澳大利亚、英国、加拿大等地方建立了苏澳中心、苏曼中心和苏安中心等江苏省教师海外培训基地等。京津冀在协调三地高等教育资源的同时，也应放眼全球，以清华大学、北京大学等一流大学为龙头，密切开展与国外一流大学的交流与合作，如通过中外联合办学的方式提升重点院校的国际水平，进而带动区域内高等教育向更高水平发展；同时也可以打造本区域高等教育、职业教育的国际品牌，提升京津冀教育的国际影响力。

第二节 泛珠三角教育协同发展分析

泛珠三角地区，又称“泛珠三角”，包括珠江流域地域相邻、经贸关系密切的福建、江西、广西、海南、湖南、四川、云南、贵州和广东九省区，以及香港、澳门两个特别行政区，简称“9+2”。2004年正式签署《泛珠三角区域合作框架协议》以来，这个面积超过全国五分之一、人口超过全国三分之一的区域，已成为中国经济最具活力和发展潜力的地区之一。其中，教育领域的合作为泛珠三角地区经济社会发展提供了强有力的人才保障、智力支持和科技支撑。目前，泛珠三角区域教育协同发展形成了一些值得京津冀借鉴的经验。

一、泛珠三角人口经济概况

1. 九省区城镇化率差距不大

如表4-9、表4-10所示，泛珠三角平均城镇化率为52.3%，低于全国水平(54.8%)；广东城镇化率最高（68%），略高于长三角（63.4%）和京津冀(61.1%)；贵州仅有40%。泛珠三角地区城镇化率最大差距为28%，京津冀最大差距为40.4%，长三角为37%。

表4-9 2005—2014年泛珠三角地区城乡人口状况（单位：万人）

地区	指标	2014年	2013年	2012年	2011年	2010年	2009年	2008年	2007年	2006年	2005年
福建	常住人口	3806	3774	3748	3720	3693	3666	3639	3612	3585	3557
	城镇	2352	2293	2234	2161	2109	2020	1929	1857	1807	1757
	乡村	1454	1481	1514	1559	1584	1646	1710	1755	1778	1800
江西	常住人口	4542	4522	4504	4488	4462	4432	4400	4368	4339	4311
	城镇	2281	2210	2140	2051	1966	1914	1820	1739	1678	1595
	乡村	2261	2312	2364	2437	2496	2518	2580	2630	2661	2716
湖南	常住人口	6737	6691	6639	6596	6570	6406	6380	6355	6342	6326
	城镇	3320	3209	3097	2975	2845	2767	2689	2571	2455	2341
	乡村	3417	3482	3542	3621	3725	3639	3691	3784	3887	3985

（续表）

地区	指标	2014 年	2013 年	2012 年	2011 年	2010 年	2009 年	2008 年	2007 年	2006 年	2005 年
广东	常住人口	10 724	10 644	10 594	10 505	10 441	10 131	9893	9660	9442	9194
	城镇	7292	7212	7140	6986	6910	6423	6269	6099	5949	5579
	乡村	3432	3432	3454	3519	3531	3708	3624	3560	3494	3615
广西	常住人口	4754	4719	4682	4645	4610	4856	4816	4768	4719	4660
	城镇	2187	2115	2038	1942	1844	1904	1838	1728	1635	1567
	乡村	2567	2604	2644	2703	2766	2952	2978	3040	3084	3093
海南	常住人口	903	895	887	877	869	864	854	845	836	828
	城镇	486	472	457	443	433	425	410	399	385	374
	乡村	418	423	429	434	436	440	444	446	451	454
四川	常住人口	8140	8107	8076	8050	8045	8185	8138	8127	8169	8212
	城镇	3769	3640	3516	3367	3232	3168	3044	2893	2802	2710
	乡村	4371	4467	4561	4683	4812	5017	5094	5234	5367	5502
贵州	常住人口	3508	3502	3484	3469	3479	3537	3596	3632	3690	3730
	城镇	1404	1325	1269	1213	1176	1057	1047	1026	1013	1002
	乡村	2104	2177	2216	2256	2303	2480	2549	2606	2677	2728
云南	常住人口	4714	4687	4659	4631	4602	4571	4543	4514	4483	4450
	城镇	1967	1897	1831	1704	1597	1554	1499	1426	1367	1313
	乡村	2747	2789	2828	2927	3005	3017	3044	3088	3116	3138

说明：本表格由2015年国家统计局网站公布的分省年度人口数据合成。

表 4－10　2014 年泛珠三角地区城乡人口的比例（单位:%）

福建		江西		湖南		广东		广西		海南		四川		贵州		云南	
城镇	乡村	城镇	乡村	城镇	乡村	城镇	乡村	城镇	乡村	城镇	乡村	城镇	乡村	城镇	乡村	城镇	乡村
62	38	50	50	49	51	68	32	46	54	54	46	46	54	40	60	42	58

说明：本表格由2015年国家统计局网站公布的分省年度人口数据合成。

2. 九省区人均经济总量差距明显

如表4－11、表4－12所示，从直接影响公共财政教育经费水平的人均经济总量，尤其是人均财政支出状况来看，九省区公共财政在支撑教育方面的能力差距明显。2014年，九省区人均地区生产总值的平均值为4.7万元，略高于全国4.6万元的人均水平，但远低于长三角的7.1万元和京津冀的8.1万元。其中福建和广东几乎并列九省区第一，均为6万多元，其他7省均低于平均值，贵州和云南最低，均不足3万元。2013年，海南人均财政支出最高，为1.13万元，其他8省人均财政支出均不足1万元，但相差不大，集中在7000～9000元之间，广西最低，仅有6799元。泛珠三角人均财政支出为7837元，远低于京津冀的10 194元和长三角的9783元。

表4－11 泛珠三角经济基本情况（2000—2014年）

地区		福建	江西	广西	海南	湖南	贵州	广东	四川	云南
地区生产总值（亿元）	2000年	3764.54	2003.07	2080.04	526.82	1029.92	993.53	9662.23	3928.20	2011.19
	2005年	6554.69	4056.76	3984.1	918.75	2005.42	1979.06	22557.37	7385.10	3462.73
	2010年	14 737.12	9451.26	9569.85	2064.5	4602.16	4602.16	46 013.06	17185.48	7224.18
	2014年	24 055.76	15 708.59	15 672.97	3500.72	9251.01	9206.39	67 792.24	28 536.66	12 814.59
人均地区生产总值（元）	2000年	11 194	4851	4652	6798	5425	2759	12 736	4956	4769
	2005年	18 646	9440	8788	10871	5052	5394	24 647	9060	7835
	2010年	40 025	21 253	20 219	23 831	13 119	13 119	44 736	21 182	15 752
	2014年	63 472	34 661	33 090	38 924	40 287	26 437	63 452	35 128	27 264
财政预算支出（亿元）	2000年	324.18	223.47	258.49	64.12	347.83	201.57	1080.32	452.00	414.11
	2005年	593.07	563.95	611.48	151.24	873.42	520.73	2289.07	1082.18	766.31
	2010年	1695.09	1923.26	2007.59	581.34	2702.48	1631.48	5421.54	4257.98	2285.72
	2013年	3068.8	3470.3	3208.67	1011.17	4690.89	3082.66	8411	6220.91	4096.51
人均财政支出（元）	2000年	950.67	538.61	544.07	812.67	530.07	536.66	1248.92	542.68	976.44
	2005年	1667.33	1308.17	1312.19	1826.57	1380.68	1396.06	2489.74	1317.80	1722.04
	2010年	4277.29	4310.31	4354.86	6689.76	4113.36	4689.51	5192.55	5292.70	4966.68
	2013年	8131.43	7674.26	6799.47	11297.99	7010.75	8802.57	7902.10	7673.50	8740.15
城镇居民人均可支配收入（元）	2013年	28 173.90	22 119.66	22 689.38	22 411.43	24 351.99	20 564.93	29 537.29	22 227.51	22 460.02
	2014年	30 722.39	24 309.19	24 669	24 486.53	26 570.16	22 548.21	32 148.11	24 234.41	24 299.01
农村居民人均可支配收入（元）	2013年	11 404.85	9088.78	7793.08	8801.73	9028.55	5897.77	11 067.79	8380.69	22 460.02
	2014年	12 650.19	10 116.58	8683.20	9912.57	10 060.17	6671.20	12 245.50	9347.74	6723.64

说明：本表格由2015年国家统计局网站公布的分省年度经济、财政、人民生活、人口数据合成。

表 4 – 12　2014 年泛珠三角地区生产总值及人均地区生产总值

地区	地区生产总值（亿元）	第一产业增加值（亿元）	第二产业增加值（亿元）	第三产业增加值（亿元）	人均地区生产总值（元）	2013 年人均财政支出（元）
福建	24 055.8	2014.91	12 515	9525.49	63 472	8131.4
江西	15 708.6	1683.72	8388.3	5636.61	34 661	7674.3
湖南	27 048.5	3148.75	12 482	11 417.8	40 287	6799.5
广东	67 792.2	3166.67	31 346	33 279.8	63 452	11 298.0
广西	15 673	2412.21	7335.6	5925.16	33 090	7010.7
海南	3500.72	809.64	874.42	1816.66	38 924	7010.7
四川	28 536.7	3531.05	14 519	10 486.2	35 128	7010.7
贵州	9251.01	1275.45	3847.1	4128.5	26 393	7673.5
云南	12 814.6	1991.17	5281.8	5541.6	27 264	8740.1
泛珠三角	22 709	2225.95	10 732.14	9750.86	42 708.42	7837.63

说明：本表格由 2015 年国家统计局网站公布的分省年度经济数据合成。

3. 九省区城乡居民人均可支配收入总体低于全国水平

如表 4 – 13 所示，近两年九省区城镇和农村居民可支配收入均不断增加。2014 年，仅广东和福建的城镇和农村居民人均可支配收入高于全国，而贵州最低。九省区城乡居民收入差距都比较明显。

表 4 – 13　2013—2014 年泛珠三角居民人均可支配收入（单位：元）

居民	年份	全国	福建	江西	湖南	广东	广西	海南	四川	贵州	云南
城镇居民	2013	26 467	28 174	22 120	24 352	29 537	22 689	22 411	22 228	20 565	22 460
	2014	28 844	30 722	24 309	26 570	32 148	24 669	24 487	24 234	22 548	24 299
农村居民	2013	9430	11 405	9089	9029	11 068	7793	8802	8381	5898	6724
	2014	10 489	12 650	10 117	10 060	12 246	8683	9913	9348	6671	7456

说明：本表格由 2015 年国家统计局网站公布的分省年度人民生活数据合成。

二、泛珠三角教育资源格局分析

1. 九省区高等教育资源不足

如表 4 – 14、表 4 – 15 所示，近年来，九省区在学前教育阶段人数都有增加，与全国变化趋势一致，其中广西、贵州、海南的增长幅度较大；小学和高中阶段九省区均呈下降趋势，但幅度不大，与全国保持一致，只有福建小学阶段在校生数略有增加；

初中阶段均有增加，其中广西、贵州、海南的增长幅度较大；高等教育阶段九省区在校生数均在不断增加，与全国趋势保持一致。九省区基础教育阶段在校生数均大于或等于全国水平，而高等教育阶段仅福建省略高于全国水平。由此可以看出，泛珠三角地区高等教育资源不足，大量学生流出外地就读高校。

表 4－14 泛珠三角地区每十万人口各级学校平均在校生数（单位：人）

地区	年份	高等教育	高中阶段	初中阶段	小学阶段	学前教育
全国	2010	2189	3504	3955	7448	2230
	2011	2253	3495	3779	7403	2554
	2012	2335	3411	3535	7196	2736
	2013	2418	3227	3279	6913	2876
福建	2010	2144	3655	3517	6586	3216
	2011	2200	3924	3134	6664	3572
	2012	2301	3846	3012	6794	3763
	2013	2435	3572	2957	6933	3823
江西	2010	2162	3469	4514	9612	2787
	2011	2212	3392	4504	9727	3261
	2012	2295	3422	4334	9672	3389
	2013	2381	3360	3895	9061	3471
广西	2010	1530	3432	4127	8856	2441
	2011	1688	3756	4356	9262	3129
	2012	1834	3790	4233	9182	3572
	2013	1939	3723	4167	9104	3881
海南	2010	2036	3799	4879	9033	2102
	2011	2079	3984	4516	8810	2410
	2012	2218	3965	4157	8573	3073
	2013	2253	3943	3910	8345	3368
湖南	2010	2051	3048	3355	7480	2215
	2011	2054	3032	3293	7463	2492
	2012	2087	2950	3201	7183	2675
	2013	2106	2823	3228	7046	2880
四川	2010	1790	3496	4207	7234	2306
	2011	1904	3623	4060	7207	2623
	2012	2037	3585	3779	6966	2724
	2013	2140	3490	3365	6513	2866

（续表）

地区	年份	高等教育	高中阶段	初中阶段	小学阶段	学前教育
云南	2010	1391	2835	4551	9521	2159
	2011	1520	2905	4460	9215	2360
	2012	1566	2975	4220	8783	2424
	2013	1662	2864	4023	8416	2555
贵州	2010	1109	2716	5654	11414	2025
	2011	1254	3178	6146	11749	2523
	2012	1392	3443	6057	10957	2832
	2013	1535	3934	6036	10205	3093
广东	2010	2037	4446	5189	8804	2876
	2011	1978	4384	4588	7873	2948
	2012	2082	4417	4212	7694	3148
	2013	2199	4247	3821	7626	3347

说明：本表格由2015年国家统计局网站公布的分省年度教育数据合成。

表4－15　2013年泛珠三角地区每十万人口各级学校平均在校生数（单位：人）

地区	高等教育	高中阶段	初中阶段	小学阶段	学前教育
福建	2435	3572	2957	6933	3823
江西	2381	3360	3895	9061	3471
湖南	2106	2823	3228	7046	2880
广东	2199	4247	3821	7626	3347
广西	1939	3723	4167	9104	3881
海南	2253	3943	3910	8345	3368
四川	2140	3490	3365	6513	2866
贵州	1535	3934	6036	10205	3093
云南	1662	2864	4023	8416	2555

说明：本表格由2015年国家统计局网站公布的分省年度教育数据合成。

2. 多数省份生均教育事业费低于全国

如表4－16所示，2013年，九省区高校生均教育事业费均低于全国平均水平，九省区差别不大；普通高中和义务教育阶段的生均教育事业费中，福建、海南两省费用增长较快，高于全国水平，其他各省均低于全国，排名基本上在全国20多位甚至更后，且在短期内不易改变。

表 4－16 2013 年泛珠三角各级教育生均公共财政预算教育事业费及排位（单位：元）

地区	普通高校	排位	职业中学	排位	普通高中	排位	普通初中	排位	普通小学	排位
福建	11 201.5	27	9759.6	12	8718.2	13	10511	12	7522.5	15
江西	12 638.4	20	7218.2	25	8587.1	14	7882.1	22	5817.1	26
湖南	12 995.4	15	8769.9	16	6543.8	27	8835.3	17	5721.1	27
广东	14 186.5	12	7111.9	26	8027.7	18	7508.9	25	6742.8	17
广西	13 382.1	14	6528.3	29	6712.6	26	6750.7	29	5472.3	28
海南	15 164.7	9	8473.3	18	10305.9	10	10076.8	16	8347.4	12
四川	12 012.4	24	8146.4	20	6252.9	30	8336.8	21	6822.6	16
贵州	14 957.3	10	9060.3	15	6312.8	28	6140.4	31	5975.7	25
云南	12 825.9	19	8105.3	21	6802.9	25	7189.9	28	6145.3	23
全国	15 592		8785		8448		9258		6902	

说明：本表格来源于2015 年教育部、国家统计局、财政部发布的历年全国教育经费执行情况统计公告。

三、粤闽赣三省2020 年教育规划纲要文本比较[①]

1. 粤闽赣三省中长期教育发展目标任务

（1）学前教育发展目标任务。2015 年和2020 年学前教育毛入园率发展目标，广东（90%）、福建（96%）远高于江西（72%），三地均高于全国总目标（70%）。三地均重视0～3 岁婴幼儿教育，致力于学前教育的普及及保教质量的提升。在办园体制上，均提出实行政府主导、社会参与、公办民办并举，加快发展农村学前教育。

（2）义务教育发展目标任务。广东、福建、江西均提出实现高水平的义务教育阶段的巩固率，分别是99%、100%和99.5%。从教育公平角度看，三地主要关注随迁子女平等接受教育及升学问题、留守儿童住宿和贫困儿童辍学问题。

（3）高中阶段教育发展目标任务。三地高中阶段教育毛入学率发展目标均高于全国90%的平均水平，广东、江西分别为90%以上、92%，福建为96%。三地在普通高中的发展定位上一致，均提出优质、特色的发展目标。在普通高中发展的路径上，福建、广东两省提出鼓励和引导普通高中向城市、县城集中办学，发挥优质普通高中的辐射带动作用。在普通高中和职业学校协调发展方面，福建提出合理确定普通高中与中等职业教育学校招生比例；江西提出鼓励有条件的普通高中渗透职业意识、职业能力教学，探索综合高中发展模式。

① 泛珠三角九省区中，粤闽赣三省教育发展程度较好，且有发展特色，能够为京津冀教育提供一些有益经验，故进行着重分析。

（4）职业教育发展目标任务。广东提出建设成为全国职业教育科学发展示范区和我国南方重要的职业教育基地；鼓励在珠江三角洲地区设置以工科专业为主体的高等职业院校。福建力争到2015年，全省中等职业学校均达到国家规定的设置标准；提出加强技能型紧缺人才培养，推进区域专业布局调整。江西提出到2020年，形成适应江西经济发展方式转变和产业结构调整要求、职业教育与普通教育互通融合、中等职业教育与高等职业教育相互衔接、学历教育与职业培训并举、适合终身教育需要的开放性现代职业教育体系；加快发展面向农村的职业教育，统筹基础教育、职业教育和成人教育，促进农科教结合。

（5）高等教育事业发展目标任务。在毛入学率上，广东（50%）、福建（53%）高于江西（42%），毛入学率最小差距大于8%，远远低于河北与天津之间的差距（23%）。三地均提出对高等学校科学定位和分类指导、优化结构办出特色、提高人才培养质量、增强高等学校的自主创新和社会服务能力。从高水平大学建设看，福建提出将厦门大学建成世界知名高水平研究型大学，福州大学努力建成综合实力达到国内同类高校先进水平的教学研究型大学，推进共建华侨大学工作。广东提出分别将中山大学和华南理工大学建设成国内一流国际先进的高水平研究型综合性大学和理工类大学。江西力争有更多学科进入国家级重点学科，一批优势特色学科达到国内先进水平。

从高校的服务功能看，福建提出全面推进产学研合作，发挥“中国海峡项目成果交易会”平台作用，支持厦门大学国家大学科技园建设。广州大学城要成为全国一流、国际知名的大学园区和产学研结合的重要基地。深圳大学城、珠海大学园区、佛山大学园区、东莞大学园区要为提升区域科技创新能力和国际竞争力做出重要贡献，成为省乃至全国高等教育科技创新示范基地和产学研结合典范区域。江西提出建设一批主要面向高新技术产业、先进制造业、生产性服务业的应用型本科学校和职业技术学院，推动省内校际优势学科联盟，构建对鄱阳湖生态经济区建设起重要支撑作用的优势学科专业群。

2. 粤闽赣三省中长期教育改革举措

（1）人才培养体制改革。三地均提出形成体系开放、机制灵活、渠道互通、选择多样的人才培养体制。

（2）考试招生制度改革。三地均探索建立分类考试、综合评价、多元录取的考试招生制度。完善义务教育阶段免试就近入学制度，重视综合素质评价在中考和高考中的作用。探索高水平大学采取统一考试、学校联考、学校单考等多样化考试招生方式；一般普通本科学校以国家统一考试为主，结合高中学业水平考试和综合素质评价择优录取；高职院校实行自主考试选拔制度，或者依据普通高中学生学业水平考试成绩和综合素质评价进行选拔；中职实行自主招生、注册入学制度；探索建立成人高等教育注册入学制度。

（3）现代学校制度建设。广东、福建两地均提出落实学校办学自主权，建设依法办学、自主管理、民主监督、社会参与的现代学校制度。广东强调政府及其部门要树立服务意识，完善监管机制，构建政府、学校、社会之间新型关系。福建、江西提出健全普通中小学和中等职业学校校长负责制，探索建立党委领导、校长负责、教授治学、民主管理的现代大学制度。

（4）办学体制改革。三地均提出形成政府主导、社会参与、办学主体多元、办学形式多样的办学体制。广东更强调办学主体的多元。福建提出鼓励公办学校之间、民办学校与公办学校之间联合组建教育集团，支持高中阶段优质公办学校集团化办学、公办学校联合办学、委托管理等试点。江西提出探索公办学校多种形式办学，支持公办学校之间、公办学校与民办学校之间联合组建教育集团，推动公办职业院校实现办学方式多样化；支持社会声誉好、实力强、质量高的教育培训机构和企业加快发展，实施连锁经营，发挥品牌效应。

（5）管理体制改革。三地均提出转变政府管理职能，综合运用立法、拨款、规划、评估、信息服务、政策指导、资源配置等手段进行管理，提高公共服务水平。三省还具体提出要完善各级各类教育管理体制。

（6）教育开放与交流合作。三地均提出加强与港澳台的交流与合作，根据各自的地缘优势，有重点的开展合作。福建着重开展与台湾的合作，扩大对台招生规模，推动两地学生交流，办好活动平台，推进两岸教育合作实验园区建设，推进“两岸职业教育教学资源基地”和“两岸职业教育师资培训基地”建设。广东着重发展与港澳两地的交流，提出交流合作平台、科研和学术交流、职业教育发展、联合举办高等教育机构、港澳人士子女受教育等方面的合作。江西在这方面没有详细规划。三地均注重培养一批具有国际视野、通晓国际规则、能够参与国际事务和国际竞争的国际化人才，从联合办校、人员交流方面提升教育的国际化水平，以孔子学院为纽带推广汉语，提升教育的国际化水平。

四、泛珠三角推进教育协同发展的举措与进展

1. 通过出台政策和签署协议推进协同发展

自 2004 年首届泛珠会议以来，各省区制定并签署了系列重要的教育合作与交流协议，为泛珠三角区域教育合作发展提供了基础。

由省区政府签署的《泛珠三角区域合作框架协议》把“科教文化”作为区域合作十大领域之一，要求加强各地高等院校和科研院所科技与教育资源应用的合作，加强文化和人才交流；加快推进科技文献、科技信息、专家库、动植物资源和水文资源等基础性科技教育资源的联网共享；加强协调、建立区域科技创新体系；以高新技术及产业化开发为主，逐步建立区域科技项目合作机制和成果转化平台，推进区域产业协作和战略合作联盟。

2006 年发布的《泛珠三角区域合作发展规划纲要（2006—2020）》指出：在科技

方面，相互开放国家级和省级重点实验室、工程技术研究中心、中试基地、大型公共仪器设备、技术标准检测评价机构；联合建立泛珠三角区域科技信息网络和交易网络；联合举办科技博览会、交易会、项目推介会，加快区域科技成果转化成生产力；组成区域产业协作和战略联盟，引导区域内企业实行强强联合；逐步推进相互认可、经科技行政管理部门认定的高新技术企业、高新技术成果、高新技术产品、科技型中小企业、外商研发机构、科技中介机构等，相互享受本地同等的优惠政策；建立科技项目合作机制，围绕泛珠三角的特色资源和共性技术开展联合攻关。在教育方面，加强各地各级各类学校的教育交流和联合办学，加强各地高等院校科研项目和产学研合作；建立区域教育信息网络互联互通与共建共享机制；建立大中专院校毕业生就业的信息共享机制；推动九省区重点高校与港澳地区著名大学之间在科学研究、人才培养和学术交流的合作；到2020年，重点引进3～5所国外知名大学到广州、深圳、珠海等城市合作举办高等教育机构，建成1～2所国内一流、国际先进的高水平大学。在文化方面，在统一平台下建设“泛珠三角文化资讯网”，开展演艺信息交流、数字图书馆、数字博物馆、文化科研交流、艺术人才交流、文化旅游、文化产业招商项目洽谈、演出票务服务、有形和无形文化遗产保护利用，进一步加强区域内各省区文化领域，尤其是文物博物与图书资讯等方面的合作与交流；通过专题培训、项目合作、学术研讨、挂职锻炼等形式加强文化人才培养，进一步提高泛珠三角区域文化发展水平。

2010年签署的《粤港合作框架协议》提出：在教育方面，一要探索多种形式的合作办学模式和运作方式。二要支持双方高等学校合作办学，共建实验室和研究中心，扩大互招学生规模，联合培养本科或以上高层次人才。三要推动双方中小学教育资源相互开放，继续开展教师协作与培训交流合作。四要推动青少年国民教育交流合作，支持开展粤港青年交流活动，探讨举办粤港青年高峰论坛。在培训方面，一要加强职业教育培训合作，合作举办动漫、物流、酒店、工业设计、电子商务等职业培训项目，建立高等职业技术学院、中等职业技术学校、技工学校师资和职业培训师资交流合作制度。二要支持广东高等职业技术学院、中等职业技术学校、技工学校、职业培训学校与香港有关组织、企业和机构合作，建立职业技能实习实训基地，优化职业技能培训资源配置，提供贴近企业需求的专业课程和人才培养项目，共建香港职专设计学院广东工业设计培训学院。三要支持香港国际教育机构与内地机构合作在广东开展职业培训服务。在人才流动方面，一要鼓励双方有关机构就技能人才职业资格鉴定、职业标准加强交流和增进相互了解，研究实施“一试三证”培养模式的可行性。二要鼓励双方主管部门或有关专业团体、行业机构等在国家批准下，就有关专业人才资格管理加强交流，研究进一步简化有关广东专业人才到香港工作的审批程序。

2010年签署的《广东·海南战略合作框架协议》规定：一要加强两省高等院校、科研院所等机构，在教学、科研、专业建设和师资队伍建设等方面的交流与合作。二要鼓励两省高校间开展形式多样的学术交流活动，共建高校科技创新平台，促进教育科研成果产业化。三要开展两省中等职业学校和中小学间的合作与交流，互派教师到对方学校挂职锻炼。四要加强两省中等职业学校与对方企业的联系，为企业开展“订单培养”，互派学生到企业顶岗学习，拓宽两省中等职业学校毕业生就业渠道。

2011 年签署的《粤澳合作框架协议》规定：一是推进高等教育和科研合作，建设横琴岛澳门大学新校区，澳门特区政府有关部门向就读澳门大学等澳门高等院校的广东学生提供奖学金。扩大互招学生规模，推动高校学分互认，共建实验室和研究中心，打造粤澳产学研合作平台。二是推动幼儿园和中小学教育资源相互开放，开展教师培训交流合作，共同研究跨境学生通关、交通等便利措施。澳门逐步对在广东就读幼儿园和中小学的澳门幼儿及学生提供学费津贴。三是加强职业教育培训合作，共同举办旅游、酒店、会展、创意设计等职业培训项目，建立职业教育师资交流制度，鼓励澳门教育培训机构与广东教育培训机构合作开展职业教育培训项目，全面系统地培养符合澳门和广东产业发展需要的技术、技能人才。

2011 年签署的《“十二五”粤桂战略合作框架协议》规定：一要加强职业教育培训合作平台建设，建立人力资源市场信息网络对接运行长效机制；深入开展教育评估交流合作；加强幼儿园、中小学教师及校长培训合作。二要加强中等职业学校间在师资培训、专业课程建设、教学改革、实训基地建设、毕业生推荐就业等方面的合作。

2012 年签署的《云南·广东战略合作框架协议》提出：一要加强两省高等院校在教育教学、学科建设和师资队伍等方面的交流合作。鼓励两省高等院校开展学术交流、学生访学、教师互聘。推动两省高校在重点学科建设、科学研究和成果转化、高等院校加大对口帮扶以及教学资源共建共享等方面深入合作。二要加强两省职业教育培训合作。深化技工教育交流与合作，鼓励两省高等职业院校、中等职业学校加强校际交流、开展联合办学。

2014 年签署的《泛珠三角区域深化合作共同宣言（2015—2025 年）》提出：要加强各地高等院校和科研院所科技与教育资源应用的合作，加强文化和人才交流；加快推进科技文献、科技信息、专家库、动植物资源和水文资源等基础性科技教育资源的联网共享；加强协调、建立区域科技创新体系；以高新技术及产业化开发为主，逐步建立区域科技项目合作机制和成果转化平台，推进区域产业协作和战略合作联盟。

2. 建立区域教育合作发展的基本组织系统

2004 年，《泛珠三角区域合作框架协议》和《关于加强泛珠三角区域教育交流合作的框架协议》提出并建立了区域合作的组织机构和运作机制，包括三方面：一是泛珠三角区域教育行政部门教育交流合作的组织和工作机制，及时交流各方的教育信息及经济社会发展情况，研究交流合作的有关事项；二是建立省（区）教育厅厅长和香港、澳门特别行政区教育行政首长联席会议制度，每年举办一次，联席会议由各方轮流承办，会议主席由承办方担任；三是建立港澳相应人员参加的教育厅办公室主任协调制度，协调推进合作事项的进展，组织编制推进合作发展的专题计划，组织推进具体的合作项目，向年度联席会议提交区域合作进展情况的报告和建议。

2006年，《泛珠合作宣言（2006—2020年）》提出进一步完善泛珠三角区域合作部门衔接落实制度：首先，检查落实已签署的工商、税务、质检、投资、知识产权保护等协议，建立公平、透明、规范、有序的市场环境。为落实泛珠区域合作自由参与、公开、透明的合作机制，各省区于筹备签订泛珠合作协议时，应通报全部泛珠省（区），让各方可以考虑是否加入及评估有关协议对其他省（区）的影响。其次，研究建立泛珠三角区域社会组织（包括中介机构等）的协调机制。鼓励泛珠三角区域充分利用中介机构和民间组织的协调网络和优势，发挥行业协会等社会组织在协调泛珠三角区域各成员企业、政府间的作用。最后，研究建立区域合作发展的咨询机构。《泛珠三角区域基础教育课程改革与教学研究项目交流合作框架协议》提出了两种教育协作机制，一是建立区域交流合作年会制度；二是各省（区）教研室确定一个联系人，负责区域之间的协作联系和各自承担任务的落实等工作。《泛珠三角区域教育信息资源共建共享工程计划》决定成立泛珠三角区域教育信息资源共建共享工程工作小组和专家咨询小组。工作小组成员由各省区教育行政部门和香港、澳门特别行政区相关部门的主管领导组成。专家咨询小组由各省、区相关的学科教育专家、教育技术专家、计算机网络专家等组成。

各地还纷纷完善和创新交流合作机制，从高层会晤、联席会议、工作机制、咨询机制、部门衔接、民间合作等方面对粤港、粤澳、粤琼、粤滇等双向合作进行了机制保障。如粤澳合作机制主要有高层会晤、联席会议、工作机构、咨询机制和民间合作。

3. 推动区域基础教育帮扶发展

多年来，发达省市在基础教育领域对欠发达省市给予了诸多支持。以广东省为例，2000年6月，根据中央办公厅和教育部等六部委的有关通知，广东实施对口支援广西贫困地区学校工程，双方签订了《广东省对口支援广西壮族自治区贫困地区教育协议书》。至2004年6月，广东省对口支援广西贫困地区学校工程实施了两期，广东省援助广西发展教育资金多达1.8亿元，实施了支援贫困生入学、培训受援学校校长和教师、广东骨干教师到广西支教、教育设施建设等项目。第三期“工程”从2004年10月开始执行，支教面也从基础教育扩大到职业教育和高等教育，实施内容主要是广东省选择100所普通中小学及中等职业技术学校和一所高校与广西壮族自治区国家扶贫开发工作重点县、民族县和边境县的100所普通中小学及中等职业技术学校和一所高校结成“一帮一”对子。[①] 2012年4月，广东省和海南省教育厅决定实施“海南省幼儿园、特殊教育教师赴广东省跟班培训项目”。自2012年起3年内，海南省每年选派35名幼儿园、特殊教育教师到广东省幼儿园、特殊教育学校跟班培训学习1个月。广东省相关教师培训机构负责统一制订跟班培训计划、安排海南教师到相关幼儿园（学

① 黄崴，孟卫青．泛珠三角区域教育发展合作的背景、现状与机制［J］．教育研究，2007（10）．

校）跟班学习，对培训项目进行指导和管理，并做好教师的培训考核。通过实施该项目，为海南省培养了一批具有较高素质和实践能力的幼儿园、特殊学校教师，有力促进了两省幼儿园、特殊教育教师的交流学习。①

4. 探索职业教育联合办学和帮扶发展

2011 年以来，广东省中职学校每年与中西部中职学校各种形式的联合招生、合作办学人数超过 1 万人。同时，积极开展中职师资培养方面的交流与合作，培训教师人数超过 150 名。② 按照 2014 年签订的《广东对口帮扶广西职业教育协作框架协议》，2015 年广东、广西开始实施对口帮扶职业教育协作试点。广西右江民族商业学校、广东省轻工业技师学院等 18 所职业（技工）院校已被列为“两广”对口帮扶职业教育协作扶贫培训基地。试点将推出“2 +1”模式，即广西的贫困家庭学生前两年在广西职校学习，后一年到广东实习培训。③

5. 高等教育合作有了良好开端

泛珠三角区域教育发展合作启动以来，高校之间的合作和交流有了良好开端。2004 年 6 月，中山大学与吉首大学签订《中山大学与吉首大学交流合作框架协议》，中山大学将在师资队伍、教学资源、人才培养、学科建设、重点实验室等方面，与吉首大学进行全方位的对口合作，同时，双方共同承接课题，开展联合攻关，为湘西的经济建设和社会发展提供服务。之后，泛珠三角区域内高校之间的交流日益频繁。中山大学与香港大学联合培养“土木工程”专业本科生；华南师范大学倡议发起并主办了“泛珠三角区域教育教师联盟”联席会议；区域内 13 所中医药院校的专家代表签订了《泛珠三角区域（9 +2）高等中医药院校合作发展框架协议》。④

此外，广东省教育厅每年组织中山大学、华南理工大学、暨南大学、广东工业大学、华南农业大学等多所重点高校参加泛珠三角区域经贸合作洽谈会，十年来签订科研合作的项目近百个，合作地区涵盖所有泛珠三角地区，合作领域包括节能环保、新能源、机械制造、现代农业、生物医药、生态资源、食品加工、现代交通、电子信息等多个领域，合作方式多样，为地方、行业发展做出了贡献。例如，自 2006 年华南农业大学与广西壮族自治区农业厅签署全面合作框架协议以来，针对广西农业支柱产业，举办了多期现代农业专业技术培训班，共培训各级农业主管部门领导、企业家、技术骨干 400 名，基本覆盖了整个广西区各地级市和农业龙头企业。双方还就水稻、大豆、蔬菜和甜玉米方面开展了科技产业化合作，根据广西农业厅的统计，华南农业大学的

---

① 广东省教育厅．泛珠教育合作十年成就工作总结与未来展望［R］．2014 -06.

② 同上.

③ 庞革平．粤桂对口帮扶职业教育［N/OL］．人民日报，2015 -04 -17．http：//gx.people.com.cn/n/2015/0417/c179435 -24532182.html.

④ 黄崴，孟卫青．泛珠三角区域教育发展合作的背景、现状与机制［J］．教育研究，2007（10）．

科技支撑对广西农业产业贡献率提升了 2 个百分点。①

6. **粤港澳教育合作与交流**

粤港澳三地合作以重要的政策文件为依据。2007 年《广东省教育发展“十一五”规划》提出着力推进粤港澳台教育交流与合作，以开展民间教育交流为重点，积极推动校际合作和两岸学生的双向交流。《珠三角地区改革发展规划纲要（2008—2020 年）》提出支持港澳名牌高校在珠江三角洲地区合作举办高等教育机构，放宽与境外机构合作办学权限，鼓励开展全方位、宽领域、多形式的智力引进和人才培养合作，优化人才培养结构。《广东省中长期教育改革和发展规划（2010—2020）》提出要提升粤港澳教育合作层次和水平，加强粤港澳教育更紧密合作与融合发展；积极解决港澳人士子女在粤接受教育问题，支持设立港澳人士子女学校；促进珠江三角洲地区高等学校与港澳知名大学合作举办高等教育机构，借鉴先进办学理念和经验，形成良性互动新机制。2012 年，《国家教育事业发展“十二五”规划纲要》提出进一步提高内地（大陆）与港澳台地区教育交流与合作的实效；鼓励和支持港澳台地区教育机构到内地（大陆）合作办学、科研合作、互派教师授课、共同举办学术会议及建立产学研基地；进一步改进和完善内地（大陆）高等学校招收和培养港澳台地区学生的相关政策和办法，扩大招生规模；积极推动岛内全面承认大陆高等教育学历。

在基础教育合作办学方面，2008 年广东省获国家有关部门批准两项先行先试政策，允许广东省审批在粤开办港澳人士子女学校的申请；以及由教育部与广东省建立联合审批机制，共同审议广东省与香港合作办学机构和项目。2010 年广东省承担教育部“加强内地高校与港澳高校合作办学”国家教育体制改革试点项目。2012 年签署的 CEPA 补充协议 9 中，教育领域允许港澳服务提供者在前海、横琴设立独资的国际学校（即外籍人员子女学校）。在专业合作中广东在港澳有 29 项，港澳在广东有 14 项。②另外，粤港澳实行了粤港、粤澳的“姐妹学校”缔结计划。目前，粤港两地共有 270 对中小学成为“姐妹学校”，粤澳两地共 30 对中小学成为“姐妹学校”。广东省还支持港人子弟学校、港人子弟班建设。至今，广东省共设立 2 所港人子弟学校，并在 7 所民办学校设立了港人子弟班。通过香港中学学位分配计划回港升学的港校港班学生，89% 成绩属中等或以上。③

粤港职业教育交流与合作也得到了加强。例如，2011 年，在教育部指导下广东省教育厅主办了“广东职业教育与产业发展对接暨粤港澳服装业对话活动”，珠海市正在承担“开展珠港澳台教育交流与合作”的省级教育综合改革试点；华南理工大学与香港理工大学联合成立了华南理工大学工业培训中心—香港理工大学联合教学基地；顺

① 广东省教育厅. 泛珠教育合作十年成就工作总结与未来展望［R］. 2014 - 06.

② 王璐. 粤港高校合作办学的困境与两难［J］. 现代教育论丛，2014（3）.

③ 引自广东省教育厅 2014 年 7 月工作总结.

德职业技术学院与香港理工大学设计学院开展“毕业设计—毕业展览—人才招聘”的人才培养模式。

粤港澳高等教育领域交流与合作主要表现在合作办学、科研合作和合作招生方面。例如，2004 年北京师范大学与香港浸会大学在珠海合作举办北京师范大学—香港浸会大学联合国际学院；2008 年 12 月，香港科技大学与北京大学在深圳创办深港产学研基地；中山大学与香港中文大学共建“华南地区整合生物科学国家研究中心”等。多年来合作项目达 238 项，其中中山大学有 73 项，华南理工大学有 92 项，暨南大学有 24 项。[①] 2008 年以来，广东省共招收港澳学生 21 590 人，居全国首位。经教育部同意，广东省 17 所高校自 2012 年起试行对香港学生豁免内地普通高等学校联合招收华侨、港澳地区及台湾省学生考试（即联招考试），可依据香港中学文凭考试成绩择优录取香港学生，2013 年增加至 19 所高校。[②] 澳门政府与国家教育部、广东省教育厅、四川省教育厅和深圳市南山区人民政府签订教育合作协议，完成澳门援助四川地震灾后重建中有关文化和教育的系列项目共 103 项。[③]

五、泛珠三角推进教育协同发展的经验与启示

通过努力，泛珠三角各省各级教育指标指数在“十一五”期间均有提高，贵州省学前三年毛入园率增长高达 18 个百分点；湖南省义务教育阶段增长 8.03%，高中毛入学率增长高达 36 个百分点；云南和贵州次之，高中毛入学率增长分别为 31.34% 和 24.5%；贵州和广西的高等教育毛入学率均增长 9%，云南和湖南分别为 7.37% 和 7.2%，其他省份增长率在 5% 左右。各省基本达到全国水平，只有广西、贵州、云南的高等教育毛入学率略低于国家平均水平；广东省在各个教育阶段的毛入学率都位居九省区第一。[④]泛珠三角地区推进教育协同发展取得了重要成就，也对京津冀教育协同发展带来了有益的启示。

1. 推进京津冀教育协同发展制度创新

目前，京津冀教育协同发展尚处于起步阶段，在教育跨区域合作方面缺乏相关配套政策的支持以及制度的约束，导致三地合作缺乏强有力的制度供给，这是制约京津冀教育协同发展的关键因素。因此，首先，京津冀可基于平等自愿、互利共赢的原则，相互开放教育政策，就教育事业发展的重要问题缔结教育合作协议，如基础教育对口支援、教师和校长培训、课程与教学改革、职业教育产教融合等。其次，建立京津冀教育发展合作的基本组织系统。建立区域合作的组织机构和运作机制，包括建立区域

① 陈广汉等. 2011 港澳珠三角蓝皮书——粤港澳区域合作与发展报告（2010—2011）[M]. 北京：社会科学文献出版社，2011：256 - 276.

② 广东省教育厅. 泛珠教育合作十年成就工作总结与未来展望 [R]. 2014 - 06.

③ 引自澳门政府 2009—2014 年教育领域工作总结.

④ 根据各省“十二五”规划纲要数据分析得出.

各省教育厅高层会议制度；建立区域教育合作的协调机构，协调各个教育部门间的利益关系，具体落实区域教育规划，及时反馈区域发展的信息，并负责监督、协调各部门的关系。最后，制定跨行政区的教育规划，以本区域各地区的实际情况为依据，以协调各地区利益为目标，对本区域教育发展制定整体规划，实现整个区域的和谐发展。

2．促进京津冀基础教育协同发展

一是加大基础教育阶段的省际对口扶持和互助力度。为保障教育扶持和支援的规范化，可以在京津冀区域建立旨在缩小合作省区之间基础教育发展差距的发展基金，基金使用范围可以大致分为三类：用于促进落后地区办学条件的改善；支持落后地区的教育人力资源包括教师、校长、教育行政人员的培训；支持课程与教学改革。基金的筹集可以考虑按照三地的 GDP 总量中的比重、教育经费总量及教育经费构成划分承担比例。另外需要注意的是，基金的资助不是无条件的。受资助地方政府需要根据区域教育合作的整体规划制定和采取相应配套政策与措施。二是拓宽、深化基础教育合作。不断拓宽基础教育阶段合作领域，加强在课程和教学改革、教育人力资源、素质教育实践和学校制度改革等领域的交流与合作。在教师交流方面，着力探讨如何解决不同行政省区教师交流的户口、人事等体制障碍，实现无障碍化交流。此外，应以京津冀教育合作为契机建设现代学校制度，推动教育体制创新。基础教育阶段的交流还可以拓展到实施素质教育、建设特色学校和民办教育等领域。

3．推动京津冀职业教育协同发展

一是政策引导，规制统一。京津冀需要尽快完善职业教育相关政策，通过平等协商，共同拟定地方法律规制；各级地方政府可以在具体的税收和经费方面制定相应的激励措施，鼓励各级各类职业教育学校、相关企业及其他社会力量积极开展职业教育跨区域合作；成立京津冀职业教育合作专门组织，配备专职人员，合力推动京津冀职业教育协同发展。二是多种方式提升区域职业教育水平。利用市场调节功能，采用组建职业教育集团、发展职业教育联盟、建设职业教育园区以及产业化经营、连锁经营等多种形式，使分散在三地的各类职业教育实现有效凝聚，提升京津冀职业教育的整体实力。注意引进国外先进的职业教育理念、课程等，推进现代职业教育体系建设，为京津冀协同发展培养更多的具有国际水准的技术技能型人才。三是发挥自身优势，打造职业教育品牌。根据三地产业结构和行业优势、人才流动性和整个区域经济发展的规划，制定职业教育发展整体规划，有重点地发展优势专业，防止重复建设和教育资源浪费。在专业设置和课程内容开发上，以京津冀经济发展对高新技术人才需求为依据，建设与区域经济紧密相连的特色职教专业。北京市应基于劳动力市场需求的强劲态势，主动发挥协调作用；天津市应立足本地产业需求，主动寻求区域合作；河北省则应基于人口优势，主动承接京津职业教育资源的转移。

4．加强京津冀高等教育协同发展

在加强高等人才培养合作方面，京津两地可以采取一些倾斜性政策扩大对河北省的招生名额，通过奖、助、贷、勤等措施帮助贫困学生完成学业；通过设立教育专项计划、发挥各校在某些学科领域的优势、利用远程教育技术互相选课以及推动同层次高校学分互认等措施推进各省高校在人才培养方面的合作；促进区域内大学毕业生充分就业，建立毕业生需求信息和资源信息平台和网站等。在加大高等院校产学研合作方面，要重点加强科研项目和产学研合作，为区域内高校科技成果转化提供平台；建立京津冀高校的国家和省级重点学科、重点实验室、工程中心相互开放、资源共享机制，为相关领域的研究提供方便；建立京津冀相关学科领域专家库，发挥专家在项目评审、科研发展决策咨询的作用；建立同领域学者的学术交流制度，促进本区域内学者定期的学术交流和研讨。同时，高等院校合作还要加大高等院校科研成果的转化和社会服务的力度。

第三节　珠三角教育协同发展分析

珠江三角洲地区，简称“珠三角”，主要包括珠江沿岸广州、深圳、佛山、珠海、东莞、中山、惠州、江门、肇庆九个城市。珠三角是我国改革开放的先行地，是我国重要的经济中心区域，在全国经济社会发展和改革开放大局中具有突出的带动作用和举足轻重的战略地位。2008 年年底，国务院下发《珠江三角洲地区改革发展规划纲要》，珠三角一体化上升为国家战略，教育协同发展也开展起来。其中，不乏一些值得京津冀参考的有益经验。

一、珠三角人口经济概况基本面研判

1. 广州对教育的刚性需求最高

如表 4 – 17 所示，2014 年，珠三角土地面积总共 54 935. 89 平方公里，约占广东省总面积的 30. 5%，年末常住人口 5763. 38 万人，约占广东省总人口的 53. 7%。在珠三角九市中，广州市常住人口最多，深圳其次，珠海人口规模最小，仅占广州的 12. 3%。珠海的人口自然增长率高达 9. 62‰，广州其次，肇庆最低。广州不仅人口基数大，自然增长率也处于较高水平，因此对教育的刚性需求更高，珠海人口红利的利用潜力也在迅速提高。

表 4－17　2014 年珠三角人口基本情况

地区	广东	珠三角	广州	深圳	珠海	佛山	东莞	江门	中山	肇庆	惠州
面积（平方公里）	179 770	54 935.8	7434.4	1996.7	1724.3	3797.7	2460	9505	1783.6	14 891	11 343
年末常住人口（万人）	10 724	5763.3	1308.0	1077.8	161.4	735.0	834.3	451.1	319.2	403.5	472.6
人口自然增长率（‰）	6.1	——	8	——	9.6	——	5.8	——	——	4.6	6.7

数据来源：各市 2014 年统计公报。

2. **深圳支撑教育的能力最强**

如表 4－18 所示，按常住人口计，2014 年，深圳人均生产总值处于领先地位，其次是广州、珠海、佛山，均超过 10 万元，高于上海、北京、天津市。肇庆和江门最低，不足 5 万元，但高于河北省（39 984 元）。2014 年，珠三角生产总值合计 5.78 万亿元，分别是长三角和京津冀的 38% 和 87%。珠三角三大产业增加值的比重各有不同，深圳第一产业比重最小，不足 0.1%，广州第三产业比重最大。深圳人均财政预算支出高达 2 万元，珠海其次，广州约为深圳的 50%，江门最少，仅为深圳的 25.7%。人均财政支出状况，将直接影响公共财政教育经费水平，由此可以看到深圳在公共财政支撑教育能力上的优势。

表 4－18　2014 年珠三角地区生产总值及人均生产总值

地区	地区生产总值（亿元）	第一产业增加值（亿元）	第二产业增加值（亿元）	第三产业增加值（亿元）	人均地区生产总值（元）	人均财政预算支出（元）
广州	16 706.87	237.52	5606.41	10 862.94	127 723	10 964.87
	100%	1.4%	33.6%	65.0%		
深圳	16 001.98	5.29	6823.05	9173.64	149 497	20 096.11
	100%	低于 0.1%	42.7%	57.3%		
珠海	1857.32	48.79	939.04	869.49	115 900	17 091.44
	100%	2.6%	50.6%	46.8%		
佛山	7603.28	142.47	4687.02	2773.8	103 437	——
	100%	1.9%	61.6%	36.5%		
东莞	5881.18	20.84	2697.9	3162.44	70 604	5485.73
	100%	0.3%	45.9%	53.8%		
江门	2082.76	168.14	1024.47	890.15	46 237	5174.45
	100%	8.1%	49.1%	42.8%		

（续表）

地区	地区生产总值（亿元）	第一产业增加值（亿元）	第二产业增加值（亿元）	第三产业增加值（亿元）	人均地区生产总值（元）	人均财政预算支出（元）
中山	2823.00	70.91	1559.94	1192.15	88 682	——
	100%	2.5%	55.3%	42.2%		
肇庆	1845.06	272.03	922.79	650.24	45 795	——
	100%	14.8%	50.0%	35.2%		
惠州	3000.70	142.9	1697.6	1160.2	63 665	7887.28
	100%	4.7%	56.6%	38.7%		

数据来源：各市2014年统计公报。

3. 珠三角农村居民收入均高于全国平均水平

如表4-19所示，2014年，广州城镇居民人均可支配收入最高，为4.29万元，低于北京0.56万元，深圳其次，江门与河北水平相当，江门、肇庆和惠州均低于全国平均水平。珠三角农村居民收入均高于全国，东莞农村居民收入高达2.23万元，高于北京（1.88万元）和上海（2.11万元），是河北的两倍之多。广州农村居民收入排在第6位，城乡居民人均可支配收入差距大于其他各市。

表4-19 2014年珠三角地区居民人均可支配收入（单位：元）

地区	全国	广州	深圳	珠海	佛山	东莞	江门	中山	肇庆	惠州
城镇居民	28 844	42 955	40 948	35 287	36 555	36 764	24 976	34 304	21 726	27 300
农村居民	10 489	17 663	——	18 395	20 094	22 327	12 746	22 166	12 642	14 364

数据来源：各市2014年统计公报。

二、珠三角教育资源格局分析

1. 广州形成各级各类教育资源高地

如表4-20所示，2014年，广州普通高等学校在校生数遥遥领先，共有101.93万人，是其他8市总和的2倍之多，珠海其次，惠州最少，仅有3.01万人。广州中职学校在校生数也位列九市之首，惠州次之，珠海最少。广州的中学、小学和幼儿园在校生数均位列第一，形成各级各类教育资源高地。

表 4－20　2014 年珠三角各级各类学校在校生数（单位：万人）

地区	普通高校	中职	普通高中	普通初中	小　学	幼儿园
广州	101.93	24.46	53.29		90.01	40.43
深圳	8.77	3.69	37.87		79.32	39.9
珠海	13.7	1.07	9.05		14.06	5.83
佛山	4.67	——	11.37	19.40	47.44	25.14
东莞	6.99	6.44	7.81	20.66	68.73	29.05
江门	4.88	6.21	8.17	14.13	29.93	13.26
中山	4	2.54	14.75		26.8	12.28
肇庆	6.15	6.44	8.8	17.81	33.25	14.04
惠州	3.01	8.29	9.42	18.20	47.21	17.58

数据来源：各市 2014 年统计公报。

2. 深圳教育财政支出最高

如表 4－21 所示，2014 年，深圳公共财政预算支出和增长率均位居九市第一，教育支出占公共财政预算支出的 15.27%，教育支出的增长率低于财政支出的增长率。东莞教育支出占公共财政预算支出的 25.98%，远高于其他各市。珠海教育支出增长率为负 3.9%，远低于公共财政预算支出的增长率。

表 4－21　2014 年珠三角公共财政预算支出及教育财政支出

地区	广州	深圳	珠海	佛山	东莞	江门	中山	肇庆	惠州
公共财政预算支出（亿元）	1434.26	2166.14	275.89	——	457.68	233.44	——	——	372.80
增长率（%）	3.5	28.1	15.3	——	2.9	10.8		——	13.6
教育支出（亿元）	228.53	330.80	49.09	——	118.94	——		——	85.00
增长率（%）	－9.48	15.0	－3.9	——	——	——		——	17.1

数据来源：各市 2014 年统计公报。

三、穗深珠 2020 年教育规划纲要文本比较

1. 穗深珠中长期教育发展目标任务

（1）学前教育发展目标任务。在实现学前三年毛入园率目标方面，广州（98%）、

深圳（98%以上）、珠海（99%以上）与京（99%）、津（98%）两地大致相当，均高于河北（75%）及全国（70%）的目标。广州制定提高幼儿园保教质量的目标任务，从加强对城乡幼儿园保教质量的管理和评价、对幼儿身心发展水平的监测和评价、学前教育科学研究三个方面提高质量。深圳更关注学前教育的规范优质发展，提出到2015年，全市95%以上幼儿园达到规范化标准，并提出普及科学育儿知识。珠海提出落实政府主导、社会参与，公办与民办并举的办园体制，加快发展村镇学前教育，重视0至3岁婴幼儿教育，实行幼儿园“托幼一体化”，探索建立幼儿园“社区早期教育服务模式”。

（2）义务教育发展目标任务。广州提出了100%的小学适龄儿童入学率以及小学五年保留率，初中生年辍学率控制在0.5%以下；深圳提出义务教育巩固率95%以上的目标，略低于天津（98%）；珠海提出义务教育阶段毛入学率达到100%，与北京相同。三地均重视义务教育优质均衡发展，并提出规范化学校建设。广州提出扩大优质教育资源的区域辐射面，鼓励和支持优质教育资源向薄弱地区和薄弱学校延伸。深圳提出推进优质学校对口扶持相对薄弱学校专项行动。珠海提出改革办学模式，通过采取合并、一校多区、名校帮扶等多种模式，促进优质教育资源共建共享，加快缩小城乡之间、学校之间的差距，着力解决择校问题。

（3）高中阶段教育发展目标任务。穗深珠三地高中阶段毛入学率目标均高于全国平均水平（90%），都在99%以上，总体都具有良好的发展基础。三地均提出普通高中教育特色化、多样化发展的目标任务。广州促进办学体制和培养模式多样化、鼓励学校开设具有特色的选修课程，鼓励有条件的普通高中根据需要和学校特色适当增加职业教育的教学内容。深圳鼓励普通高中建设特色课程体系，大力推动学校多样化办学、个性化育人，建设一批在德育、科技、艺术、体育、课程改革和学校文化等方面各具特色的高中。珠海大力推进办学模式和育人方式多样化、个性化，满足不同潜质学生的发展需要，形成自身办学特色。

在普通高中与职业高中融合方面，广州提出鼓励有条件的普通高中根据需要和学校特色适当增加职业教育的教学内容。深圳提出促进普通高中与职业高中适度融合，在普通高中探索开设职业指导课程，职业高中要重视学生基础文化素养培养。珠海鼓励普通高中开设职业教育课程，探索综合高中发展模式。

（4）职业教育发展目标任务。三地均提出构建现代职业教育体系，建立中等职业教育和技工教育与高等职业教育协调发展，学历教育与职业培训并举的现代职业教育体系，建设与本市经济社会发展相适应的职业教育体系。

按照广东省“建设南方职业教育基地”的要求，三地均提出增强职业学校的办学能力，重视提高职业教育质量和水平。广州将建立完善职业教育与行业、企业合作培养应用型、技能型人才的机制，适时优化职业学校专业设置，开展重点专业和精品课程建设，建设一批国家级、省级示范性学校，打造广州职业技术教育品牌。深圳建设

3～5所国家级、8～10所省级示范中职学校，建设一批公共职教实训基地和骨干示范专业。珠海以重点专业建设为抓手，着力打造一批管理模式先进、师资技能精湛、设施设备一流、服务质量优良、具备品牌优势、具有鲜明特色的精品专业，到2015年，全市省级重点专业达到25个，力争1所民办中等职业学校达到省级重点职业学校标准。

在职业教育办学模式方面，广州创新职业教育办学模式，制定促进企业、行业参与职业教育的政策措施，打造校企联盟，推进校企合作和产教结合，建立完善职业教育与行业、企业合作培养应用型、技能型人才的机制。深圳积极促进院校间、院校与行业企业间合作，鼓励建设企业学院，鼓励高职院校与境外同类院校、企业联合办学，支持建设独立分校。珠海促进校企合作制度化、常态化，不断提升校企合作层次，拓宽合作领域，丰富合作内涵，积极推进职业院校面向港澳台地区及部分发达国家的国际化职业教育合作与交流。

（5）高等教育事业发展目标任务。广州提出每10万人口在校大学生数8100人，深圳和珠海均提出高等教育毛入学率目标，深圳（65%以上）与天津相同，珠海（60%）低于深圳，两地均高于河北（42%）。

三地均致力于提高教育质量和办学水平，注重国际交流与合作，其中广州和深圳重点关注合作办学。广州提出以国际交流合作为重要动力，以合作办学、合作科研为重要载体，探索与国内、国外（境外）高水平大学联合培养学生的新途径，推动市属高校提升国际化水平，努力建设1～2所国内一流、世界知名的高等学府。深圳着力建设一批具有国内乃至世界先进水平的特色学科，努力建设成为立足深圳、面向国际、特色鲜明的高水平大学；力争南方科技大学建设成为国际化高水平研究型大学，成为我国重大科学技术研究与拔尖创新人才培养的重要基地；将深圳大学城建设成为省内乃至全国高等教育开展科技创新、实现产学研结合的示范基地；吸引国内外高水平大学与本市高校、科研机构、知名企业等强强联合，到2015年，高起点建设10所特色学院。珠海坚持以人才培养为中心，实施高校本科教学质量与教学改革工程，着力加强专业、课程、教师队伍建设和实践教学；实施应用型技能型人才培养计划，着力推进人才培养模式综合改革；开展教育国际交流合作和学术交流活动，着力建立健全创新奖励制度。

在高等职业院校建设方面，广州建立职业教育园区，推行“3+2”五年制高等职业教育模式，促进中等职业教育与高等职业的衔接，力争成为广东省职业教育综合改革实验区，实施“高职院校内涵建设工程”，推进职业教育集团的建立和发展。珠海大力实施高职高专教育改革与实践工程，着力加强办学基础设施、专业、课程、教材和实习实训基地建设。深圳提出做大做强高职教育。

2. 穗深珠中长期教育改革举措

（1）人才培养体制改革。在人才培养模式上，三地均注重教学、科研、实践紧密结合，学校、家庭、社会密切配合，加强学校之间、校企之间、学校与科研机构之间合作以及中外合作等多种联合培养方式，形成体系开放、机制灵活、渠道互通、选择多样的人才培养模式。三地提出改革教育质量和人才评价制度，探索促进学生发展的多种评价方式。

（2）考试招生制度改革。穗珠两地提出坚持义务教育阶段学校免试就近入学制度；穗深提出完善初中学业水平考试和综合素质评价办法；广州将进一步完善初中对口直升和电脑派位入学制度，逐步取消初中生招收推荐生制度。在高中招生制度中，穗珠均提出探索优质普通高中部分招生计划按一定比例分配给初中学校的做法；深圳提出完善初中学校优秀毕业生推荐就读优质高中制度，探索特色高中自主招生办法。在职业学校招生中，三地均提出实行自主招生，探索注册入学办法。此外，广州提出高职院校加强与中等职业学校和技工学校的衔接，深圳提出高职院校实行联合命题。在普通高校招生中，广州积极推进符合国家中心城市高等学校特色和需求的招生制度改革，深圳探索普通高校扩大招生自主权的有效途径，积极争取提高自主招生比例。

（3）办学体制改革。穗深提出坚持教育的公益性原则，形成政府主导、社会参与的办学体制。广州提出形成政府主导、社会参与、办学主体多元、办学形式多样、公办教育和民办教育共同发展的办学格局，鼓励社会力量参与职业学校办学，开展探索对公办学校实行公办民助、联合办学、委托办学，教育行政部门要加强民办教育的统筹、规划和管理工作。深圳积极鼓励行业、企业等社会力量参与公办学校办学，开展联合办学、特许办学和相对薄弱学校委托管理试验，鼓励举办非营利性民办学校，重点支持办学规范的民办学校。

（4）教育管理体制改革。穗深提出转变政府职能，简政放权，明确各级政府的教育发展责任，建立健全中介服务机构准入、扶持、监管和行业自律制度。珠海提出发挥街道办（镇）、社区在参与和支持教育发展中的重要作用，高中阶段教育市、区两级政府共同分担管理，完善“政府统筹、行业参与、社会支持”的职业教育管理体制。

（5）扩大教育对外开放。三地均提出加强国际交流与合作，积极开展中外合作办学，引进国外优质人才。广州大力引进国外的优质教育资源和智力，选派教师赴外培训。深圳探索引进国外知名高校，合作共建学科专业、实验室和研究机构，联合培养本科及以上专业人才，引进国际知名高中、学前教育机构来深合作办学，支持中小学与国外学校缔结“姐妹学校”，鼓励有条件的学校在海外办学。珠海支持普通中小学与境外学校、教育机构建立学校联盟，进行友好学校交流、教师互派、学生互换等，创新“境外名校+珠海名校+珠海名城”的教育服务模式，鼓励高校与境外知名大学开展联合办学，引进更多的优秀专家、学者来珠海大、中小学从事教学工作，到2020年50%以上普通中小学校与境外学校、教育机构建立友好合作关系，建设2～3所特色鲜明的国际化中小学。深珠均提出加强与港澳台在教育教学研究、师资培养、学生交流方面的交流，深圳更重视与港澳台合作办学。

四、珠三角推进教育协同发展的举措及进展

1. 珠三角教育协同发展的主要领域

目前，珠三角教育协同发展主要围绕2008年国家发改委制定的《珠江三角洲地区改革发展规划纲要（2008—2020年）》（以下简称《珠三角规划纲要》）开展，其具体内容主要有：①

（1）推进各级教育发展。合理配置义务教育办学资源，逐步解决常住人口子女平等接受义务教育问题。从实际情况出发，由地方财政统筹考虑，逐步实现普及学前到高中阶段教育。以中等职业教育为重点，大力发展职业教育，率先实现农村中等职业教育免费。推进校企合作，建设集约化职业教育培训基地，面向更大区域配置职业技术教育资源，把珠江三角洲地区建设成为我国南方重要的职业技术教育基地。高等教育普及化水平进一步提高，显著提升高校科技创新与服务能力。

（2）以新的思维和机制推动高等教育发展。支持港澳名牌高校在珠江三角洲地区合作举办高等教育机构，放宽与境外机构合作办学权限，鼓励开展全方位、宽领域、多形式的智力引进和人才培养合作，优化人才培养结构。加大对国家重点建设大学支持力度，到2020年，重点引进3～5所国外知名大学到广州、深圳、珠海等城市合作举办高等教育机构，建成1～2所国内一流、国际先进的高水平大学。

（3）争创国家教育综合改革示范区。制定中长期教育发展纲要，率先探索多种形式的办学模式和运作方式。改革应试教育模式，全面实施素质教育。积极开展教学改革和教师队伍建设改革试验，深化人才培养模式改革。扩大高等教育办学自主权，推进高等学校治理模式改革。积极探索完善以政府投入为主，多渠道筹措教育经费的教育经费保障机制。

2. 制定年度重点工作任务

（1）2013年的工作任务是推进香港中文大学（深圳）、广外—兰卡斯特大学、香港科技大学和广州大学等合作办学项目。继续推进现代职业教育体系改革试点，大力深化高等职业教育招生考试制度改革，加快建立中高职一体化专业课程体系，深入推进职教基地建设。出台大力推进技工院校发展服务产业转型升级实施意见，启动30所技工院校“校企双制”办学试点。落实中职扩大免学费政策，完成75万中职招生任务（省教育厅、发展改革委、人力资源社会保障厅等负责）。②

（2）2014—2015年的工作任务是实现资源共享，建成“粤教云”教育资源公共服务平台。加快制度对接，提高随迁子女入读义务教育公办学校的比例。缩小城乡差距，

---

① 《珠江三角洲地区改革发展规划纲要（2008—2020年）》. http://www.gdjrb.gov.cn/policy_show.jsp?policy_id=318.

② 《实施珠三角规划纲要2013年重点工作任务》. http://zwgk.gd.gov.cn/006939748/201307/t20130723_383734.html.

继续实施“千校扶千校”行动计划，扩大珠三角农村学校和城镇薄弱学校与优质学校建立结对帮扶关系的覆盖面。①

（3）2014 年的工作任务是深化粤港澳台紧密合作，推动香港中文大学（深圳）尽快获教育部审批并正式招生。制定落实省义务教育现代化学校标准和全面实施素质教育进一步提高办学质量的意见。研究制定第二期学前教育三年行动计划。启动普通高中课程改革基地建设，建设一批普通高中人才培养模式改革试点项目和特色学校项目。创建国家现代职业教育示范省，出台实施现代职业教育体系建设规划。制定实施省高等教育创新强校工程实施方案。推进广东工业大学与德国达姆斯塔特应用科技大学等合作办学项目。②

3．促进珠三角公共教育服务一体化

为了更好地促进珠三角一体化发展，2010 年广东省政府制定的《珠江三角洲地区基本公共服务一体化规划（2009—2020 年）》③ 指出，第一阶段初步实现基本公共服务一体化（2009—2012 年），教育目标是整合珠三角公共教育资源，推进各市教育管理制度的一体化，实现公共教育资源配置的一体化，促进教育公平发展。第二阶段全面实现基本公共服务一体化（2013—2020 年），教育目标是实现公共教育资源的要素共享和相互开放，形成珠三角一体化的公共教育体系和公共教育管理体制，促进教育资源要素的自由流动和顺畅流动；实现珠三角公共教育服务待遇的一体化，推动义务教育均衡发展和高中阶段教育协调优质发展，促进公共教育资源要素趋于一致。具体内容有：

（1）基础教育领域。在促进资源共享方面，第一阶段推进优质幼儿园和早期教育资源中心建设，加快调整优化中小学布局，推进规范化学校建设。第二阶段普及学前三年教育。实现市域义务教育均衡发展。在公共服务制度方面，第一阶段探索学前教育财政拨款制度，加大对乡镇中心幼儿园的补助，开展幼儿园补助试点。健全义务教育经费省级统筹、各级政府共担、管理以县为主的体制。建立珠三角普通高中一体化办学机制。将非户籍常住人口子女义务教育纳入教育发展规划，逐步实现非户籍常住人口子女接受义务教育与当地城乡户籍学生享有同等待遇。第二阶段各级政府财政教育拨款增长明显高于财政经常性收入增长，在校学生人均教育经费逐步增长，教师工资和学生人均公用经费逐步增长。建立政府主导、社会参与，公办与民办并举的学前教育办园体制，并实行以县为主，县、乡（镇、街道）共管，教育行政部门归口管理的学前教育管理体制。在推进区域公共教育要素趋同方面，基本完成乡镇中心幼儿园

---

① 广东省人民政府办公厅关于印发《推进珠三角一体化 2014—2015 年工作要点》的通知．详情参见：http：//zwgk. gd. gov. cn/006939748/201410/t20141013_ 550397. html.

② 《实施珠三角规划纲要 2014 年重点工作任务》．http：//zwgk. gd. gov. cn/006939748/201404/t20140423_ 491247. html.

③ 《珠江三角洲地区基本公共服务一体化规划（2009—2020 年）》．http：//zwgk. gd. gov. cn/006939748/201008/t20100810_ 12103. html.

建设工程，制定城乡统一的义务教育学校建设标准、教职员编制标准、教职员工资标准和生均公用经费标准，推行标准班教学，实施中小学校舍安全工程。基本完成义务教育中小学“三室一场五有”工程。实施提升普通高中实验实践设施设备标准化、优质化水平计划。至2012年，珠三角各市、县（市、区）至少建成一个有一定规模的学生校外活动场所或德育实践基地。在缩小基本公共服务差距方面，第一阶段逐步缩小教育基本公共服务水平的差距。加大义务教育均衡发展的力度，逐步缩小区域间和学校间学生享受义务教育的水平。提高贫困学生和残疾学生的补助标准，保障符合条件的进城务工人员子女接受义务教育的权利。探索幼儿平等接受学前教育的办法。第二阶段区域内实行统一的义务教育阶段学校和幼儿园办学（园）标准，区域间和学校间学生（幼儿）享受学前教育和免费义务教育的水平趋同。

（2）职业教育领域。在促进资源共享方面，第一阶段着重支持基础条件好、发展潜力大的职业院校、技工院校加快发展，初步建成省、市两级职业教育基地。第二阶段健全现代职业教育体系，建成我国南方重要的职业教育基地。在公共服务制度方面，第一阶段实行中等职业技术学校、技工学校生均综合定额拨款制度，分步分类推进，逐步实现中等职业技术教育、技工教育免费。第二阶段建立政府统筹、分级管理、地方为主、社会参与的职业教育管理体制。在推进区域公共教育要素趋同方面，第一阶段加快推进中等职业示范学校、示范技工学校建校工程；加强职业教育区域公共实训中心建设和职业院校、高级技校、技师学院校内专业实训中心建设，建设一批企业实训基地；协调指导各类培训机构、技工院校和就业训练中心等共同开展职业培训服务工作，以珠三角高端服务业和先进制造业中的通信设备、生物工程、石化产业、机械装备、临港装备、精细化工、金融服务等主导产业为重点，开发120个工种职业培训课程标准，引导推动全省职业培训规范；推行职业技能鉴定机构体制、职能、人员“三统一”，全面加强职业技能鉴定机构能力建设，明确各级鉴定机构、人员、场地、设备、制度等硬件、软件设置标准；加大“双师型”教师培养培训力度；探索建立制度化校企合作平台和保障体系。第二阶段扩大广东职业培训规范标准范围。延伸职业培训普惠功能，提升职业培训能力和水平。建立完善的职业技能鉴定质量管理体制机制；各级鉴定机构、人员、场地、设备、制度等硬件、软件设置统一标准。在缩小基本公共服务差距方面，第一阶段加大政府投入力度，制定生均综合定额拨款指导标准，逐步降低区域间差距；完善区域间中职教育合作互助机制，扶持职业教育次发达地区加快发展。统筹规划珠三角职业教育发展，结合基地建设，根据地方产业布局等要求，引导各地差异化发展，形成区域职业教育特色，实现互补。第二阶段技能型人才培养质量不断提高，职业教育吸引力进一步增强。

（3）高等教育领域。在促进资源共享方面，第一阶段完善广州、深圳、珠海、佛山、东莞大学园区（域）规划和功能。第二阶段高等教育普及化水平和教育教学质量显著提高，自主创新能力显著增强。在公共服务制度方面，第一阶段健全高等学校生均综合定额拨款预算制度，研究探索高等职业学院、高级技校、技师学院生均综合定额拨款制度。第二阶段完善高等教育中央、省、市三级办学，中央和省两级管理、以省为主的体制。在推进区域公共教育要素趋同方面，制定实施高校重点学科建设指导意见，包括重点学科、特色专业、精品课程、实验教学示范中心、重点实验室、文科重点研究基地等。

（4）在地区间基本公共服务待遇互认方面。第一阶段制订区域公共就业服务待遇互认办法，率先实现就业困难人员凭证在区域内享受各种待遇，逐步实现城乡和省内外劳动者统一凭《就业失业手册》在区域内享受公共就业服务；建立完善就业失业信息系统，实行待遇互认准入制度，所有劳动者纳入统一的就业失业管理制度；选择部分市县进行试点，建立区域统一的培训服务体系；探索实行粤港澳职业资格鉴定和证书互认制度。第二阶段进一步推进区域公共就业待遇互认。建立区域统一的公共就业服务政策制度，全面统一区域公共就业服务内容和标准；扩大珠三角职业培训服务体系覆盖范围，使珠三角全体城乡劳动者享受统一的职业培训服务；实现职业标准及认证体系与国际接轨互认。

五、珠三角推进教育协同发展的经验与启示

1. 合理运用管理模式

珠三角九市均位于广东省，教育协同发展大部分由政府主导，广东省教育厅推动力度较大，呈现的是高度的集中模式。在与港澳台和国际的交流合作中，广东政府给予支持和帮助，呈现的是政府引导、不同合作组织签约协作的契约模式。京津冀可以综合利用不同管理模式的优势，由中央政府强力推动三地进行统一协调规划，为京津冀教育的国际化发展牵线搭桥，制定优惠政策。

2. 推动基础教育帮扶发展

珠三角在基础教育帮扶发展上做出了很多努力，主要有：在幼儿教育方面，推进优质幼儿园和早期教育资源中心建设，实施乡镇中心幼儿园建设工程，加大对乡镇中心幼儿园的补助，开展幼儿园补助试点。在中小学布局和规范化建设方面，加快调整优化中小学布局，在班额、校舍安全、学校建设、实践设施设备、特殊教育学校和实践基地方面推进规范化学校建设。在推进教育公平方面，区域内实行统一的义务教育阶段学校和幼儿园办学（园）标准；逐步实现非户籍常住人口子女接受义务教育与当地城乡户籍学生享有同等待遇。在普通高中发展方面，建立普通高中协同发展办学机制，统筹优质普通高中资源，启动普通高中课程改革基地建设，建设一批普通高中人才培养模式改革试点项目和特色学校项目。在教育资源共享方面，建成“粤教云”教育资源公共服务平台，实施“千校扶千校”计划和“教育资源下乡”行动计划。京津冀在基础教育服务设施和水平方面不一，建议通过制定政策、建设京津冀教育资源共享平台、校际之间的扶贫项目等缩小教育公共服务水平的差距。京津冀还应争取成为

教育综合改革的示范区，尤其是在高中课程改革方面，不断推动基础教育改革创新。

3．统筹职业教育发展

珠三角在职业教育统筹发展方面的主要经验有：探索建立中等职业教育、高等职业教育、应用型本科、专业硕士教育贯通衔接的现代职业技术教育体系；组建职业教育联盟，建立制度化校企合作平台和保障体系；建设示范学校和一批企业实训基地，做大做强做优一批龙头骨干中等职业学校和技工学校；统筹规划珠三角职业教育发展，引导各地差异化发展，形成区域职业教育特色；建立以珠三角为核心、带动环珠三角、辐射周遍地区的远程职业培训公共服务平台，实现城乡共享公共培训资源。京津冀可以建立统一的决策指挥中心，根据三地的产业布局统筹规划，形成本省区职业教育的特色。

4．合作举办高等教育机构

珠三角在合作举办高等教育机构方面的经验主要有：支持港澳和国外知名高校在珠三角合作举办高等教育机构，引进更多的优秀专家、学者来珠海大中小学从事教学工作；完善广州、深圳、珠海、佛山、东莞大学园区（域）规划和功能；制定实施高校重点学科建设指导意见，包括重点学科、特色专业、精品课程、实验教学示范中心、重点实验室、文科重点研究基地等；制定实施省高等教育创新强校工程实施方案；推进香港中文大学（深圳）、广外—兰卡斯特大学、香港科技大学和广州大学、广东工业大学与德国达姆斯塔特应用科技大学等合作办学项目。河北省高等教育资源相对缺乏，可以通过与京津两地或国外知名高校合作办学的方式引进优质教育资源，重点引进先进的管理人才。

第五章 关于京津冀教育协同发展的系列对策建议

DI WU ZHANG

GUANYU JINGJINJI JIAOYU XIETONG FAZHAN DE XILIE DUICE JIANYI

为了贯彻落实京津冀协同发展战略的总体要求，2015 年 5 月以来，北京市、天津市、河北省的党委政府围绕京津冀协同发展战略的推进，进行了多次高层交流与协调，不断出台一系列重要政策举措，有些已经初见成效。此前的国家级和京津冀的中长期教育规划纲要，就已明确了许多需要拓展合作的领域。[①] 多年来三地不同范围形式的教育交流协作也取得了许多新的进展，积累了宝贵的实践经验，为今后京津冀教育发展迈上新的台阶创造了有利条件。当前，在中央启动实施《京津冀协同发展规划纲要》的宏观背景下，京津冀教育协同发展产生了许多新的切入点。在本课题调研过程中，许多专家学者对京津冀协同发展战略中的教育政策导向比较认同，同时也提出了面临的困难和问题，特别是教育存量、资源条件等方面的显著差距，还需要在教育改革发展的重大问题上凝聚共识。结合《京津冀协同发展规划纲要》和三地教育相关政策文件，在前期调研成果的基础上，本章拟围绕京津冀教育协同发展的管理协调机制、教育适应人口流动和产业调整新需求的重点、京津冀教育协同发展的若干关键性环节，提出以下一系列对策建议。

①中共中央、国务院．国家中长期教育改革和发展规划纲要（2010—2020 年）[N]．新华社 2010 - 07 - 29 电．《北京市中长期教育改革和发展规划纲要（2010—2020 年）》；《天津市中长期教育改革和发展规划纲要（2010—2020 年）》；《河北省中长期教育改革和发展规划纲要（2010—2020 年）》．

第一节 京津冀教育协同发展的管理协调机制

根据中央的总体部署，京津冀协同发展将在根治“大城市病”、优化生态环境、缩小公共服务差距、提高资源配置效益等方面迈开新的步伐，在经济持续健康发展、社会建设和治理水平不断提升的进程中，需要更加注重三地优势互补、协调共进，善用政府和市场不同机制，特别用好用足政府宏观调控的各种政策工具，使京津冀地区在全国范围促进教育治理体系和治理能力现代化方面发挥示范作用，以三地教育协同发展为基础，逐渐进入三地教育协同发展的新阶段。

一、三地政府通力合作统筹教育发展规划

重点在于更好发挥三地政府运用多种政策手段统筹协调的作用：

1. 三地行政部门联手形成高层协调机制

建议京津冀三地政府联合建立高层协调机制，统筹协商教育改革发展相关的资源整合和规划政策，可借鉴长三角、泛珠三角地区行政首长联席会议秘书处工作制度、政府秘书长协调制度、部门衔接落实制度、日常工作办公室工作制度和行政首长联席会议制度等经验。

高层协调机制可以有效协调三地教育协同发展，降低协调过程中的行政成本。京津冀三地行政部门的合作协调机制要从行政首长、主管领导与教育部门三个层级予以建设。京津冀三地行政首长合作协调机制，能够为三地教育协同发展提供宏观保障，解决三地教育协同发展中的行政难题，也为地区间行政壁垒的打破提供良好契机。主管领导的合作协调机制可以从中观层次上为三地教育协同发展提供合作发展的契机，特别是建立常规化的合作协调机制，并解决教育部门单独无法破解的制度性难题。执行层次上，京津冀三地教育部门的合作协调将是三地教育协同发展能否成功的基础性力量。京津冀三地行政部门高层协调机制将主要为制定三年一期的京津冀教育协同发展行动计划、动态调整三地“十三五”教育发展规划、十五年京津冀教育协同发展纲要以及成立三地教育协同发展综合实验区提供助力。

三地行政部门联手形成的高层协调机制将主要统筹协商京津冀教育协同发展相关的资源整合和资源的充分、有效利用。首先京津冀三地资源整合和充分、有效利用首先必须三地行政部门联手行动，共同协商，优势互补；其次需要三地各自在充分调研的基础上，与所辖区域内部的教育部门、学校、企业等经过协商协调，合理调动所辖区域的资源，或者通过牵线搭桥，促进所辖区域的资源跨区域有效整合和利用。

三地行政部门联手形成的高层协调机制还需要在统筹三地教育资源的同时，规划

好京津冀教育协同发展的相关政策，在促进主要政策出台和推进的同时，制定好配套政策，跟进后续政策，同时防止政出多门以及由此造成的政策冲突。

借鉴长三角、泛珠三角地区的经验，三地高层协调机制中，行政首长联席会议制度及其秘书处工作制度和政府秘书长制度等是协调的主要环节，联席会议制度可以定期就相关问题进行协商和讨论，秘书长制度和秘书处工作制度能够有利于上情下达和下情上传，同时能够对协调工作起到重要作用，通过部门衔接落实工作和日常工作，便于及时完成协调工作。

2. 率先研制三年一期京津冀教育协同发展行动计划

建议在中央统一部署下，三地政府联合研制三年为一期的京津冀教育协同发展行动计划，设立年度轮值主席制度（三地政府商定的磨合期以后，可以延长轮值年限，以增强中远期目标谋划）。考虑到近期的可操作性，建议北京市政府作为首轮轮值主席。

三年一期的京津冀教育协同发展行动计划既考虑到三地教育协同发展的长期性，又将该计划分割为切实可行的多个三年计划。三年行动计划力主制定可行的京津冀三地教育协同发展行动纲要及目标，在教育的各个方面实现可观的阶段性发展。三年一期的教育协同发展行动计划将充分集中三地教育领域的各方代表，并咨询国内外的专家学者，在协同发展的格局下积极调动社会各方面力量，突出地域特色，着眼三地协同，为京津冀三地教育协同发展提供合理目标，积极协调教育内部与外部的建设性力量，在经济、社会、文化协同发展的基础上为教育协同发展提供更充沛的动力。

设立年度轮值主席制度将为各地区领导提供发挥作用的制度性平台，也将打破从单一视角看待教育协同发展的局限与障碍。北京在京津冀中教育发展水平更具优势，北京作为首轮轮值主席能够更好地推动三地教育协同发展行动计划。

年度轮值主席制度只是在京津冀教育协同发展的初期设计的有利于协同发展的管理制度，并不是指在以后发展到一定程度之后依然实行。在三地政府商定的磨合期以后，在京津冀教育协同发展取得较大进展，一切有序平稳进行、协同发展过程中形成的制度在较长时间内基本确定和稳定的情况下，可以延长轮值年限，以增强政策重点及其实施的连贯性和中远期目标的谋划。

3. 联合动态调整三地“十三五”教育发展规划

在近期编制“十三五”时期国民经济和社会发展规划纲要的过程中，建议三地政府共同研讨教育协同发展相关目标任务，对现有三地的 2020 年教育规划纲要进行调整，并尽量纳入国家发改委正在编制的跨行政区划的京津冀三地“十三五”规划。

现阶段三地教育各有特色，教育发展基础与目标均有所差异，这必然导致三地教育的短期目标无法简单统一。因此，京津冀三地“十三五”规划的联合制定意在形成三地教育协同发展共识，为长远目标打造更具现实性的基础，在动态中调整三地各不相同的发展方向。京津冀三地教育协同发展作为长远目标，对京津冀三地“十三五”

规划提出了要求：基础教育是京津加强对河北地区的帮扶，其重点与难点是教育经费的投入与师资力量的培养与帮扶；高等教育是进一步提高京津冀三地高等教育发展质量，为京津冀产业升级提供人才上的保障，其重点与难点是三地高等教育在地理分布与招生、就业上的协调；职业教育上要实现学杂费的减免，为京津冀提供结构合理数量充足的技术工人，其重点与难点是吸引优秀人才进入职业教育，并将职业教育与产业升级紧密结合起来。

京津冀三地“十三五”教育发展规划是京津冀教育协同发展的第一步，需要就原有的三地分散的目标与目前的协同发展目标之间进行动态调整。建议三地政府共同研讨教育协同发展的相关目标任务，根据协同发展新的目标任务，对现有的 2020 年教育规划纲要进行调整，纳入京津冀教育协同发展的“十三五”时期国民经济和社会发展规划纲要。

4．联合编制十五年京津冀教育协同发展规划纲要

在启动三年行动计划的基础上，建议三地政府进一步凝聚共识，广泛征询意见，联合编制 2016—2030 年十五年京津冀教育协同发展规划纲要，提出共同推进的战略目标，并就各方职责任务进行明确分工。

京津冀教育协同发展三年行动计划是近期行动的指南，未来十五年京津冀教育协同发展规划纲要的联合制定，需要以三年行动计划为基础，在进一步充分调研的同时，广泛征询各界意见，尤其是专家意见，以社会经济和教育发展现实为依据，经过充分协商和论证，提出共同推进的战略目标，不仅厘清三地各级政府的职责和任务，而且要对不同行业、不同学校组织和企业组织提出明确的要求。

十五年京津冀教育协同发展规划纲要要有前瞻性、包容性和纵深性。前瞻性是指要充分考虑未来 15 年间经济、社会和科技发展的趋势，以培养更具现代性的公民、更具创新性的人才为重要目标。未来 15 年三地在空间上将日益融为一体，2 小时交通圈构建趋于完成；经济结构上布局更为合理，产业互补性更强；而科技特别是信息技术的发展将为京津冀三地构建协同发展的信息平台。在此基础上，三地协同发展教育规划将充分考虑未来 15 年互联网教育的普及与深化。包容性是指切实关照京津冀三地各社会阶层及群体对教育的差异化需求，以促使三地教育协同发展最终落实到对差异化个体的培养与完善上。京津冀虽然在未来将具有更加趋近的经济结构和教育需求，然而三地众多人口仍将有着巨大的差异化教育需求。长期教育规划要充分考虑各社会群体的地理、经济、社会与文化特质，打造更丰富的教育产品。纵深性是指贯彻终身教育的观念，确保京津冀三地长期协同发展教育规划完整覆盖从学前教育到成人教育的整个人生教育阶段。不同教育阶段的教育协同发展规划将有不同特质。

5．筹备成立京津冀教育协同发展综合实验区

建议在中央政府有关部门的指导下，三地政府共同筹备成立“京津冀教育协同发展综合实验区”，重点缩小河北与京津公共教育差距，推进三地基本公共教育服务均等化，共同争取中央设置专用于京津冀教育协同发展的资金或基金支持。

京津冀教育协同发展综合实验区的筹备成立，涉及土地、资金、人才等重要资源，首先，需要中央政府有关部门的指导，以调动各方的积极性，摒弃各自利益获得的考虑，而致力于京津冀教育协同发展；其次，实验区的重点是缩小河北与京津公共教育的差距，以便于为京津冀协同发展过程中人口的大量流动提供有质量的基本公共教育，保障流动人才不因子女接受教育问题而使流动受到限制；最后，筹备成立实验区还需要三地共同争取中央设置的专用于京津冀教育协同发展的资金或基金支持，以保障实验区获得较为充沛的财政资源。

京津冀教育协同发展综合实验区的建设还需要重点考虑地域性、实验性和一体化。综合实验区设立的区域以京津冀三地接壤区域为佳，例如围绕廊坊市建立京津冀教育协同发展综合实验区，还可以包括北京的通州、大兴与平谷，天津的西青、蓟县。地理上的临近将为京津冀三地共建教育协同发展综合实验区提供空间上的便利。此外，三地接壤区县也提供了足够丰富的差异性，为进一步探索京津冀三地教育协同发展提供经验。综合实验区需要突出京津冀三地教育协同发展探索的实验性。实验区将充分考虑三地教育各种可能的协同发展路径，在经济与社会协同发展的基础上充分探索教育协同发展的内涵与外延。实验区还需要从各方面推进三地协同发展的政策与策略探索，利用实验区跨越三地的地理特性，从教育的各个阶段推进地理上临近地区的教育协同发展，为探索京津冀三地教育协同发展进行全方位的实验。综合实验区兼顾地域性、实验性与一体化，可以提供更具前瞻的教育协同发展改革经验。

6. 创建区县级教育发展协调机制

通过三地省政府统筹规划，支持三地区县级确定相对固定的联盟关系，设立相应的协调指导机构、联席会议制度、专家咨询委员会等，促进区县层面的教育交流合作以及支持行动。

三地区县级相对固定的教育联盟的建立，关键是要建构教育发展协调机制。首先，国家级和省级的协调合作固然不可或缺，区县级教育发展协调机制的建立则更具有可操作性，也更能针对具体教育改革发挥作用。其次，联盟的合作和发展，不可能仅仅依靠行政指令，更重要的是协调和协作，只有合作的各方认同合作方式和合作项目，才能在联盟合作过程中真正贡献力量。最后，需要设立固定机构并建立可行的制度才能保证协调的顺利开展，需要建立协调指导机构负责日常的协调工作，设立联席会议制度定期商讨并决定联盟重大事务，专家咨询委员会则能够为决策的制定和出台提供必要的智力支持，促进决策能够有效采纳多方有价值的建议和谏言。

京津冀三地教育发展存在较大差距，三地区县间建立教育发展同盟，可以更快将优势地区的先进教育理念、人才资源与教育管理策略扩散到相对落后地区。跨地区的区县级教育发展协调机制，可以充分针对两区县或多区县的教育现状，制定详细的合作发展规划，加快人才的跨区县流动，促进区县间教育理念的交流，推进区县间教育协调发展。教育理念的相互交流是区县级协调机制的核心内容，这可以通过跨区办学、挂职学习、交流人才等方式加以实施。另外，教师的流动是跨区域间的区县级合作的重要方面。京津冀层次的师资流动，难以在现阶段全面实施，而区县级层面则可以充分合作，具体可以实施跨区县的教师培训，短时段的教师互换以及长时段的教师流动，不同层次的交流合作将为区县级层面的合作深化提供保证。区县级教育发展协调机制可以在充分探索的基础上进一步常规化，并总结经验教训之后在省市级层次加以推广。

7. 实施三地人才优势互补行动计划

建议进一步挖掘和发挥北京一流水平科技研发人员高度聚集、天津工业发达和工程师众多、河北拥有人口红利和技工较多的优势，三地政府研制实施科学家、工程师、技术人员等人才资源打通使用的特惠政策，放大京津冀三地人才优势互补的效益，为《中国制造2025》打造新的增长点。

实施三地人才优势互补行动计划，重点是强化人才资源的三个基础条件：一是人才流动行政壁垒的清理，破除地方保护主义；二是人才流动常规化渠道的建立，促使人才流动便捷畅通；三是人才流动激励机制的完善，为人才提供发展平台与生活保障。京津冀三地在人才上各有特色：北京凭借数量众多的大学与科研机构拥有全国最多的一流科技人员，发挥了人才的聚集效应，为北京的科技创新提供了雄厚的基础。天津虽拥有众多高科技企业，但一流研发人员仍属缺乏，同时高技术产业工人同样缺口很大。河北不仅缺乏一流科技人才，也缺少足够的科研机构和高技术企业，但却拥有京津没有的人才库潜力。因此，应该加速京津冀三地人才流动，实现三地人才优势互补，加快产业发展与人才需求相匹配。重点是将北京一流科技人才引向天津和河北，而河北利用充分的人口资源与技工人才库服务京津的高科技产业发展。

在实施三地人才优势互补计划中，关键是三地政府研制实施科学家、工程师、技术人员等人才资源打通使用的特惠政策。这一政策的研制需要注重三个方面的问题：一是对于不同的组织而言，对于各类人才不求所有，但求所用。科学家、工程师、技术人员等不仅可以双聘，既属于某一个组织的正式人员，同时也可以长期被另一个组织聘用为正式人员、兼职人员或者外部指导专家，而且还可以在短期内就某个问题聘为顾问或者咨询专家等。二是鼓励人才资源在完成本人所在组织的工作任务之外，在空余时间兼职其他同领域的指导、咨询工作，并给予荣誉称号，或者在升职评聘中作为优势条件加以考虑。三是为高级人才资源解除后顾之忧，给予他们足够的经济支持。对于潜心研究的科学家、工程师和高级技术人员，给予优惠的待遇，促进他们能够全身心地投入工作之中。

8. 三地合作设立民间教育基金

通过京津冀协同发展战略框架下的税收优惠政策，统筹协调三地企业家联谊会、大学校友会等资源，筹措社会捐赠资金，设立非营利或者慈善性的民间教育基金，包括定向奖学金等，资助三地困难地区教育和困难群体学习。

民间教育基金可以包括多种形式，按所服务的教育阶段划分，可以分为面向学前教育、基础教育、高等教育、成人教育等；按资金来源划分，可以包括完全民间基金会、政府配额基金会等多种形态；按组成形态划分，可分为三地企业家共建与跨区域企业家独建等；按资助对象划分，可以包括学校建设基金、学生贫困基金、教师成长基金、科研创新基金、产学研转化基金等多种。

统筹协调三地企业家联谊会和大学校友会资源是促进民间教育基金增长的重要方式。对于教育领域而言，三地企业家和校友是京津冀教育协同发展社会捐赠资金的主要来源。企业家拥有较多的资金，校友是母校最忠诚、最热心的顾客，在税收优惠政策和关心企业家和校友需求与发展的前提下，倡导三地企业家联谊会和大学校友会经常举行活动，就京津冀教育协同发展问题讨论企业家和校友所给予的期望以及可以做出贡献的重点领域和方向。

民间教育基金的创设，有利于将教育、产业与人才发展统合为一体。一方面，民间教育基金可以引导企业家将人才培养与教育投资结合起来；另一方面，还可以通过资助大学实验室与推进职业院校的发展，将产业发展与教育水平的提高和人才培养打造为教育协同发展格局。只有将京津冀教育协同发展与京津冀的人才、产业联合起来同步推进，才能吸引更多社会资本投入教育，确保民间教育基金在三地教育协同发展中扮演重要角色。

民间教育基金的设立需要综合考量三地产业、教育与人才的现状，通过基金首先可以通过设立定向奖学金，资助三地困难地区教育和困难群体学习，平衡三地在教育发展中的差距；其次又可以进一步突出京津冀各地区的发展优势，帮助科学研究冲刺世界前沿，用于创新领域。

需要注意的是，首先，民间教育基金要充分考虑捐赠者的期望和资助重点，保障捐赠者的期望不会落空，既促进捐赠者服务社会、贡献社会的热情，又能让捐赠者看到因为自己的捐赠而使所关心的问题得到解决或者改善。其次，民间教育基金不仅需要去向明确，而且使用过程也要公开、透明。最后，民间教育基金的运用要保证捐赠者获得应得的名誉，这样不仅弘扬了贡献者的奉献精神，而且为有能力捐赠的人树立了榜样。

9. 提高教育治理法治化水平

坚持用法治思维和法治方式推进京津冀教育协同发展，充分运用三地的地方立法权限，对实践证明成熟的政策举措，及时上升为地方法规；对实践条件还不成熟、需要先行先试的举措，积极按照法定程序申请授权；对明显不适应三地教育协同发展要求的地方法规，促其修改或废止。

京津冀教育协同发展是我国发展进入新阶段的必然产物，其主要目的之一是协调各地区优势，共同推进社会协调发展。教育协同发展的过程是一个新的秩序和制度不断建构，不适应的秩序和制度逐渐修正和废止的过程。新法规的建设与旧法规的改革将是法治化水平提高过程的一体两面。现行的某些法律法规是基于过去三地独立发展的社会现实而制定的，自然无法关照当下京津冀教育协同发展的大局。随着京津冀三地教育协同发展的快速推进，不适应三地教育协同发展的法律法规要得到及时讨论与修改，为教育协同发展铺路架桥。而京津冀三地教育协同发展过程中出现的新情况，在旧有法律法规没有囊括与涉及的领域，必然需要建设新的法律法规，以制度性的条件为教育协同发展改革保驾护航。京津冀三地教育法律法规的建设与改革必然会超越三地的行政地域限制，考虑京津冀统一发展的需要。这将需要三地教育法律法规建设过程中进行高层合作协商，共享教育协同发展的总目标。

在京津冀教育协同发展过程中，法治思维和法治方式是保障正常运转的决定因素，任何违规行为和投机行为都应该受到应有的惩罚，必须建章立制、令行禁止才能促使教育协同发展过程有章可循，有法可依，健康运行。对于新的发展目标和发展过程，教育治理法治化水平的提高将为三地教育协同发展提供制度化保障。

二、三地教育系统不断创新发展教育协同体制机制

重点在于更好地发挥三地学校和教育机构寻求双边多边合作的作用，调动一切积极性：

1．国家层面成立跨区域合作协调指导委员会

建议教育部成立“京津冀教育合作协调指导委员会”，教育部领导牵头并邀请部分中央部委负责同志参加，委员会成员由京津冀三地政府主管教育领导、三地教育委员会（教育厅）和教育部司局、直属事业单位负责人构成，下设工作委员会负责具体事务。

京津冀三地教育协同发展是一项涉及社会各方面的综合性任务。由于涉及三个省市，国家层面的京津冀教育合作协调指导委员会不可或缺。教育部领导牵头可以有效发挥教育领域领导对三地教育发展整体状况和各地特色与优势，以及发展方式和人员安排等较为熟悉的优势；中央部委负责同志参加可以增强上级对三地教育发展的指导，并有利于在涉及教育领域之外的事务时协调教育部和其他部委、三地教育发展与社会经济发展之间的关系；京津冀三地政府主管教育领导参与能够协助处理好三地教育与其他领域发展之间的关系，便于有效分配运用资源；三地教育委员会（教育厅）单位负责人参与便于分享三地具体的教育信息，促进领导层对三地教育发展状况的全面了解；教育部司局、直属事业单位负责人参与便于帮助借鉴全国各地的协同发展经验，可以促进有效利用他山之石，同时可以对出台促进京津冀三地教育协同发展的政策措施提供较为丰富的经验和指导。协调指导委员会下设工作委员会，负责其中的具体事务，有利于日常工作的及时安排、信息的及时汇总和分享。

跨区域合作协调指导委员会将在宏观上对京津冀教育协同发展提供指导，重点协调京津冀教育协同发展遇到的法律与制度建设，并形成常规化的高层协商制度。京津

冀跨区域的教育协同发展中，法律的完善具有基础性作用。教育法规的建设，主要包括京津冀教育协同发展总体纲要、教育经费的划拨与筹划等宏观性与基础性的法规建设。教育制度的完善建立在相关法规的基础上，进一步将教育法规细化与深化，主要包括教育发展的总体性规划，各阶段教育的经费规划、预算与投入，师资力量的培养、流动与使用和人才建设的目标、结构与分布等。在法律与制度之外，京津冀教育协同发展合作协调指导委员会还将协调处理教育与三地经济、社会、文化、交通、人才等各方面的关系，也只有在国家层面的指导委员会，才能处理如此复杂而多元的关系。

2. **京津冀教育行政部门设立联席会议制度**

在跨区域合作协调指导委员会的指导下，建议京津教育委员会和河北教育厅共同设立“京津冀教育协同发展联席会议制度”。

在促进区域教育协同发展方面，尽管三地教育行政部门之间已有很多共识，但是还需要在很多方面进行协商，共谋发展。因此建议京津冀教育行政部门设立京津冀教育协同发展联席会议制度，三方共商教育发展事宜，每年召开多次联席会，由三地轮流举办，定期会商区域教育协同发展重大任务，研究区域教育协同问题，决定要开展的重点工作，确定教育协同、协作工作项目与实施方案，推动各项工作任务落实。

京津冀教育行政部门联席会议制度需要跨区域合作协调指导委员会的指导。教育的发展与社会其他领域的发展密切相关，不仅是教育领域的事情，也是全社会热切关注的事情。跨区域合作协调指导委员会的指导有利于教育发展与社会经济发展相协调，有利于职业教育的产教融合和高等教育的产学研结合，同时也有利于吸纳社会资金和调动民办教育力量参与公共教育服务。

通过建立京津冀教育协同发展联席会议制度，可以就三地共同关心的问题进行协商，就难以取得一致意见的问题公开探讨，避免表面上搭建联合框架，实际上各自为政、互不往来的局面。联席会议制度还有助于三地共同分享各自的经验，集聚人力、财力和物力合力解决困难较大的问题。

3. **组建以三地专家为主的专家咨询委员会**

建议组建以三地专家为主的“京津冀教育协同发展专家咨询委员会”，发挥专家学者智囊团作用为决策提供咨询服务，深度参与三地教育发展战略和规划研制工作，定期举行专题座谈会或高端论坛，邀请国内外专家学者共商三地教育发展大计。

京津冀教育协同发展专家咨询委员会可以在多方面开展工作。首先，专家咨询委员会可以负责政策咨询，无论在政策议程阶段，还是在政策制定、执行阶段，都可以充分听取专家建议；其次，专家咨询委员会还可以在充分调研的基础上拟定教育协同发展战略，提炼和宣传教育协同发展模式，并对教育协同发展工作机制提出不断改进的策略。再次，可以定期举行京津冀教育合作高端论坛，邀请国内外知名专家学者、大学校长、教育行政干部等人士，探讨教育合作战略，推进京津冀教育协同发展。最后，咨询委员会的工作要突出为京津冀区域教育协同发展服务和为进一步优化首都教育功能服务。

京津冀教育协同发展专家咨询委员会的作用主要体现为：第一，三地教育协同发展，以深度实现教育资源整合，需要专家提供强有力的专业支持，以发挥三地教育专家对重大宏观教育决策的智慧和贡献。第二，京津冀教育协同发展专家咨询委员会可以为三地教育专家学者搭建一个共同探讨京津冀区域教育协同发展的学术平台、交流平台和信息平台，促进三地高校、教育科研部门进一步深化合作，并通过整合资源，持续深化相关研究，互学互鉴，为努力形成京津冀优势互补、互利共赢的教育发展新格局出谋划策。第三，形成一支以研究、关注京津冀教育协同发展各方面进展的专家队伍，有利于跳出实践本身，从更多的角度观察和思考区域教育协同发展。

4. 探索组建分领域的教育界联盟

建议借鉴美国“常青藤盟校”、英国罗素大学集团、欧洲大学“博洛尼亚”进程及科技型大学联盟的运行模式，组建三地分领域的教育界联盟，重点可以放在普通高中、中职教育、高职教育、应用型本科教育、研究生教育等方面，教育界联盟成员应是学校或教育机构法人。参考法国高师集团、台湾师范大学联合系统等经验，组建三地师范大学联盟（或合作系统）和教师教育联盟。

组建教育联盟的主要目的首先是主动对接京津冀协同发展总体战略，积极融入京津冀教育协同发展工作体系，促进三地教育资源共享、学校共建、研训协同、师生交流，助推三地在教育协同发展方面研究解决共性问题、相互学习借鉴、共同发展提高。其次，针对三地教育面临的共性问题，比如教育资源短缺、师资不足、教师待遇等，借助共同的研究力量和研究资源，开展调查研究、听取专家建议，共同提出解决问题的思路和建议，以促进推动不同学段间跨区域的学校协同发展、均衡发展。

联盟可以有多种类型，基础教育阶段的学校可以因共同的教育理念、共同的特色课程、共同的教学研修内容或者共同的课余活动等结成联盟，既可以强强联盟，也可以强弱联盟；中职学校和高职学校可以因共同的技术课程、共同的学习领域或者与同一产业领域紧密联系而结成联盟，既可以优势互补，也可以相互帮扶；应用型本科教育可以因主要学科专业相同、致力于某一共同感兴趣的领域或者因共同的研究、实习基地等而结成联盟；研究生教育则主要因相近的学科、研究方向、共同的产学研领域而结成联盟；三地成立教师教育联盟可以更好地交流师范生培养经验，促进在职教师教育教学能力的提升，培养一批具有高尚师德、先进教学理念、扎实教学技能的优秀教师提供共享资源。

联盟可以采取多种体制机制。首先，三地教育联盟实行轮值主席制度，轮流主持联盟工作。其次，可以在联盟下设若干个分领域的专门委员会，高等教育（具体可以分设立博士生、研究生和本科生的）专门委员会，职业教育委员会（具体可以分设立中职教育和高职教育的）专门委员会及基础教育专门委员会等，集中探讨联盟所实践的学科教学、学科发展以及其他项目和任务。最后，三地教育联盟可以由三地教育行政部门根据教育和社会经济发展需要牵线搭桥组建，接受教育行政部门的指导，也可以根据各自特点、改革方向自由组合，不受教育行政部门影响。

在联盟方式上，从教师角度而言，可以通过在线联系、相互传递教研信息、共同召开教学教研活动、共同举办听评课活动、共同申请参与同一课题等，以相互借鉴教学教研手段和研究经验。从学生角度考虑，在不同的联盟中，可以组织学生游学互访、共同走进社会大课堂、参与同一探究或研究项目等，促进三地学生交流，培养三地学生的社会责任感、创新意识、创新精神和实践能力。

5. **鼓励教育科研多方合作**

建议三地教育科研机构签署合作协议，国家和省市级科研规划设置与京津冀教育协同发展相关课题指南，鼓励三地研究机构和人员联合申报，支持教育科研机构和学会、协会举办论坛等研讨活动，形成良好的交流平台。

京津冀三地教育科研合作已开始探索，但是还没有形成大规模的成熟的模式和路径。因此要鼓励三地教育科研多方合作。①三地高校、科研机构等之间可以就共同关心的研究领域和研究问题签署合作协议。签署合作协议的作用在于，首先它表明合作是一种正式的工作任务，有利于合作组织能够为参与合作的人员时间保证和设备资源倾斜；其次它促进合作建立在对研究的问题进行认真的思考的基础上，有利于研究和合作的持续展开，增加参与者对未来研究任务的预期和对研究进展的确定性。②国家和省市级科研规划设置的与京津冀教育协同发展相关课题指南属于较高级别的课题，往往是京津冀教育协同发展面临的重要问题，往往需要三地共同研究，因此应当鼓励三地研究机构和人员联合申报，以进一步实现高等教育教学科研资源共享，并有利于三地学校、研究机构和个人在共同的课题申报和研究中增进了解、相互借鉴、探索协同发展的策略，从而提高教育研究水平。③支持教育科研机构和学会、协会以调研为基础举办论坛等研讨活动。目前，京津冀三地教育科研机构、学校和学会协会之间举办论坛等研讨活动已经开始受到多方面的重视，各地通过论坛活动，介绍经验，探索问题，表达期望，已经形成一种热潮。需要注意的是，各地教育科研论坛活动多以表达观点为主要特征，进行的实证调研还很有限，因此，建议研讨活动除了表达思路和观点外，更要进一步重视实际调研，从调研中看出问题，从实际出发分析问题，并最终落实在解决实际问题上。④在三地教育科研合作过程中，要鼓励教育与信息技术结合，推进基础教育优质数字化教学资源共享。⑤建议重视京津冀三地在教育协同发展督导评估和监测上进一步展开协作研究，尤其是研究如何监测合作进展。教育科研包含的很多领域都得到了重视，但是对教育协同发展督导评估和监测的研究则相对较少。加强这方面的研究，有助于帮助和监督不同的协同组织之间按照协议约定各自履行自身的职责，及时发现协同发展中的问题，通过督导评估和监测督促合作的有效进展和持续稳定。

6. **引进第三方评估监测机制**

建议高校、科研机构及学会、协会等社会组织接受政府委托，设立专项，建立三地教育资源数据库，重点监测京津冀教育协同发展政策措施实施成效，编制和发布年度评估监测报告。

第三方评估具有中介性、独立性、专业性等特点，其结论更具公正性、客观性和真实性，能够有效地克服第一方评估和第二方评估内部角色重叠的冲突，弥补内部评估不足。引进第三方评估监测是要在系统收集教育活动信息和采用科学可行的评价方法的基础上，通过严密的评估程序，对京津冀三地教育协同发展状况作出独立的、公正的、客观的评价。由于京津冀教育协同发展刚刚起步，还需要经过不断的努力和尝试，教育评价也需要定期进行。

政府委托，设立专项，是三地教育资源数据库建设的资金保证，高校、科研机构及学会、协会等社会组织拥有专业的建立教育资源数据库的知识和经验，能够设计出科学有效的监测评估津冀教育协同发展政策措施实施成效的监测指标体系，并且有能力依据数据库资源和监测指标体系编制和发布年度评估监测报告。评估监测报告的发布不仅有利于政府实时从数据上了解京津冀教育协同发展政策措施的实施成效，而且有利于政策实施组织改进协同发展策略。

第三方评估要发挥促进京津冀教育协同发展的作用，政府完善相关法律法规是前提保障，不仅要完善第三方评估组织对京津冀教育协同发展作出客观公正评价的法律制度体系，还要完善政府、高校能够充分利用第三方组织评估结论改进协同质量的长效机制。有效利用第三方评估结论，建立相应的应用机制，能够促进京津冀教育协同发展组织肯定成绩，发现问题，明确努力方向，提高协同质量。

7. **增进校际全方位交流与务实合作**

建议在学校发展、教育教学管理、教师专业发展、学生培养等方面开展校际合作，深化办学体制改革，在明晰学校产权前提下，重点在引进行业企业参与、跨区域联合办学、委托管理方面取得突破，并在非义务教育领域进行混合所有制、股份合作制、股份制等探索试点。建立北京地区高校对口支援河北高校的机制。①校际合作可以联合在学校发展、校长交流培训、教育教学管理、教师培养培训、课程教学改革和教育信息化合作等方面进行。学校发展、教育教学管理和校长交流培训是有关学校整体发展和学校管理的重心所在，这方面的合作主要涉及学校内外三地不同层级的教育行政领导和学校领导，他们的密切交流对于提升协同发展质量起着关键作用。教师培养培训和课程教学改革的校际交流与合作是提高教师水平和促进协同发展的保证，教师通过校际交流和合作，通过接受本校和交流校的各种培训，有利于有效应对生源的变化和提高教学水平与处理学生问题的能力。教育信息化合作为异地交流的便捷和信息畅通共享提供了方便。②引进企业参与跨区域联合办学、实行委托管理可以为校际合作提供新的契机。企业参与基础教育，有利于吸纳企业的先进管理经验，可以进行新的尝试，并且在教育系统中建立刚性的责任机制；企业参与职业教育联合办学不仅可以在资金上给予学生、学校有效资助，还可以在实习实践上为学生提供机会和在师资发展上给予全方位的支持，从而促进双师型教师的成长；企业参与高等教育则有利于产学研的深度结合，增强科研问题的针对性和促进科研成果的及时转化。③在非义务教育领域进行混合所有制、股份合作制等探索，将有利于教育与社会形成合力。社会热心人士也可以有机会在三地教育协同发展上共商教育大计，为教育出谋划策，做出自己的贡献。④三地还可以在紧缺人才培训、博士后工作、专业技术职务任职资格和国际职业资格互认、专业技术人员继续教育、引进国外智力等多个方面开展校际合作。⑤应通过增进校际全方位交流与务实合作，建立北京地区高校对口支援河北省高校的机制等，积极助推京津冀区域教育协同发展。

第二节 京津冀教育适应人口流动和产业调整新需求的重点

《京津冀协同发展规划纲要》的核心之一是有序疏解北京非首都功能，首先是人口疏解，其次是产业结构调整及企业搬迁。这些都会涉及劳动力人口变动，加上新产业基地的形成，必然引致劳动力显著流动。输入地原有教育规划目标远不能满足随迁子女就学问题，需要人口疏解地（或流动人口输出地）和输入地的政府和学校共同努力，解决好新的刚性需求。同时，建议把工作重点放在与行业就业直接相关的职业教育、高等教育、继续教育、民办教育等领域，科学谋划和战略调整各方资源布局。此外，随着京津冀教育协同发展的深入进展，北京市非本市户籍中小学生将逐年减少，中小学在校生数也会随之下降，在岗教师数可能出现供大于求状况，这对北京市中小学教师编制管理和教师教育体系均会构成新的影响，都需要统筹安排。

一、基础教育的服务供给

从最基本的教育服务供给做起，应对京津冀人口流动压力与挑战：

1. 确保为首都地区疏解人口提供有质量的基础教育

建议三地政府承诺通过多种方式增设高位均衡的义务教育学校、高质量的幼儿园、普通高中和中职学校，采取非义务教育名校（园）异地办分校（园）等措施，完善迁移人口子女义务教育阶段的接续教育。

义务教育的规模是相对刚性的，与地区人口数量直接相关。京津冀协同发展的区域功能调整和产业迁移必然带来一定规模的人口跨区域迁移，伴随产业转移，将形成义务教育阶段适龄儿童规模的调整——北京疏解区域有可能减少，新的产业聚集区有可能增加。但是，新的产业聚集区必须以优质教育资源作为先导和保障，为企业落户提供优质义务教育资源，保证疏解的学生到承接地以后能享受到优质教育。做不到这一点，义务教育阶段的孩子还是会在北京“坚守”，不能最大限度地解决人口疏解问题，同时也很难在产业转移地区形成可持续的、稳定的产业发展规模，反而增加交通问题。义务教育作为公共服务的重要领域，关系能否为迁转人口的子女提供基本的优质教育资源，直接影响人才的流动。

目前三地基础教育发展水平存在明显差异，建议三地政府承诺通过多种方式增设高位均衡的义务教育学校、高质量的幼儿园、普通高中和中职学校。可以通过财政帮扶、人口流动下的接续教育帮扶、师资帮扶和校际帮扶等路径推进均衡发展，还可以联手通过优质课程资源共同开发、师资管理干部培训、联合教研、教育质量监测评估一体化、实验实训基地共建、校际之间的“手拉手”、名师工作站建设、高校科研机构举办附中附小等方式，加快提高京津冀地区基本公共教育服务水平。

通过非义务教育名校（园）异地办分校（园）和建立友好校等形式，三地开展教育合作，可以为配合人口疏解提供所需的教育支持。

2. 实行流动人口随迁子女教育输出输入两地共管制度

建议三地政府依法为流动人口随迁子女提供就学机会，继续完善流动人口子女在输入地就学政策制度，根据中央对人口疏解的总体要求，科学设置就学资格标准条件，优先保障义务教育阶段平等入学，稳步完善义务教育后在输入地继续升学的机制。①三地政府应充分发挥宏观调控职能，从根本上建立全面而清晰的经费筹措保障机制，将随迁子女教育经费纳入流入地预算内，保证流入地政府的经费补偿。②义务教育布局需要考虑企业迁移、人口流动所需的优质教育需求，需要提供充足的学位和有效的接续教育。优先保障义务教育阶段平等入学，稳步完善义务教育后在输入地继续升学的机制。③针对流动人口随迁子女流动性大的特点，应探索建立动态的户籍管理制度，探索制定以居住地为依据的人口登记制度，将户籍改革与全国统一标准的电子学籍管理系统动态结合起来，为学生转学提供及时的生源信息保障，逐步实现户籍与社会福利体系的脱钩，以期在合理的限度内放宽流动人口准入条件。④建立起流动人口随迁子女教育输出输入两地共管制度，国家要立足于未来流动人口的发展趋势，在科学调研的基础上，尽快出台随迁子女教育专项法律，为政策的执行提供法律依据与保障，使随迁子女教育政策真正实现有法可依、有法必依、执法必严、违法必究。另外要强化教育督导职能，在教育系统内部建立起自上而下的监督体系，在教育系统外部积极地动员社会力量展开动态监督，以保障随迁子女的受教育权利和教育质量。

3. 开展分类定向“教育券”制度试点

建议近期先在疏解人口接纳地或流动人口输入地的公办学校及幼儿园施行，在中小学生学籍登录电子化的基础上，有关生均财政性教育经费缺口需要由中央和省级财政统筹安排。待条件具备时，再扩展到相关民办学校，也可以率先在支持普惠性民办幼儿园时试用。

教育券是一种教育凭证，是在教育领域中实行的一种代币券。教育券制度具有保障教育经费、创新教育管理体制等特点。学生及其家长有权决定凭教育券选择自己想去就读的学校就读。学校凭所收上来的教育券，到当地教育主管部门领取相应的教育经费。教育券制度通过将教育经费以教育券形式平均发放给学生，让学校竞争学生手中的教育券而获得政府教育经费的投入，这种间接的财政拨款方式是对传统的政府直接向学校拨款的教育投入方式的一种制度性创新。实施教育券制度，转变公共教育资源“政府—学校—学生”的传统配置模式为“政府—学生—学校”的新型模式。

近期先在疏解人口接纳地或流动人口输入地的公办学校及幼儿园施行教育券制度，有利于京津冀三地流动人口子女的教育能够得到输出地和输入地两地共管。输出地为所辖区域的适龄儿童通过发放教育券方式投入教育经费，流动人口子女选择在输入地的学校学习，则可以把输出地的教育券交给输入地的学校，学校可以得到输出地的拨款，输出地与输入地的生均财政性教育经费缺口则需要由中央和省级财政统筹安排。教育券制度通过一定阶段的实行得到认可后，可尝试再扩展到相关民办学校，也可以率先在支持普惠性民办幼儿园时试用。

试行教育券制度，有助于实现京津冀协同发展中人口疏解的目标，使三地的家长和学生可以根据自己的情况来选择最符合需要的学校。教育券也可以由居委会按照当地户籍人口与非户籍人口的适龄儿童人数发放。在条件成熟时，可以直接通过银行打入家长账户。开展分类定向“教育券”制度试点这种做法有助于缓解京津冀三地因户籍等问题造成的上学难、上好学难等教育中长期存在的公平与效率的矛盾。

4. 探索普通高中多样化发展的有效实现形式

建议在高中阶段教育基本普及的形势下，推动普通高中与高校合作建立有利于不同潜质学生发展的制度机制；同时，探索特色高中、综合高中、普通高中增设职教内容等渗透职业教育元素的模式，适应学生的多样化需求。普通高中多样化发展以多样、特色和优质为目标，以实现办学体制及人才培养模式的多元化，突出发展优势。

在高中阶段教育基本普及的形势下，要推动普通高中与高校合作建立有利于不同潜质学生发展的制度机制。主要可以考虑：①各个高校可以设定严格的标准，符合标准的某类高中毕业生可以准予破格录取；②特色优势突出的普通高中可以与高校之间建立某种合作关系，在一定的框架和尺度下，可以开办大学预科班；③普通高中可以与高校合作，为某类具有特长的高中学生设立实验班，聘请高校教授给予辅导；④邀请大学教师为普通高中特聘教师，为学生开设特色课程。

京津冀三地普通高中在培养模式多样化方面，应全面了解学生的需求、意向，并结合学生发展的不同潜质基础，合理调整学校的教学内容。综合高中是通过学生分流实现因材施教、学生个性化发展的必要途径。在中学阶段，学生的学术性向已经基本明确，擅长和喜欢走职业技术之路，还是准备走学术之路。高中阶段可以给予尝试的机会，学生可以试学2个月，然后重新选择，以增加学生的选择性。普通高中增设职教内容，职教内容可以作为选修课程，对于职教内容感兴趣的学生可以准备考高职；对于职教内容不感兴趣的学生可以不学，或者选修之后，继续考学术性的高校。有条件的普通高中开设职业指导课程，开展职业教育，是满足部分人谋生的需要。

普通高中多样化发展还表现在教学形式方面，可以采用诸如“走班制”学习、扩大选修课比例以及学分制等多样化的形式满足学生、家长及社会的多样需求。

二、职业教育的结构调整

从教育与谋生就业最紧密的环节入手，破解京津冀人力资源开发瓶颈：

1. 完善职业教育生源流动和分段培养制度

建议三地政府和职业学校建立学分互认转换制度，通过分段式培养，有效衔接河北中职资源和三地优质高职资源，重点扩大河北高职升本科、天津本科层次高职的容量。

当前京津冀三地职业教育发展不平衡体现在生源方面，北京、天津中高等职业教育生源远低于河北职业教育生源。相比于北京天津生源的匮乏，河北职业教育生源充沛，但是教育资源紧缺且质量不高，职业教育生均经费处于较低水平。从近年来看，首都劳动力紧缺的趋势在加剧，并随着产业结构调整，出现第一、第二产业的劳动力需求下降，第三产业需求不断扩大提升，劳动力缺口在不断扩大的现象；河北省内就业点布局相对分散；天津的职业教育专业结构、专业教学标准与企业需求还有差距，人力资源整体水平有待提高。

因此，首先建议完善职业教育生源流通的通道。根据京津冀教育协同发展的内在要求，对整个区域职业学校布局进行调整和结构定位，衔接河北中职生源资源与京津高职优质教育资源，推动职业教育院校专业布点与三地产业结构相契合，并且在京津冀教育协同发展框架下，建议三地政府和职业学校建立与完善学分互认制度，以便在三地间形成资源优势互补，打通促进生源流通的通道并提升人力资源整体水平。

其次要设计分段培养制度。长期以来，职业教育的学生毕业后能进入本科学习的比例很少，而向硕、博的学历延伸更是出现断层，影响了职业教育人力资源水平的进一步提升。分段式培养有利于突出人才培养的“应用性”和“实践性”特征，注重学生的个性发展和职业能力培养，同时也适应区域化经济社会发展所需。建议三地间共建与完善中高职衔接的人才培养模式、职业教育与本科教育的分段式培养模式，促进职业教育人才与本科人才培养的融通和衔接，促进资源共享、优势互补，以有利于培养整体区域间社会发展所需高端技能人才。

2. 促进北京与天津、河北职业院校资源共享

建议优先考虑北京地区职业院校实训基地向津冀地区开放或者搬迁，北京适当保留优势传统专业，天津和河北开拓与产业结构调整紧密相关的一般性技术人才培养，

鼓励三地搭建联合培养各类专业技术人才的平台。北京也可把不适合发展的优势专业疏解到外地，促使用人单位订单式培养。

京津冀职业教育发展现状具有明显的梯次性，为实施合作提供了基础。在三地职业教育合作中，北京市和天津市分别处于梯度发展的高层和中间层，职业教育资源较为雄厚；河北省职业院校数量很大，但是教育资源以及教育经费较为短缺，处于相对落后的水平，在硬件和软件上与北京、天津存在较大差距。

因此建议将北京地区职业院校实训基地向津冀地区开放或者搬迁，或者支持北京有条件的职业院校通过办分校、联合办学等方式向外疏解，支持职业院校跨区域合作培养人才、合作开发课程、共享数字化教学资源、共享实习实训基地、共享教学科研成果。一方面可以保留北京的传统专业优势，同时天津和河北可以开拓与产业结构调整紧密相关的一般性技术人才培养，同时结合职业教育发展与当地经济发展结构；另一方面京津冀三地通过共同搭建、联合培养各类专业技术人才的平台，建立并完善用人单位订单式培养模式，有助于进一步提升职业院校服务能力、积极开发职业技能培训包、完善社会培训、扩大培训规模和探索多种合作办学的模式。

另外，建议完善京津冀职业教育发展规划与协商机制，加强京津冀职业教育国际及省际交流与合作，进一步促进资源共享。鼓励京津冀行业、企业、科研机构与职业院校组建跨区域的职业教育集团、专业教学联盟等，探索中高职衔接试点，探索京津冀职业院校校长和管理干部交流挂职，以及专业教师交流访学工作等。

3. 理顺三地教育行政部门和人力资源社会保障等部门管理职责

建议发挥三地政府部门间职业教育工作联席会议机制的作用，促进三地职业学校学历教育与职业资格证书制度、企业学徒制度等方面的柔性衔接。

建议建立三地政府部门间职业教育工作联席会议机制。首先，区域职业教育发展具有多元主体，既包括政府相关部门，也包括职业学校、科研单位、企业以及其他社会组织等。理顺不同主体的职责、地位、作用，发挥不同主体的主动性，拓展并完善不同的合作模式，需要建立顺畅良好的实现机制。其次，职业教育一方面具有教育资源的属性，另一方面也具有人力资源积累的属性，是京津冀教育协同发展的重要组成部分。厘清三地职业教育协同发展的现状与运行机制，有助于了解京津冀职业教育布局状况，合理疏解首都人口，对于有效探讨职业教育优化发展的战略举措，优化教育资源整体配置效益，切实加强合作与交流，提升区域综合实力和竞争力有着重要作用。最后，联席会议机制的建立有利于联合三地各部门共同解决职业教育中存在的相关问题，为三地职业教育发展提出意见、建议、措施，统筹并指导实施。

建议三地加强职业学校学历教育与职业资格证书制度的有效衔接。学历文凭主要反映学生学习的经历，是获取了一定的文化理论知识的证明，而职业资格证书，是对从事某一职业所必备的学识、理论、技能的基本要求，更强调劳动者适应职业劳动能力的必备条件。学历教育与职业资格证书制度的有效衔接将学术与职业、理论与应用有机结合起来，共同推动职业人才培养与就业。

建议吸纳、加强企业参与到职业教育中来，推行新企业学徒制度，探索组织企业新招聘人员和新转岗人员参加新型学徒培训等创新合作模式。

落实三地职业教育协同发展举措，还要理顺与推进区域职业教育合作的责任机制、沟通机制、激励机制、利益分享、补偿以及保障机制，有效在三地政府、企业、学校、人才培养与流动之间搭建良好平台，整合职教资源，做好就业服务措施，共同发展完善现代职业教育发展体系。

三、高等教育的布局优化

从服务地方经济社会发展着眼，提高高等教育可持续发展能力：

1. 科学论证北京地区高校外迁的可行性

建议统筹考虑市属市管高校和中央部委所属在京高校，深入比较“合作办学”“扩建分校”“建分校区（含复制式分校区）”“院校合并”“整校外迁”等措施，优化三地高教资源布局。本课题组倾向于从易到难，对“整校外迁”持谨慎态度。

为缓解首都压力，疏解非首都功能，同时有序疏解部分教育功能，有必要深入研究首都高校外迁规划。事实上，京津冀三地的高校间已经通过“合作办学”“扩建分校”“建分校区”等方式，一定程度上起到了部分疏解北京高校人口过度集中的作用，同时加强了三地高校间的交流与优化了三地高等教育资源的布局。

北京地区高校外迁既是一个历史性机遇，同时也有必要从易到难，因此，我们对“整校外迁”持谨慎态度。稳定是高校的第一要务，文化是一所大学赖以生存的基础，而校园则是大学文化的重要载体。校园迁移，还涉及文化和精神内核，所以整校外迁的可行性需要科学论证。京津冀高等教育资源不平衡不仅在省（直辖市）间的分布不平衡，也表现为在省（直辖市）内的分布不平衡，高校主要集中于省会城市、中心城区。比如相对于天津和河北，北京市属高校以及部属高校都集中于几个城区，过于集中。因此，高校外迁必须在三地间统筹规划、科学论证。迁出与迁入都是一个系统工程，必须有顶层设计和操作性很强的流程设计，方可有序统筹推进。另外，高校整体搬迁也是一个过程，涉及高校的历史积淀、基础设施、招生等各个方面，需要具体考量与论证。三地之间需要加强合作协商，原校区与新校区要进行衔接与合作，相应的配套服务设置也要完善。

需要注意的是高校外迁应将“疏解”与“提质”并行，通过师资共享、联合培养、智库建设、产学研合作等方式开展深度合作，完善高等教育现代教育体系并形成公共教育资源逐渐平衡的过程，重点是优化整体区域间高等教育可持续发展能力。

2. 统筹考虑部委所属在京高校适度外迁

在京津冀协同发展作为国家战略的基本框架下，部委所属在京高校应比市属高校更具资源和质量优势，先行疏解更能体现国家主导意图，也为接纳地所期望，但要充分考虑高校迁往地或合作地的环境配套，尽量避免师资过度流失，实现可持续发展。

在北京的57所本科院校中，有23所教育部直属高校和11所其他10个部委所属高校，部属高校的数量甚至超过了北京市属市管高校，而天津、河北两地部属本科高校则比例较低。针对北京部委所属高校占据更多资源和质量优势而言，其先行疏解更能体现国家主导意图，也为接纳地所期望。

与此同时，在实施京津冀高等教育区域合作的主体中，除了京津冀三地政府主体外，还包括了其他14个部委主管部门，共计17个办学主体，具有高等教育区域合作主体多元化的特点。因此，如何有效实施京津冀高等教育区域合作，如何在高校的条块管理体制和多元办学主体下有效实现省级政府统筹管理是高等教育区域合作的一个现实问题。办学主体较多，各方在合作过程中都有自身的利益诉求，在缺乏有效的激励与协调机制情况下，如何避免分歧，走向真正意义上的合作是各方必须引以重视的问题。既要充分考虑高校迁出的发展问题，又需要考量迁往地或合作地的环境配套，尽量避免师资过度流失，统筹规划实施，实现可持续发展尤为重要，进而带动其他高校主体，继续深化探索区域化合作的新路径。

3. 适度控制北京地区高校招生增量

建议在京“985工程”和“211工程”大学招生增量适度向河北倾斜，但不一定非在津冀地区安排增量。比如，北京大学和清华大学海洋类相关学科专业在京的减量，也可放给处于青岛的中国海洋大学。

高校招生作为高等教育服务的入口，招生录取政策及计划影响着广大考生及地区的教育发展与人力资源流动。但是当前我国高校招生规模总量和增长率均存在着显著的地区差异，地区高校数量、地区GDP以及地区高中毕业生人数是地区高校招生规模差异的主要影响因素。各地区高校招生规模综合效率也存在较大差异。

为了更有效地服务于普及高等教育的目标，为地区培养所需的高素质人力资本，促进地区的经济发展，需要建立多标有效的系统。针对京津冀的高等教育资源与招生方面，京津冀共有普通高校262所，其中北京89所、天津55所、河北118所；北京有“211工程”院校26所，“985工程”院校8所，天津有“211工程”院校3所，河北仅有1所。虽然河北地区在高校数量上占据优势，但河北每十万人口中各级学校在校生数却不到北京、天津的二分之一；而在校生数、招生数、毕业生数均显示，大量的本科人才集中于京津地区，专科人才则主要集中于河北地区。

因此通过招生策略，在京“985工程”和“211工程”大学招生增量上适度向河北倾斜对于调节京津冀的生源数量及流向会起到一定作用，但不一定非在津冀地区安排增量，还需要对专业等其他因素加以整体考虑。在这方面，加强深入推动数据挖掘与预测在招生规划中的应用，将有利于更加科学有效地协调高校招生计划与专业设置在全国和区域间教育发展中的影响作用，进一步推动和促进区域间的教育资源流动与平衡。

4. 促进在京高水平大学异地建设实验或技术转化基地

建议河北、天津在寻求在京高校人才培养环节增量的同时，积极创造条件为在京高水平大学异地建设实验基地或技术转换基地提供更为优惠的政策和保障条件，共建地方和高校创新创业教育指导中心。①当前京津冀高等教育协同发展的举措中包含多种类型；校际间合作包括合作共同体或教学共同体或一对一校际合作等；政府与高校的合作中，政府和高校是区域合作的制定者和协调者，同时又是实施者；另外还有实验设备、教师培训、搭建平台、建立研究中心、孵化基地等的共享；开展学生交流、科研合作、项目合作等活动；形成联盟、集团等。②建议通过借鉴国内外的成功经验，河北和天津积极创造条件为在京高水平大学异地建设实验基地或技术转换基地，将更多优秀科研成果输送到河北、天津进行孵化和产业化来带动当地高新技术产业发展，同时考虑当地产业结构有所侧重的在一些学科领域搭建研究平台，培养和引进科技创新人才和团队，为当地经济发展贡献力量，也为学校的学科发展和人才培养等方面提供实践基地，实现可持续发展。此举有助于加强科技研发并将成果转化，同时有利于促进当地的产业发展和技术升级，推动区域经济社会发展，也保证了学校和院系的基础研究，并在若干领域迈向世界一流。③在异地建设实验或技术转化基地的合作中，高等院校是合作的主体，政府和企业的重要作用也不容忽视。三地政府需要积极创造条件为在京高水平大学异地建设实验基地或技术转换基地提供更为优惠的政策和保障条件以及其他配套措施。合作共建既有利于地方，也有利于高校，更有利于人才培养模式的创新。④三地共建地方和高校创新创业教育指导中心，将人才培养与就业创业等新合作模式结合起来，有利于毕业生在更加广泛的京津冀地理范围和三地行业企业内选择就业，也有利于三地行业企业在三地更大规模的毕业生中选择合适的人才。

四、其他教育资源配置

从地区发展实际出发，努力用多样化服务满足社会多样化需求：

1. 大力引导民办教育培训机构异地合作

建议对集中大量流动人口的在京民办学历教育和非学历培训机构进行疏解，依托三地民办教育协会机制，把在京民办教育机构引荐到津冀及外地办分校，满足异地人口接受民办教育需求，减少来京培训人口。

努力发展全民教育、终身教育、建设学习型社会是我国教育发展的方向与目标，为了达成这一目标，除了加强以政府为主导的基本公共教育服务之外，民办教育亦是推动教育多样化供给，促进终身教育、建设学习型社会的重要力量。在京津冀教育协同发展的框架下，应大力引导各类型民办教育机构异地合作、资源互补、提供更多元更优质的教育服务。由于属地管理等因素，目前北京向外地成规模输出优质公办教育资源实现区域共享，仍需时日，同时也需要相应的战略规划和政策支持，但是民办教育机构因其办学体制更为灵活，从而更具优势。对集中大量流动人口的在京民办学历教育和非学历培训机构进行的疏解，有利于解决首都人口过度集中的问题。与此同时，要注意加快三地政府统筹协调职能转变进程，使民办教育服务尽快步入法制化轨道。

另外，依托三地民办教育教育协会及相关部门，积极推动民办教育三地联手形成教育培训行业监管的基本标准和有效方式，促进此类教育服务的制度规则公平。要尊重教育规律，政府引导，利用市场机制，调动各民办教育主体的主动性、积极性。此举不仅有助疏解北京的人口压力，同时有助于民办教育机构寻求新的发展空间，将有力推动三地教育向多样化纵深发展。

2. 支持在京中外合作办学项目、国际中小学、应用技术大学等外迁

建议充分借助北京教育资源丰富、河北部分地区，如张家口的生态环境良好的有利条件，在从严控制北京地区增量的同时，借助未来交通一体化的便利，促进存量外迁，有关地区政府对此给予政策、资金、税收等方面优惠政策。

随着京津冀协同发展，三地教育资源的融合正在成为跨区域发展的新看点。越来越多的知名教育机构进入天津、河北办学；河北、天津分享北京优质教育资源的同时，也面向北京招徕生源。京津冀“大教育圈”在一个跨越区域边界的新平台上逐步成型。京津冀“大教育圈”的形成一定程度上有利于缓解北京教育资源过于密集的局面，同时提升天津、河北两地教育资源的规模和品质，增加京津冀教育资源面向全国乃至全世界的吸引力。部分国外高端国际中小学校也将办学目标锁定在京津冀“大教育圈”。

因此建议支持在京中外合作办学项目、国际中小学等向天津、河北等地辐射，存量外迁可以部分缓解北京的压力。同时，对国际优质教育资源的吸引与合作会带动新的增长点，有利于拓展教育新形式与内涵，有利于推动资源优化、环境友好、可持续发展的教育创新与发展模式。相对北京教育资源丰富优势，河北部分地区如张家口等地具有生态环境良好的有利条件，因此要因势利导，控制北京地区增量的同时借助北京的教育资源优势，通过未来交通一体化的便利等，促进存量外迁。而相关地区的政府要对此给予政策、资金、税收等方面优惠政策，做好教育相关配套措施建设，促使合作与创新项目在当地生根发芽，并开创新局面。同时支持在京应用技术大学向天津、河北等地辐射，一方面有利于存量外迁，缓解北京人口压力，有利于天津、河北吸纳更多教育资源；另一方面也有利于充分利用天津、河北等产业发展优势，通过校企合作培养人才。

3. 善用教育信息化手段促进优质资源共享

建议加快实现三地学校图书馆资源和网络课程相互开放，促进教师培训网络优质资源共享，合作共建课堂教学优秀视频课件、优秀课堂教学设计等教育资源库。创建京津冀互联网＋教育协同发展示范区，共同开发大数据平台。

我国的教育信息化建设经过了数年的发展已经获得了一些经验和成果，而以教育信息化带动教育现代化，则是破解制约我国教育发展的难题，促进教育的创新与变革的重要手段和途径。通过建设信息化学习平台、环境和特色资源，不仅有助于推动教学向“以学为主”的模式转变，促进终身学习；同时利用未来网络技术支撑信息化创新，建立学习与科研平台，有利于促进学科共建与科研数据共享，推动联盟高校发展，并有助于优质教育资源共享。另外，教育信息化在人才、技术、产业、模式方面能够创新人才培养模式，推动创新技术发展模式的改变，促使创新产业应用推广模式和探索思维模式发生转变。简言之，教育信息化建设有助于为京津冀协同发展提供新动力，支持京津冀协同发展。比如在教育创新模式上，教学信息一体化就可以实现以教为主的教学模式向以学为主的教学模式转变，提高学生的自主学习能力、问题解决能力以及创新能力等。

实现三地学校图书馆资源和网络课程相互开放，促进教师培训网络优质资源共享，合作共建课堂教学优秀视频课件、优秀课堂教学设计等教育资源库，有助于三地教育资源的进一步共享与交流。另外教育信息化建设还包括创新人才培养服务载体，搭建现代远程教育技术网络平台，提供形式多样的网络课程，改变传统的教学及管理模式，满足学习者多样化、多层次、高质量的学习需求。而创建京津冀互联网＋教育协同发展示范区，共同开发大数据平台，则有助于实现教育信息化到教育现代化体系的建设完善，以及整个区域间教育资源的互补、整合与创新，带动整个京津冀地区教育现代化的发展。

4. 构建高校在线通选课程平台

建议借鉴国外“慕课”（MOOCs）经验，实现三地高等教育和继续教育远程在线资源互通机制，率先试行学习者异地在线通选课程、学分认可转换等制度，健全监督评估机制。

要充分利用慕课资源实现三地教育资源共享。慕课是互联网与教育融合的典范，通过拓宽优质教育资源的辐射面，可以有效降低京津冀三地教育协同发展的成本，有利于促进三地教育公平的推进。①在三地率先建立高校慕课联盟试点，开设异地在线通选课程。三地高校各有所长，要在条件允许的情况下，组建优良的慕课制作团队，打造本校的精品慕课，不断提高慕课的教学质量、学习效果以及可信度，鼓励学生参与其他高校的慕课课程，同时还要向全社会推广证明慕课价值，尤其是三地的高校和企业，推进相关机构认可慕课培养人才。②制定三地高校慕课学分认可转换制度。当前许多高校的慕课课程存在完成率不高、教学模式囿于传统、难以实现个性化学习、学习体验缺失、学习效果难以评估、学习成果缺乏认证等问题，要积极尝试课堂教育和在线教育同步进行，建立完善的三地高校间学分转换和认可制度，来激励学生完成在线学习，突破慕课教育高辍学率的瓶颈。③健全京津冀各高校慕课课程共享的监督评估机制。通过云平台、大数据技术对教学过程进行实时监控，对每个学习者的学习行为、学习过程、学习表现等进行详细的记录分析，真正做到过程评价，一方面保证学生学习的积极性和成绩的有效性，另一方面通过监督调和慕课平台的商业性和道德性的伦理冲突。④加强对外交流，积极借鉴国外慕课发展和改革经验。要充分利用京津地区优质高校聚集的优势，加强与欧美等发达国家和地区的交流，全方位研究慕课的规模、学分认定、技术平台、课程设计和发展战略等。

5. 建设多方位共同发展圈

建议在三地共同发展圈内，联合开展师资队伍建设、教育督导评估，如加强骨干教师交流、师资培训和教研合作活动，三地引入第三方监测评估。三地师资力量协同发展是京津冀教育协同发展的重要保障，要整体提升河北省的教育质量，关键在教师。

在骨干教师交流方面，三地教育部门要联合进行师资力量统筹，全局把握不同学科教师的数量、学历层次、年龄结构、职称结构、性别结构，并结合三地经济发展水平、教育支出情况、学生数量、学科设置等需要，有计划地、从全局出发加强骨干师资交流，针对高等教育、职业教育、基础教育，分层次培养建立真正“你中有我，我中有你”的优秀的师资队伍。

在师资培训和教研合作方面，要通过尝试联盟校、合作校、托管校等新的办学模式，继续通过联合省培、联合国培、名师带动、结对帮扶、离岗进修、校本教研、远程培训和研训结合等多种形式不断促进优秀教师成长，并带动提高河北省落后地区的教师职业水平。尤其针对京津冀基础教育资源鸿沟，三地学校可以通过自由结为京津冀基础教育共同发展学校，在课堂教学、校本教研、校本课程、学生社团等方面，通过互派骨干教师，互相学习校本课程，通过信息平台，实现资源共享提高课堂教学和校本教研水平。

在教育教学质量评估方面，三地教育诉求各异，导致协同存在一定困难，建议引入教育第三方监测督导机制，深入推进管办评分离，力求真正发现问题，发挥长处，弥补短板，真正实现协同。

6. 建立人力资源市场互联互通机制

建议政府支持行业协会和社会组织建立相关领域学科专家数据库，建立连同三地就业信息库和大学生创客空间，开通三地教育信息新媒体平台，及时推送学校质量评估、人才需求等领域的权威信息，促进高校毕业生就业创业。三地人力资源市场的互联互通机制既需要政府的政策支持，也需要行业协会和社会组织的实际行动。①在高层次人才方面，依据三地产业互补格局，三地政府给予政策支持，并创造条件鼓励、推动和支持三地行业协会和社会组织建立相关领域的包含高校、企业、社会组织人才在内的专家数据库，以方便实现三地高层次人力资源的打通使用，加快三地在技术、项目、信息、成果等方面的合作交流，不断提升高层次人才聚集度，形成各个学科、专业和领域都拥有知名领军人才的良好局面，争取实现智力资源的有效对接与整合配置。②建立三地就业信息库，通过对学校质量的评估信息、人才需求信息与毕业大学生信息的全面收集和呈现，以促进用人信息与就业信息的匹配对接，人尽其才，才尽其用。对高校毕业生就业而言，京津冀要建立由政府指导、行业引导、校企共建四方联动的毕业生就业服务平台，在联合人才培养、就业信息共享、校企人才互动上探索新模式，以服务好作为社会最富有生机、活力和创造性群体的高校毕业生。在人力资源服务与管理方面，京津冀要协同人才开发的战略理念，打通地方人才交流服务平台，完善包含三地人才在内的人力资源信息发布机制，建立三地通行的人力资源标准体系，实现京津冀人力资源服务从业资质的互认互通。

7. **引导退休教师等志愿者和非营利性组织支教**

建议调动教育系统退休教师、社会志愿者和非营利组织的积极性，重点到河北困难地区开展包干或对口帮扶教育服务。①建立完善的优秀离退休教师信息库，加强对支教工作的调查研究，探索有效途径，拓宽京津智力支教河北乡村的形式，如送师下乡、进城留学、城乡双向交流、送课下乡、结队研修、调研指导、送培下乡等，因地制宜、因时制宜，创造性地组织开展离退休教师对口支援河北农村的支教工作。②鼓励非营利社会组织和志愿者支教，动员社会支持，建立京津冀社会组织志愿支教专项基金；统一和提高支教志愿者招募标准，进一步明确支教教师条件，确保支教教师的高质量，重视支教实践培训，提高支教实践主体能力；三地联合制定社会组织志愿支教管理办法，规范社会支教组织实践运行。③加强支教教师和志愿者的日常管理和考核评价，要完善支教离退休教师和志愿者形象管理、安全管理，加强支教教师与受帮扶学校师生的交流；三地联合组建支教评估小组，制定离退休教师和社会志愿者支教效果评估体系；三地教育部门要积极引领、协调和组织，完善教师志愿服务的激励回馈机制和政策保障机制，促进教师志愿支教河北省落后地区的活动更加务实有效。④多方位创新支教实践，尤其是要改变支教中普遍存在的“无头无尾”的短期问题，争取形成广泛参与、目标明确、准备充分、有效供给、长期坚持的对口帮扶长效机制。

8. **联手构建教育国际化高地**

建议三地政府摸清区域内教育国际化可用资源，用好用足教育服务业开放政策，合作实施“吸引海外学生计划”，力争三地留学生存量占普通高校学生比例逐渐接近世界主要城市群水平，建成国内及东亚地区最大规模的高层次专业人才培养高地，形成国际化教育知名品牌。①充分利用区域内国际可用资源和开放政策资源。京津地区优秀高等院校聚集，尖端行业企业比比皆是，集聚了十分可观的教育国际化资源。这些资源分散在三地不同区域和不同类型的教育组织和教育相关组织中，还没有进行充分整合，要充分利用这些资源，还需要尽快收集相关信息，建立相关信息库。开放政策资源对于构建教育国际化高地十分重要，但要充分利用开放政策资源，还需要三地认真查找有哪些政策，研究这些政策如何落实和如何有利于国际化高地的建立。②合作实施“吸引海外学生计划”是争取三地留学生存量上升的重要途径。吸引海外学生计划需要在双语教学师资力量、三地的国际专家队伍力量、奖学金设计和招生宣传上狠下功夫。此外，吸引海外学生计划的重要目标不仅仅在于增加留学生规模，还在于开辟国际学生渴望学习的新的学科专业、特色项目和特色课程，在于留学生的毕业水平达到一定的水准，在于形成国际化教育知名品牌，而后者的质量和水平以及品牌的声誉正是留学生规模扩大的重要条件。③以努力建构国际化大都市圈为契机，以国际领先或一流为标准，三地政府要联合打造一批一流的国际大学城、国际职教城；三地要发挥高等教育优势互补互助，合作建立一批高层次、高起点、小而精、开放性、国际化、多学科融合的特色学院，达到学生构成国际化、干部教师国际化、学院管理国际化的形态；要引进优秀的外国大学联合办学，联合实施硕士、博士研究生培养。④三地还可以联合设立中小学国际学校，统一招生标准，学习国外优秀办学经验，引进国外先进教育方式；课程设置方面，在符合国家教育大纲规定的前提下，突出自己的办学特色，推进第二语言教育，引进优秀外籍教师，营造双语教学环境，帮助三地孩童同步接轨国际。

第三节　京津冀教育协同发展的若干关键性环节

京津冀协同发展的重要出发点是，抓紧破解北京地区“大城市”病，缩小三地公共服务发展差距，实现优势互补和合作共赢，就必须从战略全局找准关键性环节。近年来因受经济进入中高速增长阶段以及京津冀生态治理等因素影响，河北省经济发展明显减速，地方财政性教育投入下滑并对教育事业产生不小影响。除高等教育外，河北省各级教育生均公共财政预算教育事业费均排在全国倒数第几的位置，亟待中央和三地政府持续高度重视京津冀教育发展中促公平、补短板的难点问题。本课题组认为，推进基础教育帮扶发展、职业教育产教融合和高等教育产学研深度合作，将是“十三五”时期及未来相当一段时间内推进京津冀协同发展和教育协同发展的关键性环节，这将是深化体制改革和制度创新、缩小区域城乡公共服务差距、增强可持续发展后劲的重要路径选择。

一、做实基础教育的帮扶发展

主旨是在巩固区域内基本公共教育服务均等化的基础上，注重缩小区域之间公共教育服务的差距。

1. 强化财政多措并举帮扶路径

建议中央政府加强转移支付模式，加快京津冀三地基础教育投入方面的协同，促进跨行政区划公民共同享有基本公共服务和优质公共产品；通过签订政府间服务合同及委托供给、特许经营、承包补助等方式，加快公共教育服务的社会化。①在中央政府层面改革教育公共投资体制，重点强化中央政府对基础公共投资的责任，改变河北省基础教育公共投资重心过低状况，缩小河北省基础教育经费与京津地区的差距。探索京津冀横向财政转移支付的新方式，与中央层面的纵向转移支付相结合，加大对河北省基础教育投入。②在京津冀教育协同发展的战略布局中，地方政府基础教育公共服务要突出强调公益性，加大市、县即财政转移支付郊区和乡镇的支持力度，大力推进中小学硬件配置设施标准化工程，改善县级及以下义务教育学校的办学条件，全力保障提升学前教育、小学教育、中学教育等各级各类教育公共服务保障水平。③在基础教育公共服务的财政举措中，京津冀各级政府要重视关注弱势群体，一方面对接国家资助政策，另一方面根据自身实际情况，建立从学前教育到高中阶段教育的全覆盖教育资助体系，确保适龄学生不因家庭贫困而失学。④在基础教育公共服务的管理上，要积极鼓励民众和专业社会团体参与决策，促进当地基础教育公共服务部门与服务对象之间的互动。⑤通过签订政府间服务合同及委托供给、特许经营、承包补助等方式，加强民间力量在公共教育服务方面作用的发挥。从目前的一些民办教育机构看，相当一部分机构已经形成了较为成熟的管理经验、有效的教学方法和训练有素的师资队伍，具备雄厚的资质参与公共教育服务。在民间力量参与公共教育服务方面需要注意的是，要有明确的协议和权力责任清单，有确切的奖惩制度，以促进质量保障。

2. 精准确认两市支持一省权责

建议京津两市政府组织专项行为支持河北政府，对河北省2020年如期完成县域内义务教育均衡发展目标予以帮扶支持；同时，申请中央财政设立专项、地方配套，给予环北京的9个河北省贫困县义务教育适当支持。

河北省县域内义务教育实现均衡发展主要有三个难题，一为教育经费不足，二为优质师资稀缺，三为教育理念落后。京津两市对河北省义务教育均衡发展的帮扶需要在解决以上三个难题上精准确认权责。

在资金投入方面，从政府行为看，京津两市政府组织专项行为支持河北政府，以便于有专门的经费用于京津抽调师资给予河北省义务教育以有力支持；同时中央财政设立专项、地方配套，专门用于给予环北京的9个河北省贫困县以硬件支持。从社会层面看，政府还应促进京津冀基本公共服务的市场化与社会化，京津两市在教育经费支持上可以采取社会化经费的横向转移支付，以实现社会资金帮助河北省建设优良的教育公共服务设施、优质的教育公共产品资源，促进河北省县区内教育硬件上的均衡发展。

在师资帮扶方面，通过京津两市政府支持河北政府组织专项行为和申请中央财政专项，三地可以通过多层次的师资交流和培训项目，如组织京津两市优秀师资对河北落后地区师资力量的培训、在区县级层面对河北省落后地区进行短期师资流动支持和京津两市与河北落后地区进行合理的教师轮换等，充分发挥京津教育辐射作用，全面提高河北省落后地区的师资力量。

在教育理念方面，京津两地在推行素质教育上比河北有更多更好的经验，可以通过在河北建立分校、师资交流等方式，借助互联网教育平台进行有针对性的帮扶，因时因地而不冒进地激发学生学习兴趣和创新实践，改变陈旧的教育观念，破除只重考试成绩的单一标准，逐步引导教师、家长、学生认清并顺应从“挤独木桥”到“走立交桥”的社会变化趋势。

3. **探索引入市场机制帮扶路径**

建议探索松绑和规范民办教育市场准入，通过权力清单和负面清单制度，合理下放部分办学审批事项，营造良好的民办教育制度环境，帮扶民办教育发展，依托行业协会率先开展营利与非营利性学校试点。

民办教育和教育集团是有效疏解北京市教育过度集中的路径之一，三地政府可以联合推出京津冀地域性民办教育管理办法，引导和规范民办教育发展。①适度放开准入和严格要求资质相结合。一方面合理下放部分办学审批事项，落实民办学校招生的三个“自主”，扩大收费定价权；另一方面力求民办学校在硬件设施、教师准入等方面不低于公办学校的水平。②联合执行年检。通过权力清单和负面清单制度，确保民办学校严格按照三地联合规定的办法招生，严格按照联合规定安排教育教学活动。要联合确保民办学校安全稳定，针对已招生运行的民办学校，要深入开展安全隐患排查整治，严格推进校园安全建设。③扶优和削低相结合。针对优质民办学校，三地要联合建立民办教育补助正常增长机制，切实帮助民办学校解决实际困难，助推学校更好发展；针对低端民办学校，要顺应时代发展潮流，适度削减其数量和规模，合理进行资源整合和分流，保证民办教育发展的规模化、品牌化。④拓宽民办学校的融资渠道。可创建民办教育担保公司，允许学校非教学资产作贷款抵押担保，同时完善公共财政资助体系，联合设立民办教育专项基金。⑤积极探索营利性和非营利性民办学校分类管理。三地相关部门联合成立民办教育管理和科研小组，对投资办学和捐资办学进行系统研究和区分，选取典型，率先建立民办学校分类管理综合改革试点。

4. **优化师资帮扶路径**

建议三地联合成立教师培训培养联盟，集中优势，培训师资队伍，并统筹三地基础教育教师培训培养，设置统一标准；引入体制外力量，包括民办专业培训机构教师进入师资培训队伍或者参与项目，允许民办专业培训机构提供培训。加强教师培训，尤其是提高薄弱地区教师的教学水平，需要三地联合建立教师培训联盟，以降低培训成本，提高培训效率。一是可以在三地中小学名师和骨干教师中挑选培训师资，充分发挥他们具有丰富的实践经验的优势；也可以在高校专门从事中小学师资培养的教师队伍中挑选经验丰富的资深教师，发挥他们理论研究的优势，成立培训师资队伍人才资源库，建立师资培训基地，然后定期选派薄弱学校的教师前去进修学习，提高教师的业务水平。在培训时间上，除了集中到培训基地学习外，还可以利用休息日或节假日三地轮流举办讲座等多种形式举办交流活动，提高中小学教师素质的整体水平。教师培训联盟可以开展教师培训、校长交流、课程改革、信息化合作等多种形式的交流活动，大力提升落后地区的基础教育质量，逐渐缩小师资差距。二是在帮扶路径上，要摒弃教师培训帮扶的路径依赖，要善于引入市场化的专业教育机构培训。市场上一些专业教育机构蓬勃发展，其教学方法和效果为创新教师培训提供了范本。三地共建的教师培训联盟要打破体制内外的壁垒，破除一贯形成的对于市场化专业教育培训机构的有色眼镜，吸引市场化机制中的教师加入已有的师资培训项目，体制内外形成良性互动，通过借鉴和学习专业培训机构教师长处来提高公立基础教育机构的教师水平。

5. **促进校际帮扶务求实效**

建议采取“一校助一县”（一所高水平学校跨省域与一个县级政府签订协议，帮助县域内学校提高教育教学水平）、“名校办分校”（一所名校跨省域举办分校，以提高当地教育教学水平，这种分校往往属于民办性质）、学校联盟（学校与学校之间跨省成立学校联盟，在学校成员认定的领域加强合作，既可能强强合作、互利共赢，更多可能实现强弱帮扶）等校际帮扶路径。在落实校际帮扶的过程中，包括政府在内的三地各相关部门要尽可能帮助扫清障碍，务求实效。

在“一校助一县”模式中，目前的帮扶实践包含名校教师支教，受助县域学校到名校参观、进修学习和校际教学资源共享等形式，但是仅有这些形式还远远不够。目前的问题是，一所名校资源有限，而受助县域学校需求难以得到充分满足，因此，名校采用集中培训的形式进行同伴指导，并运用远程在线手段和便捷的信息技术软件如手机软件、电脑软件等，会收到扩大帮扶规模的效果。

针对“名校办分校”模式，京津高水平学校在河北办学之前，要进行科学学情分析，精准定位教育工作重点难点，为真正起到帮扶作用和提高分校质量提供科学依据，优化教育行政治理，推进区域间教育行政部门和教研机构协同，明晰跨区域办分校性质，协同探讨政府分管、督导、年检等职权；合作探索分校治理模式，推进校长治校，最大限度发挥名校能动性和优质资源辐射作用。

针对学校联盟模式，三地政府和教育部门要有高站位的政策指引，无论是强强合作，还是强弱帮扶，都要鼓励联盟学校自主认定联盟方式和合作领域，协调联盟校之间的需求和帮扶，保障合作项目顺利实施，而且要合理建构因时因地制宜的约束机制，减少如初期计划、中期总结、期末述职等形式化内容，以保证校际帮扶政策得到有效落实。

值得注意的是，帮扶效果的真正实现依赖于京津冀三地基础教育发展规划的协同，特别是教学内容和考试内容的一致，因此，三地相关部门要统一跨区域的课标和考试标准，对接支教绩效考核机制。

二、强化职业教育的产教融合

主旨是调动政府、学校、企业行业等各方积极性，共同完善职业教育与高等教育、继续教育有机链接的体系。

1. **重点加强财政支持路径**

建议中央财政加大投入比例，制定引导性基金政策，减免企业税收；鼓励职业院校跨地区工学交替、校企合作，保护和调动行业企业广泛参与职业教育人才培养及技术研发的积极性，对成立职业教育联盟、校企发展联盟等组织并产生实质性效果的院校或企业，予以资金支持。

职业教育校企合作涉及招生、教学和就业全过程，涉及基础设施建设、师资建设、专业课程建设等硬件和软件建设，经费保障是职业教育校企合作的根本。为此，第一，应建立稳定的公共财政投入机制，加大中央财政投入比例，保证职业教育的经费充足，使经费投入与职业教育的发展需求相适应。第二，制定引导性基金政策，减免企业税收。对参与产教融合的企业，政府给予一定的支持，减免企业的部分税收，鼓励、吸引企业加入到职业教育的产教融合中来，保证产教融合过程中企业的利益不受损害。第三，加大三地职业教育院校之间的相互交流。鼓励职业院校跨地区工学交替、校企合作，促进行业企业广泛参与职业教育人才培养及技术研发，鼓励高职院校以优势专业为主体，联合其他相关高职院校以及行业内的企业成立相应的职业教育联盟、校企发展联盟，以提高人才培养质量，推动相关行业的发展，对于成效显著的院校或企业，予以资金支持。第四，职业教育中学生实习部分的经费要给予明确规定。可以为每个学生设置一定数额的实习资金，学生自由选择实习单位后，相应的实习资金转入该实习单位。

2. 探索产教融合生态系统推进路径

建议发展三地行业协会，特邀职业院校、相关企业、政府部门参与；建立三地职业教育集团，扩散渗透优质教育资源，为较为落后地区发展提供契机；建立以行业为依托的跨地区职教联盟，支持实训实习基地建设，使职业教育和产业发展同步；进一步推进区域—行业—学校联动，根据功能定位发展优势学科专业。三地政府部门、职业院校以及相关企业之间的有效协作对于推进职业教育产教融合生态系统发展具有重要作用。①以行业为切入点，发展三地行业协会。三地行业协会的成立有利于充分掌握三地行业发展的各方面信息，互通有无，站在全局的高度提供协商、合作的平台。行业协会特邀政府部门、企业以及相关职业院校共同参与，能够有效促进政府部门在产教融合过程中充分发挥作用，并出台相关利好政策，给予产教融合充分保障；同时政府在广泛征求意见的基础上，对于已经成熟的做法，以立法的形式制定有关职业教育产教融合的法规和条例，明确各级政府、行业、企业、学校在发展职业教育中的职责和权利，明确产教融合中各主体的权责。企业参与有利于企业表达诉求，同时有利于行业协会了解企业详情和发展需求；职业院校参与有利于院校根据市场需求设置课程，培养学生和促进毕业生就业。政府提供校企合作的平台，职业院校与相关企业从理论与实践中紧紧结合在一起，共同推进行业的发展。②以职业院校为切入点，三地建立职业教育集团。三地之间职业教育的水平不尽相同，三地共建职业教育集团，既有利于职业院校之间以强带弱和一体化发展，又有利于充分利用优质教育资源，为薄弱地区发展提供契机。③建立以行业为依托的跨地区职教联盟。三地之间在相同专业上加强交流与合作，取长补短；同时职教联盟可以在学生培养上相互合作，共同支持实训实习基地建设，为学生的发展提供更宽广的平台和机会，使职业教育毕业生牢固地掌握产业技术，并跟上行业发展的前沿，了解产业发展中的现实问题，增强学习和研究的针对性，与产业发展同步，提高研发能力。④推进区域—行业—学校联动，根据功能定位发展职业院校优势学科专业。职业院校需要了解和掌握三地区域优势行业的发展状况，包括行业研发人才和技术人才的规模、水平，行业发展的方向、前沿技术、优势、面临的挑战和问题，对不同学科专业毕业生需求的规模和水平等，以确定自己的发展方向，重点发展的学科专业。行业需要不断地把毕业生需求的信息、技术攻关的方向和领域，以及研发的重点与需要的资源等信息传达给职业院校，以更好地促进职业院校为行业发展提供较为充分的支持。

3．增强职业教育人才培养的有用性

建议依据产业定位，统筹规划三地职业教育专业设置；探索异地升学、联合招生、校企联合开发实习实训基地，制定京津冀课程改革协调推进计划；协同引进发达国家优质职教资源，合作创办高水平职业院校；建立师生在院校企业之间定期交流制度，促进行业产业优势人才流动。增强职业教育人才的培养的有用性，要从多个方面着手。①依据产业定位，统筹规划三地职业教育专业设置。优势产业需要与之对接的职业院校在相关学科专业上拥有较高声望、优秀的教学科研人员，并能够提供优秀的毕业生；新兴产业的发展也需要职业院校迅速发展该产业领域的学科专业。统筹规划专业设置能够有效避免三地职业院校单打独斗，同一领域专业人才分散，专业与产业不对接等问题。②制定京津冀课程改革协调推进计划是探索异地升学、联合招生和校企联合开发实习实训基地的前提和条件。课程的协调对接有利于促进学生学习和技能掌握的连贯性，促进学生在不同的环境和条件下学习到多种经验和技能。三地职业教育发展各有自身的优势，异地升学、联合招生能够打破地域之间的限制，充分借助各地产业和职业院校的优势，提高人才培养质量；院校与企业之间联合开发实习实训基地，将双方的诉求结合在一起，使院校了解企业对人才和技术的需求，并根据企业对职业人才的需求，改革京津冀地区的职业课程，又能使企业为自身的发展储备后备力量，同时发挥企业界领军人物的言传身教和榜样作用。③三地职业教育院校水平的提高不能仅仅局限于三地的视野，而应该时刻关注发达国家职业院校的发展经验和尖端技术，协同引进发达国家优质职教资源，积极主动与世界发达国家职业院校合作，在合作中学到先进理念和经验。合作创办高水平职业院校是与发达国家合作的最佳途径，不仅有利于学科专业、课程等的合理设置，而且在学生培养方式和院校创办上，也有利于借鉴和引进国外的优质职教资源。④建立师生在院校企业之间定期交流制度。教师带领学生定期到企业中学习和实际操作，有利于教师挖掘学科相关专业的现实问题和学生操作技能的提高，也有利于教师和学生努力解决在企业实习中遇到的问题，并在后续的教学和学习过程中有的放矢，找准研究、攻关和学习的突破口。校企双方加强各方面人才的交流合作，有利于共同研究、解决理论与现实问题。

4．跨区域加强双师型师资队伍建设

建议三地联合实施“双师型”教师双聘制度和师资培训协作计划，完善企业工程技术人员、高技能人才到职业院校担任专兼职教师的相关政策，实现“校企双制、互动一体”三地共享机制。职业院校急需双师型师资人才，这样的人才有企业工作的丰富经验，又有相关专业的理论知识，能够为学生的发展提供更丰富多彩的学习案例，从而达到理论与实践的结合。职业院校定期派遣教师到企业交流，企业定期派遣工程师等人才到职业院校任教等，是双师型人才成长和发展的重要途径。职业院校学生职业知识的学习和技能的练就不仅包括理论知识的学习还包括实际的操作能力的培养。既具有先进的专业知识又具有企业高技能人才的实操能力，是职业院校教师的重要资质。因此建议三地联合实施“双师型”教师双聘制度和师资培训协作计划。①由政府出面，打破三地区域限制，制定三地“双师型”教师双聘政策，对双师型教师在职业院校和企业之间的工作制度、待遇问题和奖励手段进行明确规定，并建立相应的数字化交流手段，方便跨区域沟通。②制定双师型教师师资培训协作计划。三地就同一学科专业及相关企业联合起来，有效协作，使企业高水平技术人员接受师资培训，制定职业院校教师定期到企业实践的计划；同时构建合作平台研训平台，分期分批培训双师型教师，成熟一批，双聘一批。③职业院校聘用企业兼职教师。职业院校可以聘请企业工程技术人员兼职承担合作职业院校的教学任务，与教师共同开发实践教学课程内容，负责学生技能训练指导；同时企业也可以聘请职业院校教师兼职参与企业的技术革新、设备改造与新产品的研发，承担企业员工继续教育的培训工作，在内涵上真正建立职业院校教师与企业工程技术人员双向交流与流动的机制，提高职业院校学生实践动手能力和企业员工的综合素质。④进专业教师与企业技术人员对接，解决“双师型”教师队伍建设问题。在此技术上，构建校企教学研究团队和技术创新团队，真正互动一体，深入钻研技术，研发新产品新工艺，开发实践教学体系，提高教育教学水平和企业生产效率。

三、促进高等教育的产学研深度合作

主旨是发挥高等教育在人才培养、科研开发、社会服务、文化传承创新的作用，融入创新驱动发展战略全过程。

1．完善高校与地方政府签约机制

建议三地高校与地方政府签订协议，借助政府宏观调控政策手段，促进跨区域产学研深度合作，瞄准本地经济社会发展需要，开展科研开发，培育新的产业链，输送符合当地实际需要的高层次专门人才后备力量。政府可以通过政策手段在高等教育产学研深度合作中发挥积极作用，三地高校与地方政府签约，能够以相对强制的方式，保障高等教育产学研深度合作在规定的时间段内，在合作项目和权利责任方面履行约定，增强合作的责任感，按时完成约定任务，并得到资金支持和制度支持。这样可以减少随意性，有助于克服合作过程中遇到的困难。①地方政府充分发挥作用，促进产学研深度合作。地方政府通过加强与科研机构、高校的合作，运用高校的科研力量，服务产业发展；可以加强宏观指导，加大签约实施力度，统筹规划，健全机制，做好本辖区内产学研合作的机构和组织保证，搭建产学研合作平台。②完善高校与地方政府的签约机制。高校拥有较丰富的知识储量和先进的技术设备以及较强的知识创新能力，肩负着培养人才的重任，要准确定位自身角色，加强优势专业在社会服务上的功能作用。地方政府应明确本地产业需要什么样的研发产品、科研力量和后备人才，需求与供给对接。要在明确双方利益诉求的基础上，对双方在人才需求与培养、科研服务产业发展、创新研发方面承担的任务、权责进行明确界定，同时明确规定违约责任。③发挥各方优势，促进地方经济发展。产学研深度合作的目的是促进经济发展，这也是政府、高校和企业的共同目标。当然，不同高校的优势不同，地区之间经济发展的重点也不尽相同，这也需要打破地区之间的限制，跨区域输送符合当地实际需要的高层次专门人才后备力量。通过加强高校、科研院所和企业的联合、合作，与高校重组、共建研发基地，实现深度融合，必将极大地加强我国高校科技创新，特别是原始性创新的力量。通过加强高校与企业的结合，必将加快高等教育专业结构调整，使高校培养的人才和科技创新更好地适应经济结构调整和产业技术升级的需要，促进高新技术向企业的快速转移，促进创新成果的产业化，实现高新技术产业化，加大对经济社会发展贡献的力度。

2．高校与地方合作促进科研成果产业化

建议三地科技研发能力强的高校，合理利用当地资源成立产业孵化基地，推进地区产业结构发展，积极与地方合作成立技术研究院，形成从应用基础研究到应用技术研发、中试孵化、进入公司实体的产品化和产业化完整链条。三地高校要从自身科研优势实际出发，加强能力建设，与地方合作，促进科研成果产业化，使科研真正为生产实践服务。①高校与地方合作成立产业孵化基地，为将科研成果转化为技术和产品搭建平台。三地科研能力强的高校一方面要加强自身理论研究的深度和前沿性，另一方面要利用地方的资源将科研成果应用到生产实践中，推动地区产业结构发展。成立产业孵化基地是创新体系的重要组成部分，孵化基地是高校与地方相互连接的桥梁和纽带，有利于研发与产业实践紧密结合。通过孵化基地把高校的技术、人才等向产业扩散，带动地方企业的技术创新，提升企业的技术水平，从而加快地方经济的发展。其功能在于利用高校源源不断的智力优势，促进大学孵化基地科技成果转化与产业化。②高校积极与地方合作成立技术研究院，为将技术产品化提供支持。高校的科研技术是否能转化为社会需求的产品需要中间环节和过程，成立技术研究院，将有利于集中高校和地方力量集中优势队伍，面对现实问题，查找问题的关键所在，进行研究和试验。技术研究院的成立，既需要高校选调精兵强将，又需要地方把其中的核心力量调动起来，形成一股合力，这就需要技术研究院的制度保障、经费保障和激励保障。③形成从应用基础研究到应用技术研发、中试孵化、进入公司实体的产品化和产业化完整链条。产业孵化基地和技术研究院的成立目标十分明确，就是要把基础研究和应用技术研究有效结合起来，以便于通过中试孵化、产品化和产业化形成完整的产业链条。

3．**高校校际联合成立创新联盟**

建议发挥同类型院校联盟创新聚合效应，集中区域优质资源建设京津冀名校联盟，在优势学科上与高端企业联合，共同把人才培养、科学研究和开发新产品结合起来。三地高校共同建立发展战略领域等新型智库，为地方和国家决策提供咨询服务。同类型院校在学科、专业、研究方向上有诸多相同和类似之处，京津冀教育协同发展，首先就是打破三地同类型高校之间的分离状态，在相同的研究领域和主攻方向上，发挥各自地域和历史优势，结成创新联盟，尤其是集中区域优质资源建设京津冀名校联盟。

三地名校联盟可以在多个方面发挥作用，一是可以增强聚合效应，便于根据三地经济社会发展基础和各地优势及薄弱环节，统筹三地联合攻关领域和方向，安排合适的人选到合适的研究岗位；二是有利于名校在优势学科上与高端企业联合，共同把人才培养、科学研究和开发新产品结合起来，打造人才培养高地，提高研究成果产出，促进企业升级；三是有利于聚合高、精、尖人才，共同建立发展战略等领域新型智库，结合名校联盟良好的研究氛围，及时对社会热点问题进行调查、分析和研究，为国家和地方决策提供咨询服务。

为了促进创新联盟的成立和发展，可以出台具有足够吸引力的配套政策，进行政策引导和鼓励。在思想宣传上，使同类型院校充分认识到形成联盟的必要性和重要性，同时加强同类型院校之间的教学交流、科研交流和人才交流，以便于为集中区域优质资源建设京津冀名校联盟奠定基础；在资助机制上，鼓励名校联盟把优势资源向国家和地区发展亟须的科技领域倾斜；在激励机制上，引导名校联盟和高端企业之间的技术、人才和资产流动，共建研究开发机构和产业化实体，联合攻关，提高技术开发能力，形成更多的自主知识产权。

4．**加快推进校企文化融合**

建议三地高校设立产学研管理委员会，或者发挥高校理事会（董事会）吸引企业家代表参与机制的作用，作为沟通平台专门对接企业，促进校企文化融合，包括根据企业需求调整专业和课程，促进校企共赢。

高校和企业是两类不同性质的组织，高校是专业性组织，主要以追求学生发展和科学研究为己任，服务社会是其衍生功能；企业是营利性组织，以追求产品创新和经济效益为目标。校园文化和企业文化往往存在很大差别，两类组织的行为方式也不一样，这就容易为学校和企业两类组织的相互理解和合作造成阻碍。因此，校企文化融合对于校企合作具有重要作用。同时，三地跨区域校企合作还存在区域差别，在校企文化融合方面更需要采取有力措施。

促进校企文化融合和“产学研”结合工作是一项极其复杂的系统工程，它牵涉高校、企业和政府等多个方面的分工与合作。因此高校成立产学研管理委员会作为高校中单独的一个部门或者发挥高校理事会（董事会）作用吸引企业家代表参与“产学研”结合工作，目的就是首先从决策层做起，站在战略高度，与政府及企业进行沟通，重视两类组织文化的融合，并且采取切实可行的措施，研究解决校企文化融合中的一些重大问题，设计相关规章制度，促进高校高新技术产业化。产学研管理委员会的人员组成以高校为主，同时吸引社会层面，包括区域外其他高校、政府及企业等人员参与。委员会下设产学研管理办公室，具体负责实施委员会的决议和在校企合作中的信息收集与发布等日常管理工作。

产学研管理委员会或包含企业代表的理事会（董事会）作为校企沟通平台，专门对接企业，促进校企文化融合，包括根据企业需求调整专业和课程，促进校企共赢。高校社会服务功能的发挥要求高校了解社会需求、企业需求，并根据社会需求和企业需求培养合格人才和创新人才，而高校人才培养的重要途径就是专业和课程的设置。随着新技术层出不穷，高校的专业和课程总在不断调整，不仅需要满足社会对高新技术人才的需求，而且要满足企业对创新人才的需求。校企合作中高校专业和课程与企业生产领域的对接与校企文化融合相辅相成。校企文化融合得好，有利于高校和企业就相关领域技术创新达成共识，有利于合作过程的相互理解。同一个领域研究和工作的人员之间，即使分属不同类型的组织，但由于其所从事工作内容的一致和类似，他们自然就会有一种熟悉感和亲近感。而高校专业和课程与企业生产一致，本身就成了校企文化进一步融合的重要组成部分。

5. 促进高校与企业产业直接对接

建议搭建京津冀科技公共服务平台，帮助大学和科研机构及时向企业公布最新的研究成果；建立产业专业技术协会，引导企业提供资金，吸引大学和科研机构参与科技项目的合作。①搭建京津冀科技公共服务平台，可以为高校和企业产业直接对接提供良好契机。京津冀科技公共服务平台可以是集中高校科技进展和企业产业需求的信息交汇平台、咨询平台和联络平台。这个平台首先要鼓励科技研发能力强的高校发挥自身的优势，积极主动并及时向企业公布最新的研究成果，主动寻求与企业就相关领域展开合作的机会，与企业产业直接对接，是促进校企结合的重要途径。同时给企业提供密切关注所处领域最新科研成果的机会，以便于企业对与自身相契合的项目及时提供资金，吸引大学和科研机构参与科技项目的合作。②通过建立产业专业技术协会，引导企业提供资金，吸引大学和科研机构参与科技项目的合作，将高校与企业聚集到共同的研发生产中，有利于发挥各自优势，弥补不足。在高校和科研单位中，善经营的复合型技术人才奇缺；对企业来说，关键是缺乏知识面广、创新能力强的科技开发型人才。高校与企业双方借用京津冀科技公共服务平台在科技人才交流上打破界限将有利于双方的共同发展。产业专业技术协会能够在高校与企业产业直接对接中起到枢纽作用，既发现产业的需求，又在大学和科研机构中寻求满足这种需求的科技研发，同时还可以及时地发现问题，调动相关人员讨论和分析问题，从而促进高校和企业产业有效对接。③在京津冀科技公共服务平台和产业专业协会的协调下，企业和高校、科技单位还可以双向定期租用、借调、互换技术人员，也可以联合组建攻关组，就某一项目或课题合作研究并投入生产。这种有计划、有目的的人才交流要比科研人员自己"下海"，或被企业挖走更有利于知识产权的保护和人才的长期培养使用。这种人才交流方式也应在科研单位之间、科研与设计部门之间、科研单位与高校之间进行。为鼓励科技人才双向交流，应制定相应的政策，如流动期间，有关人员在原单位的福利待遇不变；设立奖励基金等。④加强高校与企业直接对接，企业是龙头，研究是支撑，机制是保障。抓住科技成果迅速转化为现实生产力这个关键，逐步构建以市场需求为导向，以企业为主体，高校发挥主动作用，国家出台相关政策引导的，以现代企业制度为规范的新型校企紧密结合模式和可进可退的运行机制，有利于大力推进高校与企业合作的广度和深度。⑤可将校企结合纳入高校考核体系和企业产业研发考核体系，在高校评价及相关教师考核体系和在企业产业人员考核体系中，均把校企合作进行的科技创新、专利的拥有及每年从企业获得的资金支持作为重要内容，引导高等院校以多种形式与企业直接对接。

6. 优化京津冀产学研项目管理

建议三地政府以牵头大项目为引导，建立跨地区产学研深度合作平台，健全投入项目管理协作机制，共同组织项目协作管理；设立区域内产学研合作专项基金，用于重点支持区域内产学研合作项目；建立科技中介服务平台和知识产权交易平台。

项目管理有利于在一定时间段内集中资金、人才等资源，把主要精力放在重点发展领域，以取得重要成果。其相对于规章制度的优点是灵活机动，便于探索问题，尝试新途径、新方法，有利于对问题的各个击破，也可以避免在采取新的举措时因考虑不周而出现较大失误。项目管理既可以和规章制度同时存在，相互补充，又可以先行进行项目管理，然后把项目管理中取得的经验固定下来制定为规章制度。

三地政府以牵头大项目为引导，有利于三地在统筹规划的基础上，充分发挥优势资源，构建跨地区产学研深度合作平台。由于京津冀教育协同发展是一种崭新的实践，牵头大项目既可以就优先考虑的突出问题展开先行攻关，也为以后长期的协同发展和规章制度的设计获得经验，打下基础。

在跨地区产学研深度合作平台中，投入协作机制十分关键，是项目开展和持续的必要条件；项目协作管理机制则是促进项目推进的保证，必须构建相应的不同层级的项目组织机构，以协调工作进展；在大项目下，合作平台的专项基金是保证大项目中关键领域子合作项目深度和持续合作的必要条件，可以用于大项目下重点支持的领域。

在优化京津冀产学研项目管理中，建立科技中介服务平台和知识产权交易平台对跨地区产学研深度合作十分重要。专门的中介服务和知识产权交易平台对于研究和产业信息了解较为专业和全面，熟悉其中的具体操作过程，是重要的枢纽环节，可以有效减少科研人员和产业人员在繁杂琐碎事务性事情上的时间，使他们专注于专业工作。

另外，项目管理中项目的目标设计、预期成果、定期汇报、中期检查和最后的评估是保障项目持续有效推进的重要手段。

7. 共建区域产学研深度合作协同创新平台

建议京津冀三地政府联合设置专项，共建一批京津冀产学研协同创新中心，争取在一些国际科技前沿、涉及国家和三地经济社会发展的重点领域，持续取得重大突破和重要标志性成果。

目前，京津冀三地不少部门已经设立了京津冀协同创新中心或者京津冀教育协同发展研究院等专门机构，但是这些部门设立的京津冀协同发展中心或者研究院多是由一个组织单独设立。例如北京某大学设立京津冀教育协同发展研究院，尽管其中可能会邀请河北省和天津市的专家学者作为顾问或者学术委员会成员，但是这只是大学、研究院所之间的一种相对松散的合作，资金有限，也难以进行十分具体的分工和明确的任务划分，也不存在上下级关系；作为研究机构或者智库可以产生重要的作用，但是在推动实践进展方面尚显不够。目前，大学、研究院所成立的京津冀协同创新中心较多，但和企业之间共同成立的产学研协同创新中心尚不多见，也就是说，目前来看，企业参与有限。

与一地某个单独的组织成立中心难以克服资金有限、人员调动能力有限和企业参与有限等问题相比，由京津冀三地政府联合设置专项共建的一批京津冀产学研协同创新中心，在多个方面具有显著作用。第一，最明显的作用是其具有强大的号召力和推动力，而且可以为专项的实施提供诸如用地、制度等很多便利；第二，资金将相对充足，可以调动多方面的资源用于京津冀产学研协同创新中心的发展壮大；第三，有利于有效地联合企业参与，为学生提供实习基地，为科研和创新提供探索问题的契机，也为企业注入活力和后备力量；第四，产学研协同创新平台可以集中优势力量探索攻关，及时了解企业实践和寻找创新的突破口，有利于在一些国际科技前沿领域取得突破性进展；第五，三地政府联合设置专项共建产学研平台还有利于在涉及国家和三地经济社会发展的重点领域，加强队伍建设、抓准科研和实验探索主攻方向，持续取得重大突破和重要标志性成果；第六，专项共建京津冀产学研协同创新中心的设置要求具有明确的任务、负责人员、具体的攻关目标、完成任务的期限和阶段性成果，不仅重视最初的专项启动，还重视中期检查和后期评估，避免在京津冀协同发展方面只搭建框架或只改换机构的名称，不做实事这种表面现象。

8. 建设高水平大学研发成果转化高地

建议京津地区部属和市属高水平大学积极联手河北省的大学，探讨在河北省设立大学科技园、高技术产业园区和孵化基地等。

教学、科研和服务社会是大学的三大功能，而在科技发展突飞猛进的现代社会，大学服务社会的功能越来越彰显出其独有的作用，通过科研成果转化服务社会。在科技创新和推动产业发展领域方面，大学所做出的贡献已经无可替代。

因此，从全球范围看，高水平大学大多设立专门的成果转化机构，以此帮助专家学者将科研成果转化到生产领域。这样既为专家学者腾出了更多的时间用于科研，又有利于在短时间内将研究结果投入生产，转化为生产力。这不仅能够产生较高的经济效益，更能为社会提供更丰富的产品和更加便利的生活。

京津地区部属和市属高水平大学数量较多，学科齐全，可积极联手河北省的大学，组建专题团队，共同开展科研工作和成果转化工作，这在提高河北省大学的科研能力和在疏解首都人口方面都将具有重要的作用。河北省地域虽然广阔，但在河北省一些科技相对发达的城市设立大学科技园、高技术产业园区和孵化基地却有着得天独厚的条件，如紧邻北京和天津、地理位置临近、交通便利等。因此，把河北省建成成果转化中心，北京依旧可以保持研发中心的地位，而且这既有利于河北省的科技发展，又有利于把京津地区一部分大学的功能延伸到河北，使得一部分产业一开始就在河北产生和发展，从而疏解了首都非核心功能。

第六章 跨区域教育协同发展的理论思考

DI LIU ZHANG

KUAQUYU JIAOYU XIETONG FAZHAN DE LILUN SIKAO

从现在起到2020年，是我国国民经济和社会发展的第十三个规划时期，恰与社会主义现代化建设“三步走”蓝图中的第二步——全面建成小康社会目标时点一致。党的十八大和十八届三中、五中全会对全面建成小康社会决胜阶段的教育改革发展作出新的重大战略部署，必须坚持“四个全面”战略布局，“坚持创新发展、协调发展、绿色发展、开放发展、共享发展”，将五大发展理念融贯经济建设、政治建设、文化建设、社会建设、生态文明建设“五位一体”总布局之中。这些目标任务的实现，都需要“人民思想道德素质、科学文化素质、健康素质明显提高”，都需要进一步发挥我国人力资本丰富的优势，才能为如期实现“两个一百年”奋斗目标、实现中华民族伟大复兴的中国梦奠定更加坚实的基础。

习近平总书记在2013年联合国“教育第一”全球倡议行动一周年纪念活动上发表视频贺词：“教育是人类传承文明和知识、培养年轻一代、创造美好生活的根本途径。”“努力发展全民教育、终身教育，建设学习型社会，努力让每个孩子享有受教育的机会，努力让13亿人民享有更好更公平的教育，获得发展自身、奉献社会、造福人民的能力。”① 也就是说，21世纪中国人的教育，应该是更有质量、更加公平、更为有用、更可持续的教育。

①习近平主席在联合国“教育第一”全球倡议行动一周年纪念活动上发表视频贺词　努力让13亿人民享有更好更公平的教育［N］. 新华社 2013－09－27.

党的十八届三中、五中全会围绕多方位缩小区域、城乡、校际差距，推进基本公共服务均等化、创新公共服务提供方式、强化产学研协同创新等方面，作出新的重要战略部署，为区域教育改革发展指明了前进方向。[①]本章基于京津冀地区教育协同发展的主要案例，试图从公共政策所界定的服务分类出发，探讨跨区域教育协同发展总体思路，在梳理京津冀教育协同发展需要注意的重点方略的基础上，对跨区域教育协同发展政策执行的综合模式作出分析。

①中共中央关于全面深化改革若干重大问题的决定（2013 年 11 月 12 日）[N].新华社 2013－11－15 电.

第一节　从服务分类探讨跨区域教育协同发展总体思路

教育和人力资源开发的最大外部影响因素，是社会不同阶层需求多样化，从而势必导致服务供给模式的进一步分化。综观京津冀三地教育与人力资源开发的宏观状况，河北基础条件显得较弱，但也有长项；京津两地基本上呈现各有所长、适度错位竞争的态势。面对2020年乃至更长一段时期内京津冀教育协同发展的形势，可从服务分类角度来探讨总体思路的可能选择。①

一、现代社会中的服务属性分化特点

关于现代社会中的服务属性，世界银行长期倾向于“两分法”，也就是“公共服务”与“非公共服务”，认为“政府在服务提供方面有三种干预工具，即监管、付费和直接提供，它们分别适用于不同种类的市场失灵”②。在改革开放前的计划经济体制下，我国社会领域包括教育几乎没有非公共服务生存空间，改革开放以来较长时间里，我国政府对服务曾沿用“两分法”，允许非公共服务作为公共服务的补充，满足社会逐渐分化的需求。进入新世纪以来，立足基本国情的公共服务及其政策领域研究出现系列成果，并逐渐在政府决策层和社会各界中形成较大共识。特别是国民经济和社会发展“十一五”和“十二五”两轮规划纲要相继明确了采取“三分法”的政策涵义，就是将公共服务再分为基本和非基本两类，确认了两类公共服务的运作模式及其相关政策导向。“三分法”的基本思路主要是：

（1）基本公共服务作为纯公共产品，具有纯公益性、准公益性、非排他性，多由公共财政全额负担，免费或基本免费提供，主要通过公办机构提供，如义务教育、特殊教育等。

（2）非基本公共服务作为准公共产品，具有半公益性、非营利性、部分排他性，由公共财政进行资助、补贴或选择重点购买，通过公办或非营利民办的方式提供，保持低收费水平，受益者分担适当成本，政府还要对困难群体接受非基本公共服务予以重点资助及补贴，鼓励社会资本参与提供服务，如公办非义务教育、非营利民办教育等。

（3）非公共服务作为私人产品，具有营利性、微营利性、排他性，财政不直接介入，可能会有表彰奖励性的支持，政府应营造良好市场秩序和环境，吸引民间资本进

① 张力．教育强国战略（国家发展战略研究丛书）［M］．北京：学习出版社，海口：海南出版社，2012.

② 世界银行．关于探索中国事业单位改革战略的报告［R］．北京：2005.

入和经营、按成本或超成本收费并自主定价，允许营利运作和非营利运作，提供多样性服务，可有多样化选择，如营利性教育培训。

对此，党的十八届三中全会文件首次确认教育服务业领域有序开放①，党的十八届五中全会文件首次提出“鼓励社会力量和民间资本提供多样化教育服务”。也就是说从纯公益到纯营利教育之间有个“光谱”，中间可能有准公益、半公益、非营利、准营利的教育。而且，党的十八届五中全会文件强调，在增加公共服务供给的基础上，创新公共服务提供方式，“能由政府购买服务提供的，政府不再直接承办；能由政府和社会资本合作提供的，广泛吸引社会资本参与”②。各级政府及其不同行政部门，将逐渐不再看重提供服务的机构类型，而是看重只要提供这类服务，就施行有差异化的资助、补贴、购买的政策。随着法律法规的健全，多样化教育服务将呈现融合、竞争、混业经营的新业态。

与此相关，世界银行一份报告从简化的供需关系出发，提出了“长线与短线”服务供需模型。③也就是在政府、公民客户、服务提供者三者之间，如果客户通过选举、纳税把服务需求提给政府，政府再通过拨款、审批、委托、购买服务等契约方式传递给服务提供者，而服务提供者负责向公民客户服务，可称为“长线需求供给”。此外，还有些“短线需求供给”存在，就是由公民客户端直接向服务提供者提出需求，服务提供者不经过政府直接提供服务。相应地，基本公共服务体现为长线供需关系，非基本公共服务兼有长线与短线供需的多重特点，非公共服务按短线供需关系运作。

随着我国政府实施权力清单和市场准入负面清单制度，政府最为刚性的权责，势必要在保证基本公共教育服务均等化方面全面依法负责。如果条件具备，政府可对非基本公共教育服务给予更多支持，生均预算事业费将是个重要标志。如果条件再好一些，政府不仅对非公共教育服务市场运作实施公平有效的规则监督，而且视情予以补贴或奖励。相应地，不同地区的学校教育体系必然面对巨大的创新变革压力，基于本地区经济社会发展环境需求和促进人的全面发展需要，在学科专业为本位、社会岗位群为本位、个性化需求为本位方面，因地制宜地选择创新人才培养机制的有效途径。

二、基于教育服务“三分法”的对策举措设想

实际上，在教育领域中，政府财力和居民支付能力关系远比其他社会事业领域复杂，有时服务界限并不十分清晰。京津冀教育协同发展，应该充分考虑教育服务属性分化后供需关系显著变化的格局。

（1）在基本公共教育服务领域，主要是在义务教育高位均衡发展的框架下，随着

---

① 中共中央关于全面深化改革若干重大问题的决定（2013 年 11 月 12 日）［N］．新华社 2013－11－15 电．

② 中共中央关于制定国民经济和社会发展第十三个五年规划的建议（2015 年 10 月 29 日中国共产党第十八届中央委员会第五次全体会议通过）［N］．新华社 2015－11－03 电．

③ 世界银行．2004 年世界发展报告：让服务惠及穷人［M］．北京：中国财经出版社，2004.

师资、信息、管理等资源质量逐渐提升，三地应抓紧形成促进分享的长效机制，拓展三地平等交流与多方合作的空间；持续推进骨干教师“手拉手”、师资轮训等合作交流项目；联合开展义务教育专项督导，组织教育教学质量领域的合作研究与监测活动。

以上对策举措面临的主要问题是，此类教育服务的本地属性刚性很强，不易展开跨地区深度合作，需要京津政府和教育系统做好帮扶河北的必要准备。

（2）在非基本公共教育服务领域，关键是找到各方利益汇合点，可以通过政府创设有利政策条件、学校分类寻求协作伙伴、吸引行业企业各方力量参与等多种方式，从易到难，渐进式推展。

在职业教育领域，可以探索跨地区同行业集团化办学模式，在产教融合、校企合作方面打破地区界限，在不同地区产业互补链环上，对有些相同或共性程度大的专业，形成区域内模块教学方式开发以及实习实训环节贯通的培养方式。

在高等教育领域，要积极开展产学研协同创新，这在政策层面上已不受地域局限，需要重视和加强项目成果转化为现实生产力的环节衔接，在形成跨地区可持续发展的制度机制上增进协商，寻求三地高技术、低能耗、低污染、收益稳定的产业增长点或生产链。如中药产业，河北是重要中药材产地和集散地，北京有全国乃至世界最高水平的中医药高校和科研院所，天津中药产业实力十分厚实，因此三方在建立协同创新战略联盟上颇具潜力。

在终身学习领域，参考欧盟十几国建立学分累计转移认证体系（ECTS）、开发有利于学生、教师及研究人员区域内流动制度的经验，建议京津冀可针对普通（本科）高校、高职、成人高校的学分认可转换制度先试先行，首先区域内各自设置本地高校学分互认联盟，然后向区域外其他联盟延展，最终形成京津冀的学分认可转换制度框架，为三地主要劳动年龄人口特别是从业人员创设终身学习发展的有利条件。

以上对策举措面临的主要问题是，各地财政支持和居民分担成本的能力及愿望参差不齐，需要找到合适的切入点，各地学校的现实关切、行业企业发展思路均有所不同，需要基于利益相关方契约协议，集小成于大成，分步实施。

（3）在非公共教育服务领域，主体应是部分非营利性机构（如民办学校和教育机构）和多数营利性机构，要摸清三地教育培训态势的底数，整治理顺非学历教育培训市场，注意用好现代信息技术手段，整合学习者个性化和碎片化的学习行为。比如，义务教育均衡发展政策措施到位后，面向社会上部分高度个性化的选择性需求，公办学校所让开的空间应由民办学校填充并形成规范格局，建议三地可以联手形成教育培训行业监管的基本标准和有效方式，促进此类教育服务的制度规则公平。

以上对策举措面临的主要问题是，一个区域内不同行政部门还存在多头管理、职责不清、相互推诿的现象。有些地区乱象丛生、久疏治理，教育培训市场秩序无章、诚信缺失，有些问题是政府部门有意绕开承担责任所致，需要三地政府统筹协调职能转变进程，在地方政府权力清单中对非公共服务监管权责予以厘清，并对非公共服务供给方施行负面清单制度，使非公共教育服务尽快步入法制化轨道。

综上所述，本课题组认为，在推进跨区域特别是京津冀地区教育协同发展的进程中，有必要坚持“两个分推进原则”：一是分阶段推进，就是根据跨区域教育协同发展的总体要求，设置短期、中期、长期的目标任务；二是分类型推进，就是寻求并锁定各方共同利益点，共同设计重点环节，先行推展容易实施的部分，然后再逐步拓展。

第二节 京津冀教育协同发展需要注意的重点方略

京津冀教育协同发展是京津冀协同发展这一国家战略的重要组成部分，也是深化教育领域综合改革的重要组成部分，其意义对于京津冀三地教育发展极其重大。因而京津冀教育协同发展必然是一系列教育政策不断出台和得到落实的过程，在这个过程中往往会出现政策的延续、废止和调整，而一定时期内教育政策的废止和调整不可过于频繁，所以需要强调政策制定的科学化和政策执行的因地制宜，政策的颁布和落实渐次推进。同时京津冀教育协同发展过程又是不同主体各自发挥独特作用的过程，在这个过程中，不同的主体需要有明确的功能定位，要清晰权力和职责，同时又相互协调，优势互补。京津冀教育协同发展牵涉复杂多样的各类组织和各种社会关系，这些组织之间需要不断磨合才能有效协同发展，形成协调的、稳定的良好关系，不可能在短时间内就一蹴而就。京津冀教育协同发展要实现理想的目标，需要分阶段逐步实现，而每个阶段不仅要有规划的目标、任务，还要设计好实现目标和完成任务的途径。尽管这些目标和任务以及途径还需要根据实践检验的结果进行调整，但是总体而言，协同发展的方向不变，持续取得进展不变。各参与主体需要在各阶段满怀信心，并倾力参与，为京津冀教育协同发展做出贡献。

一、京津冀教育协同发展政策需要因地制宜和渐次推进

从政策的视角看，京津冀教育协同发展涉及的组织类型十分复杂，各种组织协同发展的方式多样，因而政策需要因地制宜，以适合不同的协同发展类型。同时，协同发展的过程是一项长期、复杂的系统工程，需要根据进展状况进行不断地尝试和调整，及时发现问题，寻找突破口，具体情况具体分析，灵活处理，解决问题。

1. 京津冀教育协同发展政策需要因地制宜

京津冀教育协同发展过程会涉及各种类型的组织。不仅牵涉政府机构、各级各类学校、处于不同行业的各种类型的企业等不同性质和功能的组织，而且还牵涉需要新建的各种正式和非正式的管理机构和协调组织。政府机构是一种行政组织，强调上令下行，社会治理和发展经济是其主要目标；学校是一种专业组织，致力于专业发展，

知识和传授知识的技能以及社会服务的专业威望对组织成员具有重要的影响力量，人才培养、科学研究和社会服务是其主要目标；企业是一种生产性、营利性组织，生产效益和经济利益是衡量企业成败的关键指标。这三类组织目标不同、运行依靠的技术不同、权力行使方式有别、文化各异。即使在同一类组织中，有些是有着较长历史的知名组织，有些则是新建组织；有些发展势头旺盛，基础牢固，有些则面临种种挑战与困难。而且三地发展历史不同，地理位置不同，经济基础差距较大，传统优势产业各别，办学理念上也各有差别，导致三地即便是同类型的组织之间也多了许多不同与差别。

这些不同组织的教育协同发展方式多种多样。有些组织之间需要横向联合，如在三地同类型学校之间、学校和企业之间等；有些组织之间存在上下关系，如京津冀教育协同发展领导小组这种正式成立的管理机构，其作出的决策对于所辖领域内不同的组织机构具有统领作用；有的是同类型组织之间的合作，有的则是不同类型组织之间的合作；有的是同行业组织之间的合作，有的则是不同行业组织之间的合作；有的合作组织位居两地，有的则位居多地；有些组织之间采用紧密型的契约模式合作，有些组织之间采用松散型的自主模式合作，而政府为搭建教育协同发展平台而成立或者招标的组织则采用的是集中模式。

因而在京津冀教育协同发展过程中，政策的出台首先需要因地制宜。这主要体现在三个方面：首先，在政策出台方面，三地跨区域决策层主要出台宏观方向的指导性政策，给予原则性指示，三地地方决策层根据跨区域政策，设计本地可能给予的优惠政策和支持政策，而教育联盟、产业集团、产学研研究院、实习实训基地等协同发展过程中的合作组织则根据不同层级的政府政策制定规章制度，签订协议。即使是同类型的合作组织，由于其组织特点不同、组织文化各异、所处环境存在差别，也不应要求一刀切。只要有利于合作的顺利进展，有利于京津冀教育协同发展，同时又不造成其他负面影响，就应允许差别的存在，并根据具体情况制定具体政策和采取具体措施。其次，政策的出台还需要注意多项政策之间的关系。京津冀教育协同发展不仅需要三地不断出台有关各级教育方面的政策，也需要出台各级各类学校与地方政府、各类企业之间合作的政策，以及一些适用于教育领域的社会政策。多项政策同时运行期间，有时候其共同运作的作用在某个政策点上会远远超出单项政策运行的效果，致使出现政策过度现象，造成偏激影响；另一些时候存在不一致甚至冲突现象，造成执行组织和人员不知所措，难以确定遵照哪项政策执行；再一些时候不同政策共同作用则有可能存在相互制约现象，造成执行组织和人员在执行过程中唯唯诺诺、处处观望而不勇往直前。因此，在出台政策之际不仅要考察已有的教育政策，而且要关注现存的其他领域政策，详细分析要出台的政策条文与已有的政策条文之间的关系和可能带来的影响，以求政策能够真正发挥作用。

2. 京津冀教育协同发展政策需要渐次推进

京津冀教育协同发展过程是一种需要多种政策不断出台和有效执行的过程。首先，在执行一项教育政策的过程中，参与的组织和人员数量越多，关系越复杂，类型越多样，执行任务越新颖，执行的运行过程就越复杂，难度就越大。而京津冀教育协同发展过程正是这样一个牵扯诸多组织和领域，充斥着大量人员在不同地域、不同行业、不同类型组织之间流动的过程，其政策执行难度无疑大大增加。其次，尽管京津冀三地不同组织之间的零星合作早已有之，但是京津冀教育协同发展对于京津冀三地而言，是一种从未正式地、如此大规模地、全方位地展开的教育和行业产业改革实践，这无疑是一种全新的改革实践。再次，京津冀三地各种类型组织之间的合作实践是一个需要不断探索、不断试验和不断调整的过程，并没有现成的经验可以照搬过来。因此，京津冀教育协同发展过程中三地跨区域教育政策执行的环境是一个不断改革和变动的动态环境。

京津冀教育协同发展政策需要渐次推进。京津冀教育协同发展过程中复杂的组织和人员、全新的改革实践和动态的环境，不仅决定了在其运行过程中需要不断出台政策，而且决定了政策必须渐次出台和推进，不可以走激进、冒进道路。即前期的政策执行要能够为后期的政策执行奠定基础，前期的政策执行必须有利于后期政策的执行，前期的政策必须有效执行；政策的出台要以试验为先导，证明可行之后才可以推广到其他实践，上升为政策。

政策渐次推进的作用在于：第一，避免短时内因出台大量新政策而造成过多的新策略、新路径和新方式的匆忙尝试和与原有策略、路径和方式之间的冲突过于激烈，从而造成挫败感和不稳定感；第二，后期政策的出台建立在前期政策有效执行的基础上，有利于增加政府的可信度，增强改革先行者的成功感和勇气，可以促进改革者集中精力致力于主攻方向；第三，政策的出台以试验为先导，有利于避免不必要的大规模的失败和产生难以解决的问题，即使这种尝试没有成功，也不至于造成过大损失，容易调整和恢复；第四，有助于为实践者提供充裕的实践和宽松的环境及时总结经验、发现问题、寻找弥补过失的机会，为后来的试验提供经验和教训。

二、京津冀教育协同发展过程中各主体的权责划分

京津冀教育协同发展过程是一个多主体相互作用的过程，政府、学校和企业是京津冀教育协同发展的三重主体，需要各自发挥自己的作用，行使各自的权力，履行各自的职责。

1. 政府统筹监管

京津冀协同发展已上升到国家战略层面，政府将在其中发挥关键性作用。三地从省市到区县政府，都要坚持同责共赢的基本原则，牢固树立主体意识，有效行使政府权力，全面把关统筹、监督两项重任。统筹是三地省市级政府根据中央的总体部署合

作统筹功能定位，联手形成高层协调机制，共同研制教育协同发展规划和行动计划，向上承接作为顶层设计的宏观大政方针，向下统领作为实施细则的配套法规政策；区县级政府根据教育协同发展规划落实各个具体环节，详细制定合作指南，促进人才跨区流动和教育理念交流。监督是指三地政府共同以保障京津冀教育协同发展进程为出发点和落脚点，在尊重市场规律、灵活运用市场机制的同时，引导学校、科研机构、行业企业、社会组织等积极参与，约束京津冀协同发展进程的其他参与群体，使其按照法律、法规、政策规范行事，评估政策措施实施成效，并依据监测报告动态调整统筹协调。

三地政府教育行政部门在京津冀教育协同发展过程中，不仅要与兄弟省市协调好协同发展工作细则，而且要对所辖范围内不同地理位置的教育发展情况、优势领域和薄弱环节等了如指掌，指导、统筹、协调所辖范围内各级各类教育组织，合理分配教育资源，注重在三地合作中为不同的教育组织之间的合作牵线搭桥，提供各种平台。

2. 学校创新落实

学校是京津冀教育协同发展过程的重要实践者，在切实落实教育协同发展战略规划和创新发展教育协同发展体制机制方面发挥着重要的作用。无论是高等教育、职业教育，还是基础教育，三地教育机构均需要在人才培养体制、考试招生制度和现代学校建设等方面有所变革和创新。

基础教育层面，三地学校应充分探索校际帮扶、师资帮扶的创新路径，在学校发展、教学管理、教师培训、学生培养等方面开展深入的校际合作，明确两市支持一省的帮扶权责，多渠道提升河北省落后地区的师资水平和基础教育发展水平。

职业教育层面，三地学校应通过成立职业教育联盟和职业教育集团，协同开展跨省市校际合作，联合推进三地统一标准、学分互认、异地升学；根据京津冀教育协同发展规划的功能定位发展优势学科，探索校企合作新模式，充分利用行业协会，有效促进职业教育产教融合。

高等教育层面，三地学校应大力推进校际合作，充分利用京津大量优质高校聚集的优势，推进建设信息资源共享和人才培养平台；通过联合成立创新联盟促进产学研深度合作，落实现代高等教育在高科技上成果转化、社会服务和人才培养三位一体的价值定位。

3. 企业积极参与

京津冀教育协同发展是适应产业调整新需求的综合性任务，因此行业企业参与对调整产业结构，有序疏解首都人口有着深刻而重要的影响。京津冀教育协同发展为三地企业带来了重大的发展机遇，三地企业必须强化自身的主体意识，积极参与到京津冀教育协同发展的进程中。

第一，企业要承担社会责任，参与筹措京津冀教育协同发展社会资金。第二，在合法规范的前提下开展民办教育企业试点，以达到疏解北京市教育过度集中的目的。

第三，要顺应科技发展和产业调整的新形势，积极加入职业教育产教融合生态系统，参与建设和发展行业协会，支持实训实习基地建设，推进区域—行业—学校联动。第四，要参与高等教育产学研生态系统，积极吸收并转化高校优秀的科研成果，与科技研发能力强的优质高校共同成立产业孵化基地，通过高校人才引领企业技术革新，不断推出新产品，并积极向全社会扩散。第五，企业家要积极参与产学研管理委员会，设置专业部门对接高校技术转化，促进企业文化融合，实现高校与企业共赢。

三、京津冀教育协同发展过程的分阶段目标落实

京津冀教育协同发展伴随着京津冀各个领域的协同发展，因此，教育协同发展的阶段划分与阶段目标必然与京津冀整体协同发展相一致。

1.《京津冀协同发展规划纲要》的阶段目标

2015 年《京津冀协同发展规划纲要》的颁布及一系列相关政策的出台，标志着这一重大国家战略的正式实施。纲要规定，近期到 2017 年，有序疏解北京非首都功能取得明显进展，在符合协同发展目标且现实急需、具备条件、取得共识的交通一体化、生态环境保护、产业升级转移等重点领域率先取得突破，深化改革、创新驱动、试点示范有序推进，协同发展取得显著成效。

中期到 2020 年，北京市常住人口控制在 2300 万人以内，北京“大城市病”等突出问题得到缓解；区域一体化交通网络基本形成，生态环境质量得到有效改善，产业联动发展取得重大进展；公共服务共建共享取得积极成效，协同发展机制有效运转，区域内发展差距趋于缩小，初步形成京津冀协同发展、互利共赢新局面。

远期到 2030 年，首都核心功能更加优化，京津冀区域一体化格局基本形成，区域经济结构更加合理，生态环境质量总体良好，公共服务水平趋于均衡，成为具有较强国际竞争力和影响力的重要区域，在引领和支撑全国经济社会发展中发挥更大作用。

京津冀协同发展三个阶段发展目标的确定既标志着三地协同发展的方向，也决定着从近期、中期、长期协同发展需要落实的步骤与务须达到的成果。教育协同发展作为战略实施中的重要一环，也需要与上述目标一致，分阶段推进三地教育协同发展过程。

2. 京津冀教育协同发展的阶段特征

2017 年之前的近期阶段，是京津冀教育协同发展的启动、倡导和试验阶段。在启动和倡导同时进行的情况下，三地展开不同模式、不同路径的各种协同试验。这个阶段是不断借鉴以往的经验、外地的经验甚至国外的经验，尝试新的协同途径的阶段，可能会有弯路，有失误，有调整，也一定会有进展和成功。随着交通一体化和产业升级转移等取得突破性进展，三地各级各类教育的协同发展已经能够从先期试验中取得了较为成熟的经验，协同发展的框架基本搭建完毕，包括基础教育的帮扶落实制度基本确定、帮扶模式基本建立、帮扶的重点领域已经十分明晰；三地职业教育的产教融

合开始在先期探索的基础上，产生协同发展的共识，对职业教育的布局结构调整已经有了相对完备的规划；三地高等教育的产学研结合已经初具规模，初现成效。

2017—2020 年的中期阶段，是京津冀教育协同发展的全面展开阶段，并在大城市病的疏解方面取得初步成效。该阶段应该以近期目标的实现程度为基础，对于先行先试证明切实可行的政策举措、路径、模式等，可以逐渐上升为不同领域的具体政策，确定为协同发展的基本制度；对于成功的经验、管理模式和协同发展路径，可以大范围地推广并根据不同组织的实际情况作出适当调整。即在中期阶段，协同发展全面展开，协同框架已经基本全面搭建起来，各种有利于协同发展的诸如人才库建设、各种信息平台、远程服务平台等已经建立，三地各级各类教育组织以及教育与其他行业产业的合作等，都已经步入正轨，协同发展取得了较大成效。三地基础教育有了较为充沛的资金支持，师资队伍建设取得明显成效，接续教育政策得以落实，帮扶的流动人才不再为子女的教育问题而担心；职业教育产教融合涌现出典型的模式，多数产教融合找到了适合自己的途径；高等教育的产学研结合不仅取得了成功的经验，而且在一些领域已经为社会发展做出贡献。

2020—2030 年的远期阶段，是京津冀教育协同发展格局基本形成的阶段。在这个阶段，大城市病基本解除，教育协同发展在为首都核心功能优化方面做出了突出的贡献，并且京津冀区域教育发展具有了一定的国际影响力。该阶段各级各类教育协同发展的模式、路径均已成熟，产教融合取得突出进展，产学研结合成为常态，京津冀教育协同发展为流动人才的子女入学解除了后顾之忧，职业教育和高等教育为社会发展提供了合格的技术人才和研发人才，促进了行业产业的发展。京津冀教育发展浑然一盘棋。

3. **京津冀教育协同发展要依据不同阶段教育属性区别对待**

由于各级各类教育的属性和特点不同，在京津冀协同发展中的任务和策略也不同。

基础教育作为基本公共教育服务，在京津冀协同发展中发挥着基础作用。然而三地基础教育资源分布却不平衡，因此基础课程设计的协同发展、三地基础教育资源与服务的供给平衡在近期阶段就十分重要。

职业教育作为与经济社会发展较为紧密，在协同发展中承担着为经济结构调整与产业升级培养高素质技能人才的重要作用。因此，职业教育应在适应三地产业结构动态调整，协同发展与创新职业人才培养，重视利用现代技术手段，并发挥多方主体主动性，共同制定策略，推动职业教育的协同发展和人力资源积累中发挥更大的作用。三地职业教育的协同发展并不要求三地均衡发展，而更注重与产业相协调，布局优化，要求在中期阶段就能够形成布局合理，并与三地行业企业相融通的局面。

高等教育作为推动社会创新和社会发展的重要动力，在京津冀协同发展中扮演着关键角色。相比基础教育，高等教育具有相对较高的自由性和开放性；相比职业教育，高等教育更具学术性。同时鉴于高等教育需要历史积淀的特性，高等教育在三地的不均衡分布特点，北京天津高等教育在中期阶段会逐步扩大其在河北省的辐射作用，在多地建立了分校或者分院，并形成三地各种高等教育与企业的联盟、集团等。在远期阶段，各种联合招生制度、合作培养制度等制度的成功实施将使京津冀高等教育入学和培养更为公平。

最后，教育功能的疏解不是孤立运作的，教育资源的优化配置以及更好地服务城市社会经济发展不仅需要土地、财政、办学、管理等一系列的配套政策的引导与支撑，而且需要其他社会公共服务部门相关政策、制度、管理的改革与改善，以及相关公共服务措施的落实与完善。因此，京津冀教育协同发展进程不仅要依托《京津冀协同规划纲要》，也要参考其他部门的规划纲要，并在制定与实施中建立沟通协同机制，以促进合作协议的达成和共同目标的推进。

第三节 跨区域教育协同发展政策执行的综合模式分析

2015 年 4 月 30 日，中央政治局会议审议通过的《京津冀协同发展规划纲要》明确提出，推动京津冀协同发展是一个重大国家战略，核心是有序疏解北京非首都功能，调整经济结构和空间结构。[①]通过“严控增量、疏解存量、疏堵结合”控制常住人口规模是有序疏解非首都功能的重要策略。非首都功能疏解与人口控制背景下的京津冀跨区域人口流动对流入地基础教育发展水平的提高提出了刚性需求；经济结构和空间结构在京津冀三地的调整将形成新的劳动力需求结构，对三地职业教育产教融合、高等教育产学研结合和三地协同开展人才培养提出了要求。

京津冀教育协同发展，从政策角度看有三个显著特点：第一，涉及多个区域。它是一种跨越北京市、天津市和河北省三个区域的教育政策，是一种跨区域的教育政策，有别于仅在某一省域或市域执行的教育政策，执行人员在执行政策时难免更多地关注自己省域或者市域的利益。第二，体现教育为经济社会发展服务的功能。它是一种为了配合京津冀协同发展、有序疏解北京非首都功能而采取的教育政策，是一种多方位配套的教育政策，不仅指京津冀三地之间的教育协同发展，还指教育协同发展与人口流动、产业布局、产业结构升级之间的协调发展。第三，需要不同地区之间不断协商。它是一种协同发展政策。目前，京津冀三地虽已成立由各种教育组织、企业组织等跨区域合作形成的教育协同发展组织，以促进京津冀教育协同发展，但是三地依然不是一个统一的整体，需要不断通过协议、联席会议等协商机制推进协同发展。因此京津

① 京津冀协同发展规划纲要获通过［N］. 人民网. 2015－05－01.

冀教育协同发展政策过程必定是一项极其复杂的系统工程，远比在一个区域、仅考虑教育本身的教育政策执行要复杂得多，其执行根本无法用单一的教育政策的特点来分析和描述。

因此，京津冀教育协同发展政策执行模式必然涵盖多种教育政策执行模式的特征。本研究认同美国政策学者埃尔默（Richard F. Elmore）关于“组织的知识是政策执行过程研究的基础”① 的观点，对于教育政策执行模式的研究主要以政府、学校等与教育相关的不同社会组织为分析单元展开。政策的社会构建视角“将政策看作是发生在一定的环境当中由参与者所构造和维续的东西”②，而这些不同社会组织正是京津冀教育协同发展政策执行的参与者，正是这些不同的社会组织及其人员决定了执行的结果和效果。以往研究发现，无论从执行组织的不同层面分析，还是从推进方式、利益相关者、主要推动者和推进特征等维度分析，不同类型和特征的教育政策有不同的执行模式；从政府行政组织层面分析，有整体推进模式③、阶段转换模式④；从政府与学校、企业等组织间的关系层面分析，有自主模式和竞争模式⑤；从某个单个的京津冀跨区域教育协同组织层面分析，有集体协作模式和个体绩效模式⑥。而所有这些执行模式都贯穿在京津冀教育协同发展政策执行过程之中，这里称其为教育政策执行的综合模式。

一、政府行政组织层面

从政府层面分析，京津冀教育协同发展政策在执行的初期阶段具有整体推进模式的特征，整个过程则具有阶段转换模式的特征。

1. 跨区域教育协同发展政策执行的整体推进模式特征

教育政策执行整体推进模式的基础是自上而下的教育政策执行体制，内涵特征表现为精英主义和因地制宜，优势在于能够发挥精英的力量，缺陷主要表现为利益平衡问题。

从推进方式的维度看，京津冀教育协同发展政策在初期阶段采用的是一种自上而下的推进方式。京津冀协同发展是一项国家战略决策，与其相应的京津冀教育协同发展政策从中央发布的决策部署，通过京津冀三省市的进一步政策条文的颁布，直到区县政府政策措施的实施，以及各种京津冀教育协同发展组织的实际行动，自上而下贯

---

① Richard F. Elmore. Organizational Models of Social Program Implementation [J]. Public Policy, 1978 Spring; 26 (2): 185 - 228.

② ［英］H. K. 科尔巴奇. 政策［M］. 张毅，韩志明译，长春：吉林人民出版社，2005：6.

③ 李孔珍. 我国基础教育政策执行：整体推进模式［J］. 中国教育学刊，2010（11）：14 - 17.

④ 李孔珍. 高中新课程政策执行的方式选择：由激进到渐进——以北京市为例［J］. 课程教材教法，2012（9）：3 - 9.

⑤ 李孔珍，任虹. 县域基础教育政策执行：自主模式与竞争模式［J］. 首都师范大学学报（社会科学版），2013（6）：130 - 135.

⑥ 李孔珍. 义务教育绩效工资政策执行模式分析——基于学校组织变革的视角［J］. 中国教育学刊，2013（6）：28 - 31.

彻下来。当然，在《京津冀协同发展规划纲要》颁布之前，京津冀三省市早已存在零星的协同发展组织，例如跨越京津冀高校之间的合作、中小学之间的经验借鉴、高校校企合作和产学研结合等，但是这些协同不仅数量有限，而且基本处于自主状态，很少由不同层级的政府出面牵线搭桥促成，多是一种草根性的自发行为。伴随着《京津冀协同发展规划纲要》的颁布，京津冀教育协同发展已经不仅在不同学校层面的跨区域教育组织之间受到重视，更重要的是政府的号召和支持，并提供了更为宽松的政策环境和鼓励措施。京津冀三省市之间的跨区域教育协同发展组织原本数量有限，但经过政府自上而下的要求、宣传和政策颁布，京津冀三省市之间各种教育协同发展机构纷纷成立，各种联盟和校企结合开始呈现，声势之大、规模之大在京津冀前所未有，呈现出一派激进的推进态势。

在自发状态时，京津冀教育协同发展的利益相关者主要是各级各类学校、企业、行业。在整体推进模式下，京津冀教育协同发展的利益相关者不仅包括了已经和尚未开始的各级各类学校、企业、行业、迁移和流动人口，而且包括了中央政府、京津冀三省市政府、县级政府等政府部门。政府在京津冀教育协同发展过程中发挥着决定性的作用，是京津冀教育协同发展的主要推动者。正是因为有政府号令和政府政策支持，京津冀三地各级各类学校和企业行业等才更为积极地开始探索协同发展之路。同时，在京津冀教育协同发展过程中，各行各业的精英发挥着无可替代的作用，而政府部门的主要领导、各级各类学校的校级领导、重要的教育专家等在京津冀教育协同发展政策决策、宣传、协同发展方案的确定以及政策执行等方面都是主要的政策推进者。另外，各种媒体在政府宣传工作中也发挥着重要作用，不仅促进了社会对于京津冀教育协同发展的共识，而且报道着各种行动策略和经验，这既是对已经走出一条可行之路的教育协同发展组织的鼓励，也为更多的教育协同发展组织提供借鉴。

从推进特征的维度看，首先，整体推进模式的目标是自上而下、全方位地大力启动和推动政策执行。其次，整体推进的特征还表现在统一号令、因地制宜和相互借鉴方面，统一号令表现在三地都在按照中央审议通过的《京津冀协同发展规划纲要》，设计各自的方案和策略；因地制宜表现在各种不同类型的学校、企业等根据自己的需求和能够提供的支持，而采取不同的协同方式，例如契约模式、自主模式①等；相互借鉴则表现在京津冀三省市内部不同教育协同发展组织之间的借鉴，而且还借鉴长三角、国外等的经验，例如不少组织已经通过召开研讨会、经验介绍和进行实地观摩学习等相互学习借鉴。

2. 跨区域教育协同发展政策执行的阶段转换模式特征

教育政策执行阶段转换模式的特征表现为，在政策执行的初期阶段，政策由政府主导并大力推行，自上而下地推进，专家学者理论层承上启下积极运作，目标群体实

---

① 参见本书第二章“京津冀教育协同发展的管理模式”.

践层在基层采取具体行动探索。初期阶段的结果往往是执行者能够在理念上取得很大程度的共识，并且已经基本形成一定的执行框架和机制。虽然各执行组织执行的效果各别，但是总体而言，执行行动已经步入有序进展和成效明显状态。此时将进入执行的第二阶段，执行方式由初期阶段的“自上而下”为主，转换为以“自下而上”为主，政府提供政策支持，专家学者理论层积极支持，执行过程稳步推进，目标群体自下而上自主创新。

京津冀教育协同发展是京津冀协同发展的一种配套政策，它在初期阶段是国家权力自上而下推进的结果。但是随着京津冀教育全方位协同发展程度的加深，当协同发展完全处于一种遍地开花、取得明显效果而且从最初的搭建框架到后期深入协同的局面时，就不需要政府继续全力推进了，协同发展已经成为一种常态，学校已经能够为迁移和流动人口提供较为满意的教育，高校校企合作、产学研结合已经能够较好地为产业升级和结构调整提供所需人才，并且当首都非核心功能得到了一定程度疏解的时候，京津冀教育协同发展就进入阶段转换阶段，即第二阶段了。

在第二阶段，在推进方式上，自下而上的各种协同发展将持续进行，已经建构起来并且正在发挥作用的京津冀各种教育协同发展组织，例如京津冀师范大学联盟、京津冀跨区域教育集团等，将在已有经验的基础上不断探索和创新，主动致力于各方面的合作共赢。此时，已经不需要政府再不断发出各种号召，因为协同发展不仅在认识上而且在行动上都已经成为一种常态，而激进的推进方式也开始转变为渐进进展。

在第二阶段，主要的利益相关者既包括政府，又包括各种学校及与之合作的企业行业，但主要推动者已经不再是政府，而是学校、企业等协同发展组织。“决策层、理论层和实践层之间的协作关系表现为，以实践层的目标群体为主角开展实践探索；教育行政部门的决策层在收集充分信息的基础上，针对实际情况，因地制宜地给予政策支持；专家学者结合实际给予理论引导。”①

从推进特征上看，第一，阶段转换模式的目标是通过根据政策推进的进展情况适时调整行动策略，促进教育协同发展。第二，在京津冀教育协同发展政策推进达到一定程度时，阶段转换是其重要特征，政策推进方式将由“自上而下”转换为“自下而上”，由激进的初期推进转换为平稳的第二阶段渐进推进；主要推动者由三省市政府转换为京津冀三地基层的教育协同发展组织；对于如何协同发展的认识从最初的模糊和不明确转换到第二阶段的确定和明晰；目标群体的执行行动也由最初的犹豫和响应号召转换为第二阶段的主动探索和自发自愿；执行效果由最初的尝试、摸索等调整转换到初期阶段结束时的目标基本达成和成熟的执行框架及行动策略，再到第二阶段的经验分享和持续推进。

---

① 李孔珍．高中新课程政策执行的方式选择：由激进到渐进——以北京市为例［J］．课程教材教法，2012（9）：8.

二、政府、学校、企业等组织间关系层面

美国行政管理学者门泽尔（Donald C. Menzel）采用组织理论分析工具，构建了政策执行的组织间模型，认为执行的成功依赖于组织自身的选择，还依赖于其他组织的选择。[①] 组织间关系不同，政策执行方式就有区别。从京津冀三省市政府之间、政府与学校之间、校际之间、学校与企业之间、政府与企业之间，以及企业与企业之间的关系看，京津冀教育协同发展政策执行存在自主模式和竞争模式的特征。

1. 跨区域教育协同发展政策执行的自主模式特征

在京津冀教育协同发展政策执行过程中，在一些领域中的一些资源是面向所有执行组织的，例如机会、权利、资金等。在这种情况下，政策执行将体现出自主模式的特征。

从推进方式看，政府在自上而下的推进过程中，授权所有的学校、教育研究机构等教育组织自主采取措施组成京津冀教育协同发展组织，以促进京津冀教育协同发展。如前所述，在京津冀教育协同发展政策执行的初期，政府采用了自上而下的政策执行模式，即政策执行是从中央政府到省级政府，再到县级政府，再到政府所管辖的学校和教育研究机构等不同组织，是自上而下直线型推进指令。部属大学接受部委的号召，省属大学接受省级政府教育行政部门的指示，而基础教育阶段的学校组织则接受市教委（或省教育厅）和区教委的指示，以此开展各种协同发展活动。政府授权各级各类学校参与协同发展，而学校自身有充分的自主权选择自己合作的学校、企业甚至县级、省级政府，例如“一校对一县”模式或“一校对一省”模式[②]；并且学校也有权力去选择自己采用的合作模式和路径，例如契约模式或松散模式[③]、联盟或集团、局部合作或整体合作、选择校际帮扶模式或办分校形式或合作共建基地模式等。在这些选择面前，政府或许会牵线搭桥，但是在具体的合作协议方面，政府并不强行规定。即使是在某地政府与其他政府管辖的学校之间合作，学校也有很大的自主权提出自己的要求和想法。

自主模式的主要推动者既包括政府，也包括各种教育协同发展组织。政府出台政策，并为各种组织牵线搭桥以促进其协同发展；学校和企业等在具体协作方面享有充分的自主权，积极主动采取措施协同发展。政府的推动力度和京津冀教育协同发展组织的积极主动程度决定了政策执行的力度。京津冀教育协同发展组织由学校与其他学校或者社会组织组成，因此执行成败的关键一方面在于政府的推动政策是否到位，例如对学校的经费支持、对企业的优惠政策和协同发展水平是否纳入对官员的考核评价

---

① Donald C. Menzel. An Interorganizational Approach To Policy Implementation [J]. Public Administration Quarterly, 1987 (1): 11.

② 参见本书第二章“京津冀教育协同发展的管理模式”.

③ 同上.

机制等；另一方面在于京津冀教育协同发展组织的成员组织，包括学校、企业等，是否真正积极主动，或者说是否有动力积极主动。

从推进特征看，第一，无论政策推进的力度是大还是小，教育协同发展组织政策执行的效果显著还是微弱，教育协同发展组织的政策推进行动在目标上始终要和政府的政策立场保持一致。第二，政府的政策资源是面对所有执行组织的，政策资源按平均或依据统一标准分配，教育协同发展组织之间不必为争夺资源而竞争。所有政策执行组织均有权利参与执行，都被赋予同等的自由裁量权，都可以利用政策带来的利好信息采取执行行动。在政府与学校的关系之中，政府处于制定政策的地位，而学校和企业等社会组织主要处于执行政策地位，学校的主要领导和专家会可以在一定层面提出政策建议。第三，京津冀教育协同发展组织自主权较大，一方面表现在任何一所学校都可以与其他组织经过协商自由组成合作伙伴，即形成教育协同发展组织；另一方面，京津冀教育协同发展组织可以采用成员组织认可的任何合作方式。当然，这种自主执行权不是指学校或者其他社会组织脱离教育行政组织领导或者教育政策的要求而拥有某种特许权，而是指在政策要求的范围内，在接受教育行政组织的监督之下，在保证教育协同发展组织稳定发展的条件下，自主执行教育政策。第四，学校校际之间、学校与企业之间等存在多元互动的关系，学校与任何组织合作，都会采用协商、互动的方式，最终的协议以及协议方式都由合作方共同商定。

2. 跨区域教育协同发展政策执行的竞争模式特征

教育政策执行的竞争模式与自主模式相对，其特点表现为：在一些领域，由于资源有限，政府不可能给予每个组织均等的资源，一般只有符合政策标准要求的组织才有资格参与资源分配，为了争夺这些有限的资源，组织之间就会激烈竞争，最终由谁获得资源是竞争与妥协的结果。

从推进方式看，在京津冀教育协同发展政策执行竞争模式中，政府有时候会运用市场机制以推进执行的进展。例如在运用管理模式中的集中模式①时，政府在建设京津冀教育专家库或者教育信息平台中，可能会采取招标方式，这样在政府自上而下推进的同时，就夹杂了投标者自下而上的竞争行为。政府不是直接把经费拨付给某个社会组织，指定其建设某个平台，而是促使投标者经过竞争，取得建设平台的资格和权力。在竞争过程中，政府与投标组织之间是一种自上而下的推进关系，而不同投标组织之间则存在一种网络型的关系，既相互探听对方底细，又权衡自己的优势和问题，以争取获得机会资源。在获得建设平台的机会资源之后，中标组织既要与政府保持沟通，接受政府的监督和指示，又要了解平台所牵涉的其他社会组织的情况，与其他社会组织之间保持多维度的联系，以便更好地了解需求，使平台更好地为不同的组织服务。每个标期可能是3年，也可能是5年，还可能是项目的完成情况，在几年之内，完成

① 参见本书第二章“京津冀教育协同发展的管理模式”.

为止。而这个标期结束后，紧接着另一个标期开始。如此一来，投标者就总是处于竞争状态，而政府也总是在选取资质最高的投标者，以便保证信息平台建设的质量。

京津冀教育协同发展政策执行竞争模式中的利益相关者，除了政府、学校和企业等之外，还可能包括其他任何形式的民间组织，因为只要符合条件和标准的社会组织都可以投标，在竞争模式中，政策执行的主要推动者是政府和中标者。

从推进特征看，第一，竞争模式的目标是跨区域教育政策的整体发展，同时竞争模式追求的是效率，是资源的充分利用和重点利用。第二，政府的资源是重点分配的，不是普遍分配。政府在整个过程中依据一定的准则决定在什么项目管理上采用集中模式，准许投标者竞争资源。第三，从政府与投标组织和中标组织的关系看，政府处于决策地位，投标者主动争取执行机会。投标者可能众多，但中标者有限。投标者、中标者与政府的立场基本相同，就是建设好京津冀教育协同发展的平台。在这里，投标者之间存在一种竞争、冲突的关系，各自采用能动行为追求中标，以获得机会执行政策，也就是完成建设平台的任务；中标者可能会更多地考虑在完成任务的同时是否高效率，是否能够用最少的时间和资金建设到理想的标准。第四，政策执行的关键在于政府是否选好了中标者，是否监管到位、推动到位。

三、跨区域教育协同发展组织层面

京津冀教育协同发展政策执行的过程，事实上也是在京津冀其中一个区域内不同类型的学校组织跨区域与其他两个区域中政府、企业和学校等社会组织之间建立协同发展的跨区域组织，以达到教育协同发展的目标，配合疏解北京非首都功能的过程。跨区域教育协同发展组织的特点是跨越京津冀三地中至少两个区域，且每个跨区域组织中至少有一个组织是学校或者教育科研机构等教育组织。跨区域教育协同发展组织是京津冀教育协同发展过程中的基本分析单元。可以认为，没有这些跨区域教育协同发展组织就没有京津冀教育协同发展。从跨区域教育协同发展组织层面分析，京津冀教育协同发展政策执行存在集体协作模式和个体绩效模式等特征。

1. 跨区域教育协同发展政策执行的集体协作模式特征

在教育政策执行集体协作模式中，和谐与集体协作被看作是教育协同发展组织中每个成员组织的共同价值取向，追求稳定、避免冲突是一贯做法。因为只有和谐共处、避免冲突才能有效协作，才能稳定推进协同发展。

在推进方式上，跨区域教育协同发展组织中成员组织的教育协同发展过程是成员组织之间集体协作的过程，致力于全方位的协同发展。例如 2015 年 3 月北京的海淀实验小学、天津河西区平山道学校、唐山市路南区万达小学和石家庄市桥西区西雅小学四所学校签约形成的跨区域教育协同发展组织，就是一种整体的组织之间的全方位的协同，并不是只选择某个年级或者某个方面进行合作；再如，某所大学的某个学院与另一所大学的同学科学院构建的跨区域教育协同发展组织，是整个学院在与另一个学院合作。尽管这种合作不属于学校层面，只是大学的二级学院，但是对于整个二级学院而言，是在动用全部所能而展开协同发展，也属于整体组织的协同发展。集体协作协同方式存在正式的、官方的、制度层面的协同或者协调等，也存在非正式的、协同发展细节的和具体行动的协调。在成员组织之间，协商是最重要的沟通方式，是解决发展方向、协作领域和冲突的主要策略，不存在指挥与服从的关系。

在跨区域教育协同发展组织集体协作模式中，利益相关者主要是跨区域教育协同发展组织的成员组织，而这些成员组织也是主要政策执行的推动者。一般而言，跨区域教育协同发展组织的规模相对较小，仅由跨区域的两个以上组织组成，协同内容和任务清晰，目标明确，但是一般情况下并没有十分具体的效率标准和目标指标。

在推进特征上，第一，集体协作模式的目标，一是成立协同发展组织表明在用行动响应政府号召，与政府的价值取向一致，成员组织之间互通有无，充分合作，资源共享；二是满足自己的需求，或者实现给对方提供方便的愿望，例如扩大优质教育资源的愿望。第二，这些组织是否能够产生良好的协同发展的影响，避免冲突。首先要看双方或者多方是否找准了需求和供给的结合点，例如某个成员组织的某种需求，正好另一个或者几个成员组织可以满足；其次要看其设定的制度和运行机制，例如对于在协同发展中做出贡献的个人或者小群体给予适当的激励措施、设计联席会议机制、项目机制和联络员机制等。第三，这些协同发展组织的增长点在于满足各自的需求，协商决策，合作双赢。

2. 跨区域教育协同发展政策执行的个体绩效模式特征

在个体绩效模式中，个体是指某个组织中的个体，接受所属组织的任务安排，并完成组织交给的任务，同时获得相应的精神或者物质报酬。教育政策执行的个体绩效模式认为，个体在执行政策的过程中追求学术成就和组织管理成就的同时也是在对组织做出贡献，而优秀个体的力量能够对组织发展和政策执行做出突出的贡献，是一种优质资源；优绩优酬、多劳多得是执行组织鼓励组织成员政策执行的原则。

个体绩效模式在京津冀教育协同发展政策执行过程中发挥着重要作用。例如在高校“一校对一省模式”中，著名高校会选派优秀的或者潜力突出的中层领导到跨区域的省份所管辖的大学任职，以带动任职高校的管理水平；在基础教育跨区域校际合作中，名校派遣校级或中层领导到跨区域的学校担任学校领导也是一种常见现象；在校企合作中实行双导师制，企业派遣专门的技术人员指导学生，担任实习学生的导师。事实上优秀个体接受派遣并采取了帮扶和支持的行动本身就被认为是在付出和做出贡献。这些被派遣的优秀的个体被认为能够圆满完成被派遣的任务，这种个体行为能够在京津冀教育协同发展中发挥重要的支持作用。尽管这种优秀个体所做出的贡献在整个京津冀区域无法采用统一的标准给予评价，也无法采用统一的模式给予激励，但是一个单位就某类个体的突出贡献和付出都会采用一定的职业发展阶梯上、精神上或者物质上方式进行激励，例如派遣结束后的职务升迁、职称晋升或派出补助等。

在推进方式上，这是一种成员组织对组织成员的自上而下的、正式的任务安排。当然在这种任务安排中，组织与个人之间需要协商，并取得一致意见，组织需要取得个体认同。被派遣的个体并不是协同发展组织随意选择的，而是需要符合一定的标准，至少其能力应得到了派出单位的认可。个体在另一成员组织工作过程中往往被认为代表了派出成员组织的水平，而通过某种激励认可个体绩效是促进个体发挥能力的重要保证。

这里的主要利益相关者不仅包括了京津冀教育协同发展组织的成员组织，更包括了被派遣执行任务的个体，而且这一个体起着十分重要的作用。个体在这里是一个成员组织中的个体，是一个具有典型的专业知识和权威的个体，并非随机抽出，而是刻意选出的，代表的是整个组织的资源输出、形象和诚意。协同发展组织和被派遣的个体都是主要的政策执行的推动者，协同发展组织是协同发展的主体。被派遣个体是挑起协同发展重担的中坚力量，承担着成员组织联络者和任务完成者的角色。

在推进特征上，第一，个体绩效模式的目标是充分运用个体的先进理念、经验、能力和技术，促进优秀个体在整个协同发展中起到带动作用。个体绩效模式相信个体的力量对于组织的发展和政策执行具有重要的作用。第二，京津冀教育协同发展组织中某一成员组织派遣个体支持另一成员组织是一种优秀人才资源的共享，被派遣人员不仅得到派出组织的高度认可，也受到派入组织的尊重。个体在实现个人成就的同时，也是在对组织执行政策做出贡献。派遣的目的十分明确，就是通过资源共享的方式推进协同发展。第三，激励机制和制度约束对于个体能力的发挥和绩效的产生起着重要作用。被派遣个体的能力得到承认的同时，个体也被给予一定的激励，这种激励不是在完成被派遣任务之后才给予，而是在执行任务过程的开始阶段就已经存在，以促进派出人员减少后顾之忧或者对未来充满希望，从而有充沛的意愿、勇气和力量去发挥作用。虽然被派遣的个体在发挥个体能力上有较大的自主权，但同时也受一定的制度约束，例如派出的时间期限、派出后要完成一定的任务和要实现某种目标等。

四、跨区域教育协同发展政策执行综合模式的特征

1. 多重关系并存是政策执行综合模式复杂性的体现

从不同层面分析跨区域教育协同发展政策执行模式，可以发现在各种执行组织之间存在着多重关系。从政府层面看，综合模式存在上下级之间纵向的垂直关系。在整体推进模式中，上级政府向下级政府传达指令，号召推动，下级政府服从上级政府的指令，响应号召，下级政府的政策举措需要以上级政府的宏观政策要求为依据，跨区域教育协同发展组织则具体实践着政府的政策指示，政策推进自上而下；在阶段转换模式中，政策推进方式由自上而下转换为自下而上，跨区域教育协同发展组织在政策执行中发挥着越来越重要的作用，政府则根据执行的需要不断做出政策调整和给予执行组织以支持。从组织间关系层面看，综合模式存在组织间横向的水平关系。当政府

颁布一项给予所有的执行组织以同等的权力和机会资源去执行政策的时候，组织间的关系是经验交流、相互借鉴等合作关系；当政府把有限的资源给予在竞争中获胜的执行组织时，组织间的关系是冲突和竞争关系。无论合作还是竞争，执行组织之间的关系是平等的，每个执行组织都拥有同等的决策权。从跨区域教育协同发展组织层面看，综合模式则存在点和面的关系。个体绩效模式凸显了组织中个体的作用，个体是协同发展组织成员组织之间的联络员。相对于整个跨区域教育协同发展组织而言，这个个体只是跨区域教育协同发展组织中一个个突出的点，这个点代表了资源输出的成员组织，有着特殊的作用，可以把先进的理念和策略输入到另一个需要帮助的成员组织之中。集体协作模式则形成了一种全面的协同发展，全员参与，全方位参与，是一种面的联合。

2. 协商是政策执行过程中的主要沟通方式

跨区域教育协同发展政策是一种跨区域的教育政策，需要不同区域之间协商；执行组织是一种跨区域的教育协同发展组织，由两个以上成员组织组成，需要不同成员组织之间不断协商，这种沟通和协商需要建立在执行组织平等的地位上展开。在整体推进模式下，尽管存在纵向的垂直关系，但是这种由上而下的决策不是决策层组织凭空设想出来的，而是在广泛了解执行组织情况的基础上设计出来的。在了解执行组织情况和设计政策过程中，政策精英负责了政府决策层和跨区域教育协同发展组织之间的全面沟通。这些政策精英是政府部门和执行组织中的专业人士，他们虽然属于不同的组织，在不同的组织任职，但是其存在共同特点，即都属于专业群体，他们之间不仅有着熟悉的个体关系，而且对相关问题往往持有一致的看法和认识，协商是他们之间的主要沟通方式。在阶段转换模式第二阶段信息的由下而上传递中，政策精英依然扮演着沟通和协商的角色，他们把执行组织执行过程中的问题、进展状况和政策需求及时反映到政府决策层，通过面对面或者文字材料，通过研讨会、媒体发言、建议谏言等多种方式促进着沟通和协商。在横向的水平关系中，无论是自主模式还是竞争模式，执行组织之间的沟通和协商更为广泛，而且可能涉及执行组织的所有层级之间的沟通和协商。在自主模式中，尽管各跨区域教育协同发展组织拥有很大的自主权，可以自主决策，但是组织之间往往会相互交流、影响，也有不同形式的合作，而且就如何推进政策执行、采取怎样的具体举措、如何共同面对遇到的问题等进行沟通和协商。竞争模式中，不仅存在执行组织与政府决策组织之间关于如何执行、利用怎样的资源执行和执行的效果评估等方面的沟通和协商，而且存在执行组织与工作中所牵涉的各种组织之间的沟通与协商。没有这样的沟通和协商，执行组织就难以了解所牵涉的各种组织的需求并满足这种需求，从而顺利通过政府的政策评估。在点和面的关系中，在集体协作模式和个体绩效模式中，在跨区域教育协同发展组织的成员组织之间，沟通和协商遍布了任何一个环节，可以说没有协商就难以成立跨区域教育协同发展组织，就难以协作。集体协作模式从教育协同发展组织成立到成立之后的协同发展，均以协商为基础。个体绩效模式中，教育协同发展组织的成立也必须建立在成员组织协商的基础上，有效的个体资源输出和输入也离不开输出组织和输入组织之间关于输出组织可以派出什么样的人员和输入组织希望派入什么样的人员的协商，个体在输入组织的工作更需要建立在个体与输入组织之间不断地协商基础上。

3. **合作共赢是政策执行顺利进展的基础**

在跨区域教育协同发展政策执行的综合模式中，跨区域教育协同发展组织是教育协同发展政策执行的最基础的执行组织。无论何种类型的跨区域教育协同发展最终都需要依靠这些跨区域教育协同发展组织来执行，而这些组织的成员组织形态各不相同。除了教育组织之外，也有很多是与教育相关的其他社会组织，且组织形式各异、活动方式不同和制度措施各具特色等，因此跨区域教育协同发展组织本身就千差万别。而任何一个跨区域教育协同发展组织中的成员组织都希望自己在协同发展中除了输出资源外，也能够有所收获，因此只有合作共赢，成员组织才会有协同发展的持久的积极性和主动性。这种共赢如果说在京津冀教育协同发展政策的启动和初期阶段，有政府的宏观推动和资金支持，即存在外力推动的话，那么长久来看，资源总是稀缺的，政府不可能总是给予充足的经费支持。因此，跨区域教育协同发展组织必须找到其内部的协同发展结合点和突破点，有其内部的互惠共赢，才能在后期的发展中，有自身的生长点，协同发展也才能更为长远。

4. **调整是政策执行过程中的常态**

跨区域教育协同发展政策执行的综合模式过程是由一系列教育政策执行交互展开的过程，既包括政府起主导作用的政策执行过程，也包括由跨区域教育协同发展组织以及个体起主导作用的过程，且包含了几乎所有的单项教育政策执行模式的特征，其执行模式极其复杂多样。正是这种复杂多样为执行带来了很多难以预料的需要解决的问题。因此这一系列教育政策执行过程也是不断探索、不断学习和改进的过程，很难保证每一个单项教育政策执行都成效显著，其中也会有一些教育政策在不同执行阶段出现调整。但是由于政府的决心坚定，个别的调整并不影响整体的跨区域教育协同发展政策的执行方向和执行力度。尽管综合模式包含多种子模式，且不同子模式执行的策略各异，但是各种模式的目标只有一个，就是促进跨区域教育协同发展，从而配合京津冀教育协同发展的经济结构和产业结构调整、为迁移和流动人口及其子女提供高水平的教育支持和协助疏解首都非核心功能。同时，各种模式的执行成效直接关系京津冀协同发展这一国家战略的实施。因此，尽管执行过程中会进行不断的政策调整，但是执行的方向依旧不变。总之，综合模式复杂多样，探索性强，且没有一成不变的路径可以选择，也不能按照惯例行事，而需要有科学的执行决策和执行策略，不断面对新情况，不断创新执行路径，调整执行工具。

参 考 文 献

1. 陈丽萍. 产学研一体化是探索21世纪高等教育发展模式的新视角 [J]. 中国高教研究，2000 (9).

2. 陈广汉等. 2011港澳珠三角蓝皮书——粤港澳区域合作与发展报告 (2010—2011) [M]. 北京：社会科学文献出版社，2011.

3. 陈招荣，阎国荣. 京津冀一体化背景下高等农业院校及其园艺学研究生教育比较研究 [J]. 天津农业科学，2015 (8).

4. 丁红玲，王晶. 职业教育产教深度融合的路径选择 [J]. 教育理论与实践，2015 (15).

5. 费美扣，王元生. 产教融合视域下职业教育专业课程重构与实施 [J]. 江苏教育研究，2015 (9).

6. 冯增俊，周红莉，邹一戈. 走向新时代的粤港澳教育合作与发展研究 [J]. 中国会议：港澳珠三角蓝皮书，2011 - 06.

7. 付江泓. 京津冀共建高中教育联合体 [J]. 北京教育 (普教版)，2015 (12).

8. 高兵，李政. 京津冀教育发展一体化的基本原则与运行机制研究 [J]. 北京教育 (高教)，2015 (2).

9. 高兵. 京津冀高等教育空间布局与区域发展：关系、特点与构想 [J]. 河北经贸大学学报 (综合版)，2013 (3).

10. 耿洁. 构建工学结合培养模式框架设想 [J]. 中国职业技术教育，2006 (31).

11. 郝志功. 基于京津冀协同发展的基础教育均等化研究 [C]. 对接京津：廊坊市域经济发展——第九次京津冀协同发展：国家重大发展战略廊坊论坛论文集，2015 (3).

12. 黄崴，孟卫青. 泛珠三角区域教育发展合作的背景、现状与机制 [J]. 教育研究，2007 (10).

13. 蒋庆哲. 服务国家重大战略需求，有效推进产学研协同创新 [J]. 中国高等教育，2013 (2).

14. 京津冀协同发展规划纲要获通过 [N]. 人民网，2015 - 05 - 01.

15. 京津冀功能定位及空间布局公布 [N]. 京华时报，2015 - 08 - 24.

16. 柯常青. 美国高校的技术转让及其借鉴意义 [J]. 中国高等教育，2001 (18).

17. 孔宝根. 企业科技指导员制度——深化职业教育产教融合的新路径 [J]. 教育发展研究, 2015 (3).

18. 连玉明. 试论京津冀协同发展的顶层设计 [J]. 中国特色社会主义研究, 2014 (4).

19. 李孔珍. 高中新课程政策执行的方式选择: 由激进到渐进——以北京市为例 [J]. 课程教材教法, 2012 (9).

20. 李孔珍, 任虹. 县域基础教育政策执行: 自主模式与竞争模式 [J]. 首都师范大学学报 (社会科学版), 2013 (6).

21. 李孔珍. 我国基础教育政策执行: 整体推进模式 [J]. 中国教育学刊, 2010 (11).

22. 李孔珍. 义务教育绩效工资政策执行模式分析——基于学校组织变革的视角 [J]. 中国教育学刊, 2013 (6).

23. 刘畅, 许可, 李鹏. 京津冀高等教育协同发展现状及思考 [J]. 湖北函授大学学报, 2016 (2).

24. 刘晏. 高校转移推进加速北京高校密集入冀 [N]. 河北青年报, 2015-07-28.

25. 刘赞英. 河北省高等教育结构优化研究 [J]. 河北科技大学学报 (社会科学版), 2011 (9).

26. 刘赞英, 刘兴国, 王丛漫等. 河北省高等教育结构优化研究——基于国家主体功能区战略背景下京津冀区域高等教育发展的视角 [J]. 河北科技大学学报 (社会科学版), 2011 (9).

27. 马焕灵, 景方瑞. 教师轮岗政策实施问题检视 [J]. 中国教育学刊, 2009 (6).

28. 马树超. 工学结合——职业教育模式转型的必然要求 [J]. 教育发展研究, 2005 (8).

29. 穆伟. 京津冀区域高等教育协同发展 [J]. 教育与职业, 2015 (28).

30. 牛征. 关于优化职业教育资源配置的研究 [J]. 教育科学, 2001 (2).

31. 桑锦龙. 京津冀教育发展一体化的新内涵新任务 [J]. 天津市教科院学报, 2015 (3).

32. 世界银行. 2004 年世界发展报告: 让服务惠及穷人 [M]. 北京: 中国财经出版社, 2004.

33. 世界银行. 关于探索中国事业单位改革战略的报告 [R]. 北京: 中国财经出版社, 2005.

34. 史静寰. 京津冀教育发展一体化的共同体和契合点 [J]. 天津市教科院学报, 2015 (3).

35. 帅全锋, 高菲. 服务理念下京津冀校企合作机制构建的思考——兼谈对河北省的建议［J］. 继续教育，2012（5）.

36. 宋冰华. 新的时代开启新的征程——记京津冀艺术职业教育协同发展联盟成立［J］. 北京纪事，2016（2）.

37. 宋思洁. 关于京津冀教育协同发展的几点构想［J］. 天津市教科院学报，2015（6）.

38. 宋思洁. 关于京津冀教育发展一体化的几点构想［J］. 天津市教科院学报，2015（3）.

39. 苏敏. 现代服务业产教对接及服务京津冀协同发展［J］. 中国职业技术教育，2014（25）.

40. 孙莉. 京津冀产学研合作机制的建立及对策［J］. 科技创新导报，2008（12）.

41. 王璐. 粤港高校合作办学的困境与两难［J］. 现代教育论丛，2014（3）.

42. 王能慧. 产学研一体化的理论与发展战略研究［D］. 福建：福建师范大学，2006.

43. 王世斌. 关于京津冀教育发展一体化的思考［J］. 天津市教科院学报，2014（3）.

44. 王素仙，赵展. 河北高职院校高技能人才培养路径研究——基于承接京津产业转移视角［J］. 沿海企业与科技，2012（8）.

45. 王伟哲，闫志利. 京津冀职业教育合作：动因、模式与路径［J］. 教育与职业，2015（10）.

46. 王伟哲，闫志利. 京津冀职业教育合作：动因、模式与路径［J］. 教育与职业，2015（30）.

47. 王雪莲. 国内职教集团十余年发展概观［J］. 教育与职业，2008（5）.

48. 王玉栋，张莹莹. 高职院校校企合作模式探讨［J］. 教育与职业，2011（8）.

49. 王云凤，杨云母. 教育领域引进外资的新模式——教育流程外包服务探析［J］. 当代经济研究，2008（4）.

50. 魏明等. 我国职业教育产教结合的模式演进与机制创新［J］. 教育与职业，2012（2）.

51. 吴华，胡威. 公共财政为什么要资助民办教育［J］. 北京大学教育评论，2012（2）.

52. 吴新武. 高职院校产学研合作研究综述［J］. 金华职业技术学院学报，2004（4）.

53. 习近平主席在联合国“教育第一”全球倡议行动一周年纪念活动上发表视频贺词——努力让13亿人民享有更好更公平的教育［N］. 新华社，2013－09－27.

54. 许爱萍. 京津冀科技协同发展战略研究［J］. 技术经济与管理研究，2014（10）.

55. 徐文俊. 产学研合作的五元三层结构分析［J］. 淮海工学院学报（社会科学报），2007（1）.

56. 杨桂青. 教育“协同发展”京津冀［N］. 中国教育报，2014-07-04.

57. 杨善江. 产教融合——产业深度转型下现代职业教育发展的必由之路［J］. 教育与职业，2014（33）.

58. ［英］H. K. 科尔巴奇. 政策［M］. 张毅，韩志明译，长春：吉林人民出版社，2005.

59. ［英］罗丝玛丽·克朗普顿著. 阶级与分层［M］. 上海：复旦大学出版社，2011.

60. 袁振国. 构建京津冀教育发展一体化的大格局［J］. 天津市教科院学报，2015（3）.

61. 张建国，康涛. 从抱团联盟发力推进京津冀协同发展［J］. 河北省社会主义学院学报，2015（4）.

62. 张力. 教育强国战略（国家发展战略研究丛书）［M］. 北京：学习出版社·海口：海南出版社，2012.

63. 张力. 京津冀教育发展一体化的挑战与应对［N］. 人民政协报，2015-07-01.

64. 北京市人民政府关于加快发展现代职业教育的实施意见［EB/OL］. http://zhengwu.beijing.gov.cn/gzdt/gggs/t1413595.htm.

65. 北京市中长期教育改革和发展规划纲要（2010—2020年）［EB/OL］. http://www.edu.cn/zong_he_870/20110325/t20110325_592388.shtml.

66. 广东省人民政府办公厅关于印发《推进珠三角一体化2014—2015年工作要点》的通知［EB/OL］. http://zwgk.gd.gov.cn/006939748/201410/t20141013_550397.html.

67. 河北省中长期教育改革和发展规划纲要（2010—2020年）［EB/OL］. http://hebei.hebnews.cn/2011-03/01/content_1688747.htm.

68. 实施《珠江三角洲地区改革发展规划纲要（2008—2020年）》实现“四年大发展”工作方案［EB/OL］. http://wenku.baidu.com/view/a962e0ef4afe04a1b071de34.html.

69. 实施珠三角规划纲要2013年重点工作任务［EB/OL］. http://zwgk.gd.gov.cn/006939748/201307/t20130723_383734.html.

70. 实施珠三角规划纲要2014年重点工作任务［EB/OL］. http://zwgk.gd.gov.cn/006939748/201404/t20140423_491247.html.

71. 天津市中长期教育改革和发展规划纲要（2010—2020年）［EB/OL］. http://www.tj.xinhuanet.com/news/2010-10/26/content_21231287.htm.

72. 中共深圳市委办公厅　深圳市人民政府办公厅关于印发《深圳市实施〈珠江三角洲地区　改革发展规划纲要〉实现“九年大跨越”行动计划》的通知［EB/OL］.

http://www. sz. gov. cn/gsj/scjgj/ghjh/zxgh_ 1/201409/t20140923_ 2580930_ ext. htm.

73. 中共中央关于全面深化改革若干重大问题的决定(2013年11月12日)[EB/OL]. http://news. xinhuanet. com/2013 -11/15/c_ 118164235. htm.

74. 中共中央. 关于制定国民经济和社会发展第十三个五年规划的建议(2015年10月29日中国共产党第十八届中央委员会第五次全体会议通过)[EB/OL]. http://news. xinhuanet. com/fortune/2015 -11/03/c_ 1117027676. htm.

75. 中共中央、国务院. 国家中长期教育改革和发展规划纲要(2010—2020年)[EB/OL]. http://www. china. com. cn/policy/txt/2010 -03/01/content_ 19492625_ 3. htm.

76. 珠江三角洲地区改革发展规划纲要(2008—2020年)[EB/OL]. http://politics. people. com. cn/GB/1026/8644751. html.

77. 珠江三角洲地区基本公共服务一体化规划(2009—2020年)[EB/OL]. http://zwgk. gd. gov. cn/006939748/201008/t20100810_ 12103. html.

78. 北京学生有望去天津河北上实践课[EB/OL]. http://edu. people. com. cn/n1/2016/0111/c1006 -28036138. html.

79. “长三角地区教育联动发展战略研究”课题组. 长三角地区教育联动发展战略研 2009 年. [EB/OL]. http://www. cnsaes. org/homepage/saesmag/jyfzyj/2009/13 - 14/gj09131402. htm.

80. 程国宝，王磊. 路南三所小学牵手京津优质学校[EB/OL]. 2015 -08 -14. [EB/OL]. http://tangshan. huanbohainews. com. cn/system/2015/08/14/011589329. shtml.

81. 高兵. 京津冀教育一体化还需政策推一把[EB/OL]. http://www. edu. cn/zhong_ guo_ jiao_ yu/zong_ he/zong_ he_ news/201603/t20160322_ 1378954. shtml.

82. 高靓. 中国教育报成立京津冀教育协同研究与报道中心[EB/OL]. http://news. xinhuanet. com/politics/2016 -04/07/c_ 128871570. htm.

83. 郭少雅. 京冀代表建议：京津冀一体化教育要先行[EB/OL]. http://www. farmer. com. cn/kjpd/jypx/201603/t20160309_ 1187561. htm.

84. 京津冀将探索教育资源共享　北京高校入冀“升温”[EB/OL]. http://news. ifeng. com/a/20160113/47060578_ 0. shtml.

85. 京津冀“结亲”，教育咋牵手[EB/OL]. http://www. jyb. cn/china/gnxw/201603/t20160314_ 654940. html.

86. 京津冀三地整合教育资源“齐步走”促协同发展[EB/OL]. http://mt. sohu. com/20160321/n441432208. shtml.

87. 两会：京津冀一体化高考改革可以实现大同[EB/OL]. http://edu. qq. com/a/20160308/032293. htm.

88. 两会代表：京津冀优质资源要共享[EB/OL]. http://www. he. xinhuanet. com/news/2015 -03/11/c_ 1114595324. htm.

89. 刘春香代表：建议京津冀统一高考制度，促进三地教育协同发展[EB/OL]. http://news.ifeng.com/a/20160306/47711416_0.shtml.

90. 马海燕. 和衷共济，携手共赢——京津冀协同发展特别报道[EB/OL]. http://news.enorth.com.cn/system/2015/11/18/030638493.shtml.

91. 马海燕. 京津冀成立区市级教育联盟[EB/OL]. http://news.eastday.com/eastday/13news/auto/news/china/20160128/u7ai5237423.html.

92. 全国两会看京津冀：教育一体化协同发展迫在眉睫[EB/OL]. http://www.china.com.cn/lianghui/news/2016-03/03/content_37927288.htm.

93. "十三五"四提"京津冀"教育一体化前景可期[EB/OL]. http://finance.ifeng.com/a/20151118/14076556_0.shtml.

94. 挑战：高教资源迁出后是否水土不服[EB/OL]. http://difang.gmw.cn/newspaper/2015-07/18/content_107975211.htm.

95. 武佳奇. 推进京津冀教育一体化发展[EB/OL]. http://mt.sohu.com/20150928/n422244634.shtml.

96. 扬帆潮头风正劲，京津冀教育一体化驶向"快车道"[EB/OL]. http://news.ifeng.com/a/20151023/45977353_1.shtml.

97. 赵颖妍等. 京津冀三地整合教育资源"齐步走"促协同发展[EB/OL]. http://news.sohu.com/20160321/n441422881.shtml.

98. 庄凤桃. 京津冀职教集团成立，力促"互联网+"职业教育[EB/OL]. http://www.chinazy.org/models/adefault/news_detail.aspx?artid=60710&cateid=1471

99. 广东省教育厅. 泛珠教育合作十年成就工作总结与未来展望. 2014-06.

后　记

教育部教育发展研究中心张力主任为课题组组长，首都师范大学教育学院李孔珍教授为课题组副组长，课题组研究人员有：教育部教育发展研究中心安雪慧研究员、玉丽副研究员、熊建辉副研究员；首都师范大学教育学院张琦副教授。参与课题组调研工作的人员有：教育部教育发展研究中心郝春娥硕士；首都师范大学教育学院在读研究生王亮、席瑞、张鑫、曹连喆、杨琪琪、葛婷婷；北京大学社会学系在读研究生刘浩、陈丽、范志英、焦秋秋。其中首都师范大学席瑞、曹连喆、杨琪琪和北京大学陈丽、范志英还参与了文献整理工作。

本书撰稿分工如下：

绪　论：张力

第一章：第一节（玉丽）、第二节（安雪慧）、第三节（张力）

第二章：李孔珍

第三章：张琦、刘浩

第四章：熊建辉

第五章：张力、李孔珍、张琦、刘浩、陈丽、范志英、张鑫

第六章：第一节（张力）、第二节（李孔珍、范志英、陈丽）、第三节（李孔珍）

张力和李孔珍负责全书统稿。

本项研究得到北京市科委科技创新战略研究及专家咨询专项研究经费资助，在实地调研期间得到北京市教委、天津市教委、河北省教育厅的支持，得到北京市教科院、天津市教科院、河北省教科所、上海市教科院、广东省教科院等科研机构的协助，提供咨询意见的各界专家学者超过一百人次，研究成果的出版得到广东教育出版社的支持，在此，一并致以衷心谢忱。

编　者

2016 年 11 月